新编21世纪高等职业教育精品教材 ◆ 金融类

金融营销
（第二版）

JINRONG YINGXIAO

主 编 许 棣 欧 捷
副主编 韦雪凌 莫文超 秦 艳

中国人民大学出版社
·北京·

第二版前言

在金融科技全面应用于支付清算、借贷融资、财富管理、零售银行、保险、交易结算等金融领域的背景下，基于立德树人是职业教育根本目标的要求，本书第二版做了多方面的修改和补充。

1. 增加与金融科技相关的知识拓展

针对新时期金融科技的发展，金融数字化转型重大变革，在教材"知识拓展"栏目中，增加了金融科技的相关知识，帮助学生了解科技进步对金融企业的影响，以及科技前沿知识在金融企业的运用。

2. 融入课程思政教学目标和思政课堂栏目

本教材深入贯彻党的二十大精神，推进习近平新时代中国特色社会主义思想进教材、进课堂、进头脑，在教材中融入课程思政，增加"素养目标""思政课堂"栏目，主要从职业素养、职业道德、爱国主义、劳动教育、传统文化、良好社会风尚等方面，将专业知识与思政要求进行深度融合，实现立德树人的目标。

3. 对教材使用过程中发现的不足进行删减和修改

针对第一版教材使用过程中，各方反馈存在的问题和不足进行删减、修改，同时对教材配套的课件、教案等进行优化，力争为广大教师和学生提供一本完善的教材。

本教材修订工作主要由广西金融职业技术学院教师担任，具体分工为：欧捷负责修订项目一，韦雪凌负责修订项目二和项目六，秦艳负责修订项目三和项目十，莫文超负责修订项目四和项目九，许棣负责修订项目五、项目七和项目八。最后由许棣统稿、总编撰。

本教材在修订过程中采纳了广大师生反馈的意见和建议，同时参考了专家、学者的著作和文献，在此表示衷心的感谢！

由于金融环境在不断发展变化，书中难免存在疏漏与不足，敬请专家、学者不吝赐教，期待一如既往地得到广大读者的支持。欢迎广大读者与编者联系，邮箱地址：925484571@qq.com。

编者

第一版前言

当今，营销已经变得无处不在，不论是企业、非营利组织还是个人，都需要营销知识和营销技能。特别是随着经济的飞速发展、全球经济一体化进程的加快、金融企业的竞争日益加剧，具有营销理论基础、较强创新能力，掌握金融营销实践技能的营销人才很受企业欢迎。

本教材之所以能顺利出炉，主要得益于广西金融职业技术学院高职教学的急切需求。近年来，高职学院教学改革的深入，对一线教学的教师提出了更高的要求，配套的优秀教材越来越难觅。而金融专业主要面向金融行业各部门一线岗位，培养熟练掌握各金融机构（银行、证券公司、保险公司等）临柜交易、后台处理、客户服务、业务管理的基本知识和操作技能，能胜任金融机构的综合柜员、客户经理、理财经理等工作岗位的人才。金融营销是金融专业学生的必修课，学生未来都是面对客户的一线员工，他们必须全面掌握营销知识和营销技能。这也是我们合力编写这本教材的初心。

金融营销是金融学和市场营销的交叉学科，也是一门实践性非常强的课程，在编写过程中，我们始终贯彻"注重实际岗位需要和实践操作技能，理论够用"的理念，针对专业特点和专业培养目标，力求实现理论联系实际、突出实践操作；同时保持一定的前瞻性和高度的现实性，力求满足学生学习以及学生未来到金融企业岗位工作的需要。

全书共包含十个项目，分别为金融营销基础、金融营销环境分析、金融营销市场调研、金融营销客户分析、金融营销战略、金融企业目标市场营销流程、银行服务营销、证券服务营销、保险服务营销和金融营销礼仪。本书着眼于我国金融企业实际发展的需要，根据职业教育的特点，设计了知识目标、能力目标、案例导入、知识拓展、案例分析、实训活动、项目小结、项目训练等栏目。

本书每个任务都以典型任务为载体设计活动，以工作任务为中心，以业务流程为重点，整合理论知识与专业技能，突出银行、证券公司、保险公司等金融企业的服务营销技巧的训练，通过案例导入、流程图等形式体现教学内容与职业工作岗位和过程的关联性，使学生明确金融行业营销岗位的各项工作任务及其解决方法。

本书由许棣、欧捷担任主编，韦雪凌、莫文超、秦艳担任副主编。本书是多位一线教师集体合作的成果，具体编写分工如下：项目一由欧捷编写，项目二和项目六由韦雪凌编写，项目三和项目十由秦艳编写，项目四和项目九由莫文超编写，项目五、项目七和项目八由许棣编写。全书由许棣拟定编写大纲，初稿完成后，由许棣负责总撰、修改并定稿。

此外，本书在编写过程中参考了许多专家、学者的著作和文献，在此一并表示衷心的感谢！

由于编者专业和学术水平的局限，加之时间仓促，书中难免存在疏漏与不足之处，敬请专家、学者不吝赐教，恳请广大读者批评指正。

编者

目　录

项目一
金融营销基础

知识目标

1. 了解营销的内涵、实质以及与销售的区别。
2. 掌握金融营销的含义、要素、特征和功能。
3. 了解金融营销的演变历程。
4. 熟悉金融产品的含义、层次划分和特征。
5. 了解金融产品的分类。

能力目标

1. 能够运用所学金融产品的知识为金融营销服务。
2. 能够利用所学到的金融营销知识完成具体营销产品的推介、销售等。
3. 能够正确区分各类金融产品。

素养目标

1. 从金融行业变革入手，了解我国金融行业的发展，感受中国速度、中国力量，培养具有社会责任感和社会参与意识、法律意识的高素质金融行业技能人才。
2. 引导学生在职业岗位的辛勤付出中，树立"崇尚劳动、热爱劳动、辛勤劳动、诚实劳动"的观念，培养甘当螺丝钉的主人翁意识。
3. 能够对自己的职业生涯规划有深入认知，对金融营销工作的内容及流程有整体认识，有较强的集体意识和团队合作精神。

案例导入

核心价值营销

金融企业的营销战已经不再只是"产品战"，也是一场"认知战"。只有当客户知道并了解企业的核心价值所在，他们才会认可你、喜欢你，并最终购买你推销的产品。企业所要做的是通过系统性的梳理和定位，为企业确立品牌信仰和广告语，并借助多种形式向客户清晰传递，赢得客户认可。

金融企业成功进行核心价值营销的前提是要知道自己的核心价值是什么。也正因如此，一些先知先觉的金融企业进行了专项的市场调研，在此基础之上梳理了金融企业的核心价值，并在企业文化中体现这些核心价值，在员工的工作中践行这些核心价值的理念，这是金融企业"心"驰"神"往的追求，并可能达到非同凡响的效果。

思考：

营销对金融企业有哪些重要作用？

提示：

金融营销有利于金融企业及时把握市场机会。经营性活动，特别是市场调研和客户细分，有利于金融企业及时了解市场动向和客户需求，及时把握有利的市场发展机会。金融企业在把握市场机会时，必须清楚了解本企业所处的市场环境、所面临的机遇与挑战，并有效分析本企业的竞争优势和劣势，选择有利于自身发展的远景战略和竞争策略。

◎ 模块一 认识金融营销

营销是社会经济及市场经济发展的产物，其应用从生产领域到服务领域、从社会领域到政治领域、从营利组织到非营利组织，而金融营销的出现则比一般工商企业营销晚得多。可以说，它是企业营销在金融领域的应用，要理解金融营销首先要了解市场营销。

任务一 营销与金融营销

一、营销概述

(一) 营销的定义

1. 本书对营销的定义

营销又称市场营销，是指个人或集团通过交易其创造的产品或价值以获得所需之物，实现双赢或多赢的过程。它包含两层含义：一种是从企业经济活动的角度，指企业的具体活动或行为，称为市场营销；另一种是从科学的角度，指研究企业的市场营销活动或行为的学科，称为市场营销学。

2. 经典营销概念

不同时期人们对营销的认识是不同的，以下是不同时期营销学家对营销的定义：

(1) 1960 年美国市场营销协会（AMA）将营销定义为：市场营销是指产品和服务由生产者流向消费者或用户的一种商务活动。美国市场营销协会的营销定义侧重于从商品流通的角度来界定市场营销作为一种企业活动的主要职能和内容，认为营销主要集中于销售环节，是企业产品生产出来后，为了促进产品的销售所做的各种努力。

1985 年 AMA 对市场营销又下了完整和全面的定义：市场营销是对产品和劳务进行设计、定价、促销及分销的计划和实施的过程，从而满足个人和组织目标的交换。

2013 年 AMA 又对市场营销进行了定义：市场营销是创造、沟通、传播和交换产品中，为顾客、客户、合作伙伴以及整个社会带来价值的一系列活动、过程和体系。新定义更简洁、清晰地描述出市场营销的表象活动和活动实质。

（2）美国营销学专家菲利普·科特勒（Philip Kotler）对市场营销的定义是：市场营销是个人和群体通过创造，并同他人交换产品和价值以获得其所需所欲之物的一种社会和管理过程。该定义强调了营销的价值导向。

菲利普·科特勒后来又强调：市场营销是企业认识未满足的需求和欲望，估量和确定需求量大小，选择和决定企业能最好地为其服务的目标市场，并决定适当的产品、劳务和计划（或方案），以便为目标市场服务。

（3）美国学者理查德·黑斯（Richard Hise）提出，市场营销是确定市场需求并使提供的产品和服务能满足这些需求。

经典营销概念包含了五个内涵：

（1）以顾客和市场为导向；

（2）最大限度地满足各种需求和欲望；

（3）是企业内部上下一致的自觉行为；

（4）交换是市场营销的核心；

（5）不局限于营利组织，还包括非营利组织，如政府机构、医院、学校等。

需要说明的是，市场营销的概念并非数学公式那样有标准形式，而通常是基于观点提出者自己的理解和体会。同时，对营销认识的不同也从一个侧面反映了市场营销的复杂性。

（二）营销的内涵

一般来说，市场营销应包括四个层面的内涵：

（1）营销的主体是一切面向市场的个人和集体，只要面向市场就会遇到营销问题。

（2）营销的客体是产品和价值。营销者要考虑向市场提供有形或无形的产品，更要考虑向市场提供消费者所需要的价值。

（3）营销是通过创造、出售、交换来实现的。首先，在调查研究的基础上进行开发，向市场提供能适应需求的产品和价值；其次，以适应市场需求的价格、渠道、人员、过程、有形展示及其他促销方式来进行出售；最后，以交换为核心，通过提供他人所需所欲之物来获得自己所需所欲之物，实现双赢的目标。

（4）营销是一个管理和社会活动过程。它首先是一个管理过程：企业必须通过调查分析制定目标和制订战略策略计划，并对计划的组织实施、诊断和控制等营销全过程进行管理。它同时还是一个社会活动过程：企业作为社会的一个成员，在营销过程中必须履行自己的社会责任，在关注和提高消费者利益、企业利益的同时，还必须关注和提高全社会的整体利益。

（三）营销的实质

营销的实质是在市场研究的基础上，以消费者的需求为中心，在适当的时间、适当的地点，以适当的价格、适当的方式，把适合消费者需要的产品和服务提供给消费者。

营销就是回答简单的问题：

（1）谁向你提供资源？——顾客（营销研究的核心问题）；

(2) 拿什么换取资源？——产品（企业向他人提供）；

(3) 谁帮你换取资源？——渠道（渠道关系）；

(4) 谁与你争夺资源？——竞争（竞争对手）；

(5) 如何更好地获取资源？——沟通（你获得资源对他人有哪些好处）；

(6) 如何获得更多的资源？——品牌（如何建立品牌）。

（四）营销与销售的区别

营销（marketing）和销售（selling）有很大的区别（见表1-1）。营销活动既发生在生产之后，也发生在生产之前。营销不仅包括将其最终产品推销给顾客，而且包括市场研究、产品设计、定价等售前活动和收集顾客使用产品后的意见以作为市场研究和产品开发时的参考等售后活动，显然，营销工作并不单单指销售工作，那么，我们究竟应该怎么样来看待两者的相互作用呢？在一个关注顾客的时代，企业的销售工作必须明确它所服从的营销工作目标是什么，而企业的市场营销工作不能只停留在战略和市场研究上，它也应该比以往更多地关注销售工作所面临的实际困难，这样才能把营销工作做得更加精确有效。销售人员才是离顾客最近的人，如何推动营销部门和销售部门更加密切地合作，这是在一个顾客至上的时代所要关注的重点问题，两者的关系处理好了，方可相得益彰，使得企业的营销绩效最好。

表1-1 营销和销售的区别

区别	市场营销人员	销售人员
寻找顾客	依靠市场营销研究进行市场细分，并确定市场目标	依靠街头经验，了解不同个性的顾客
时间安排	时刻用于计划工作上	时刻用于面对面的促销上
规划期限	从长远考虑	从短期考虑
目的	获得市场份额并赚取利润	促进销售

尽管很多市场营销人员来自销售人员，但还是不应将他们混在一起，并不是所有的销售人员都能成为市场营销人员，这两种职业有着根本差异。就专业而言，市场营销经理的任务是确定市场机会，准备市场营销策略并计划组织新产品进入市场和进行销售活动，在这一过程中可能出现两种问题：如果市场营销人员没有征求销售人员对市场机会和整个计划的看法和见解，在实施过程中就可能事与愿违；如果在实施后市场营销人员没有收集销售人员对此次行动计划实施的反馈信息，他就很难对整个计划进行有效的控制。

市场营销人员常常认为销售人员的优点是性格随和、易与人交往、工作努力，缺点是短期行为多、缺乏整体分析能力；而销售人员则认为市场营销人员的优点是受过良好教育、大多是数据导向型（依据数据做出结论）人才，缺点是缺乏销售经验、缺乏市场直觉和不承担风险。对这两类群体，最主要的是让他们能互相理解和尊重。如果两者互相欣赏对方才能，就会取得意想不到的绩效。

二、金融营销概述

金融营销是在一般市场营销学的基础上发展起来的，是企业市场营销在金融领域的发展。在市场经济体系中，金融企业是一种专门为客户提供金融性服务以满足客户对金融产品消费需要的服务性企业（商业银行是这种服务性企业的主体），金融服务的提供者除了银行、保险公司，还包括各类证券公司、信托机构等，它的营销既与生产消费品、工业品等企业的营销有相似之处，又有其自身的特点和规律。

（一）金融营销的概念

金融营销是指金融企业以金融市场为导向，以市场需求为核心，采取整体营销行为，以金融产品和服务来满足客户的需要和欲望，从而实现金融企业利益目标的经营管理活动。

我们可以从以下三个方面理解金融营销的含义：

（1）必须面对市场，了解市场需求，了解竞争者，通过销售比竞争对手更好的产品来满足目标客户的需求，并在长期的经营中与客户建立和发展良好的关系；

（2）必须注重对营销过程的管理，通过分析、计划、实施和控制来提高营销的总体水平；

（3）必须注重营销的社会性，兼顾消费者利益、企业利益和社会整体利益。

（二）金融营销的要素

金融营销至少涉及三个要素：金融机构、金融产品和金融市场。

1. 金融营销的主体——金融机构

金融营销的主体是金融市场上的金融机构，主要的金融机构有商业银行、保险公司、证券公司、投资基金、信托公司等。

商业银行一般经营存款、贷款、中间业务等。商业银行往往是一个国家规模最大、影响力最大的金融机构，提供的金融产品种类较多，客户数量也十分庞大。

保险公司是经营保险业务的金融机构，保险公司按照业务种类一般可以分为财产保险公司、人寿保险公司及再保险公司。保险公司向客户收取保费并签订保险合同，约定特定的事件发生后，保险公司予以赔偿或给付资金。

证券公司在不同的国家有不同的称谓。在我国，证券公司是指依照《中华人民共和国公司法》和《中华人民共和国证券法》的规定设立的，并经证券监督管理机构审查批准成立的专门经营证券业务，具有独立法人地位的有限责任公司或者股份有限公司。在日本，经营证券业务的机构也被称为证券公司。在美国，经营证券业务的机构被称为投资银行或证券经纪商。

投资基金是一种利益共享、风险共担的集合投资机构，投资基金也被叫作共同基金。投资基金产生的原因是证券市场上的金融产品越来越丰富并且复杂化，普通投资者很难驾驭这些金融工具，需要将资金委托给专门的投资管理公司，由专业人士集中运作，实现投资分散和降低风险的目标。

信托公司以信任委托为基础，受客户委托进行货币资金和实物财产的经营管理。信托业务的关系人有委托人、受托人和受益人。因为信托是以信任为基础，所以一般要求受托人具有良好的信誉，而且，信托成立的前提是委托人要将自有财产委托给受托人。

金融业还有很多其他类型的金融机构，如政策性银行、信用社、基金公司、财务公司、金融租赁公司等。

2. 金融营销的客体——金融产品

（1）金融产品的含义。

金融产品的概念有广义与狭义之分，狭义的金融产品是指由金融机构提供的各类金融工具，广义的金融产品包括金融工具及各种金融服务。

（2）金融产品的分类。

目前的金融产品可以分为两大类：一类是基础金融产品，另一类是金融衍生产品。基础金融产品包括存款、贷款、黄金、外汇、票据买卖、股票、债券、信托及租赁等。金融衍生产品是从基础金融产品中派生出来的，包括期货、期权、远期、掉期、互换等。

（3）金融产品的收益性与风险性。

金融产品两个最基本的特点就是收益性和风险性。客户之所以购买和持有金融产品，主要原因就是这两点，或者是为了规避风险，或者是为了让自己的钱通过金融投资升值。

收益性是金融产品可以向客户提供的预期收益的大小，风险性是金融产品为客户带来损失的可能性。一般而言，高风险、高收益是金融市场上永恒不变的法则。当然风险高不一定意味着必定会使客户亏损，也有可能使客户获得很大的利润，风险性指的是一种不确定性的大小。例如，银行存款利率一般被认为无风险利率，因为银行存款的风险小，所以其利率自然也就会低于其他金融产品的收益率。而金融衍生产品的风险就比较大，巴林银行倒闭的导火索就是金融衍生产品的投资失利。

3. 金融市场

金融市场是资金融通的市场，它是资金供应者和资金需求者通过交易金融工具进行融通资金的场所。

金融市场按照期限性可以分为货币市场和资本市场。货币市场是短期资金市场，是交易一年以内金融工具的金融市场；货币市场包括同业拆借市场、国库券市场、票据市场、大额可转让定期存单市场、短期信贷市场以及回购协议市场等。资本市场是长期资金市场，是交易一年以上金融工具的金融市场，资本市场主要包括股票市场和债券市场。

4. 正确把握金融营销概念需要注意的两点

（1）金融营销所处的金融市场环境具有更大的复杂性、综合性和变动性，因此金融营销过程相对市场营销而言是更加综合的一个分析与解决问题的过程。金融营销是一项复杂的工作，它包括与金融市场及金融产品提供和销售相关的各项活动，如金融营销环境分析、市场研究、市场预测与市场细分，也包括产品开发、价格制定、销售渠道拓展和促销等，还覆盖售后服务、组织管理等各项工作，是一项综合性的管理活动。

（2）金融营销中的客户对金融产品的需求有很大差异，因此在金融产品的营销过程中要更加注意"以客户为中心"的概念。客户的需求是金融机构开展营销活动的出发点。金融机构的客户包括现实客户与潜在客户，从业务规模上又分为两大类：一类是公司客户，如国内与国外的工商企事业单位、金融机构及政府部门；另一类是零售客户，主要是个人消费者或投资者。不同的客户面临不同的问题，有着不同的金融需求，金融机构必须从客户的角度出发，认真分析、研究他们的需求，制定出与市场相符合的营销战略，提供令客户满意的服务。

知识拓展

金融营销

1972年8月，英国的《银行家》（The Banker）杂志把金融营销定义为："把可盈利的银行服务引向经过选择的客户的一种管理活动。"这里所说的"银行服务"意指所有金融机构提供的服务，也就是金融服务的意思。与工商企业的市场营销相比，金融营销本质上是一种服务营销，其活动的标的、主客体、目的要求以及实现方式都有其自身的特点。服务营销是企业在充分认清消费者需求的前提下，为充分满足消费者需要在营销过程中所采取的一系列活动。

20世纪90年代以后，中国一些学者也讨论了金融营销的概念。主要观点包括："金融企业营销是以金融市场为导向，通过运用整体营销手段，以金融产品和服务来满足客户的需要与欲望，从而实现金融企业的利益目标"以及"金融营销是指金融机构以分析金融市场客户需求的具体内容与细节特征为出发点，以其特定的金融营销机制为基本运作框架，用适应社会金融需求的金融产品或服务去占领金融市场，巩固和发展金融业务并实现其自身金融经营目标的动态管理过程"。

根据市场营销的定义，金融营销被定义为"金融机构通过交换、创造和出售他人所需所欲的金融产品与价值，建立、维持和发展各个方面的关系，以实现各方利益的一种社会活动和管理过程"。

楼文龙认为："金融营销是指金融企业设计营销策略，以赢得客户，获得合理利润，以客户为导向的经营哲学和管理活动。"

以上定义各有侧重，综合来说，金融营销是金融机构对金融产品的营销活动，指金融机构以市场需求为基础，以客户为核心，利用自己的资源优势，通过创造、提供与交换金融产品和服务，满足客户的需求，实现金融机构的盈利目标的一系列社会与管理活动。

资料来源：赵占波. 金融营销学. 北京：北京大学出版社，2014.

三、金融营销的基本特征

金融业属于服务业。和其他企业一样，金融企业在提供产品、通过交换谋求企业的生存与发展的过程中，需要面对市场竞争，确定明确的经营目标，寻求营销机会，通过提供适销对路的产品满足客户的不同需求。但金融企业又具有自己独特的产品和服务方式，其特点表现在：

（1）无形性。金融业务是无形的，实际上是提供了一种金融服务。

（2）无差异性。从事金融业务的不同企业尽管在服务方式和程序上存在差异，但内容大都一样，很难形成突出的特色。加上金融产品无专利可言，金融创新很容易被模仿，使得金融企业在客户眼里只有规模和信用之别，业务则无差异，这样金融业的竞争更加激烈，信誉和形象就成了竞争的焦点。

（3）产品和服务的广泛性。金融产品或服务既有对工商企业的信贷及管理服务，也包括储蓄、汇款、结算等零售业务，还有代理收付业务等，服务领域十分广泛。

（4）地理上的分散性。金融企业的分支机构较多，从地区到全国甚至到全世界。

（5）经营的高风险性。银行是金融机构负债经营的典型代表，风险广泛存在，并贯穿各个环节。

金融产品和服务的特性，决定了金融营销区别于其他营销的特性。

（1）推销困难。金融产品是无形的，其功能和用途不容易被客户理解和接受，要吸引客户，只能靠富有创新性的推销方法和行之有效的广告宣传，充分激发客户对产品的功能和效用的想象，使他们产生共鸣和需求。同时依靠良好的信誉和知名度来培养忠诚的客户。

（2）更需重形象。金融服务的无差异性使金融企业更需要以形象吸引客户，不断包装自己，包括地理位置、员工素质、声誉、形象设计，同时要不断发掘出新服务。

（3）专业性强。客户的需求具有多样性，金融营销人员必须具备广泛的专业知识来处理客户提出的各种问题，充当客户顾问，帮助客户分析、计算、推测等。

（4）网络化和系统化。金融机构特别是银行尽管分散但自成系统，便于展开系统化、网络化的营销。

（5）重视风险控制。由于金融业的高风险性，金融营销的风险控制需要更加谨慎。

四、金融营销的功能

总体来说，金融营销的功能包括以下八个方面。

（一）金融信息管理

金融信息管理是金融企业的一项基础工作。金融信息管理应为做好金融营销工作提供各种所需信息，包括客户信息、宏观经济信息、经济政策信息、法律信息、消费信息、产业发展信息、竞争者信息、国际金融市场信息、内部监管信息和其他各种信息等。金融企业作为提供公众服务的组织，应特别重视信息的收集和管理，并不断采用科学的手段，为营销工作提供快捷便利的服务。当今社会已步入信息时代，计算机管理、网络化服务已在各国的金融界得到广泛、深入的使用，这对改进金融服务质量、提高金融营销效率发挥着极其重要的作用。我国金融企业也应适应时代的要求，加快金融信息管理现代化的步伐，不断提高竞争能力。

（二）客户需求分析

要不断研究各类客户的金融服务需要及其动态变化情况，并从中把握商机，寻求企业盈利和发展的机会。它要求企业不仅要掌握老客户的需要，而且要善于掌握大量潜在客户的金融运作欲望。为了及时把握商机，必须随时了解不同客户群的收入状况、可随意支配资金的数量、闲置资金状况、消费特征、金融服务偏好、投资方向、风险意识，并结合宏观经济状况的变化，分析其金融服务需求的动态变化情况。同时，也可随时关注同业竞争者的经营行为，了解他们的目标市场定位信息。掌握客户的金融需求并非易事，必须有大量专业的人员从事专门研究。

（三）金融产品开发

这是在对客户分析的基础上，针对不同目标市场的客户需求特征，开发相应的金融产品以满足其需要的行为。金融企业的产品可以是多种多样的，有些产品是长期一贯提供的，也有许多产品是相继开发的。金融企业不仅要不断提高服务质量、扩大那些一贯产品的使用广度，也要根据市场需求的变化，及时开发满足新的需求的新产品，发现新的市场，拓展新的业务。

（四）制定金融营销战略

为了确保金融营销的成功，金融企业必须根据自身的业务许可范围、自身资源状况和面临的经营环境状况，系统地制定经营战略，以达到扬长避短、趋利避害的目的。总体来说，金融企业的营销战略包括服务定位战略、市场开拓战略、形象战略、竞争战略、产品组合策略、价格策略、促销策略、渠道与网点策略，但不同类型的金融企业，可以根据其业务的性质和特征，制定相应的营销战略。例如，某些银行经常采取存款导向战略、大企业服务战略、批发业务战略等。

（五）提高服务质量，维护企业信誉

从原则上说，金融企业都是服务性的机构，即使是某些有形的金融产品，也以大量的服务保证为前提，所以不断提高服务质量既是金融营销的根本任务，也是维护金融企业信誉的基本方式。金融服务大多具有无差异性，在客户决定是否认可某家金融企业时，信誉往往发挥着主导作用。所以，金融企业要维护自身的形象和信誉，树立"信誉至上""信誉就是市场""信誉就是生命""信誉就是成本、利润"的思想，搞好信誉管理。

（六）防范金融风险

金融市场的不确定性使金融企业所经营的任何产品都存在不同程度的风险，所以金融企业应将风险防范作为营销的一项重要任务。不仅要将自身经营的风险控制在最低限度，以确保经营的安全性；同时也要使客户所承担的风险与获得的收益相对称，减少客户不应有的损失。它要求企业在金融产品开发环节中就明确产品可能存在的风险，合理地安排收益与风险的匹配关系，制定必要的风险防范预案，并在营销全过程的各个环节加强风险的防范和管理。金融企业要加强对市场的风险研究，科学评估投资风险，业务扩展必须量力而行，遵循金融市场规律，防止因资产过快膨胀而形成不良资产，导致企业倒闭。开办离岸业务、从事跨国经营的金融企业，还必须密切注意防范汇率风险和境外投资风险。

（七）提高经营效益

金融企业在向金融客户提供服务的过程中，还必须注重自身的盈利与发展，处理好社会效益与经济效益的关系，因此要注意：（1）应充分发挥自身资源的优势，提高资源利用效率，减少浪费；（2）要合理设计产品价格体系，确保适度的价差；（3）注重降低营销成本和消耗，对一些长期提供的一贯产品也可以实行目标成本管理，增加收益；（4）正确处理价量关系，保证企业在保本以上经营；（5）科学安排短期亏损和长期获利的业务，提高整体经济效益；（6）依法建立呆坏账准备金，及时化解风险隐患。

（八）确保社会经济稳定

金融业是高风险的特殊行业，其对国民经济影响的广度和深度都较为明显，通常也是市场准入条件较高的行业，所以在任何市场经济国家，金融业都扮演着极其重要的角色，发挥着特殊的作用，特别是在执行国家金融政策、发挥调控经济作用方面。由于金融影响面广、风险突出性强、危害大，各国对金融业的监管也十分重视。因此，金融企业必须认真执行国家的法律、法规，接受金融监管机构的监督，同时加强与行业协会的合作，开展健康有序的竞争，本着对社会公众负责、对国家负责、对股东负责、对长期发展负责的精神，尊重金融运作规律，共同维护社会经济的稳定和繁荣。

思政课堂

引导学生树立正确的劳动观

劳动教育是中国特色社会主义教育制度的重要内容，直接决定着社会主义建设者和接班人的劳动精神面貌、劳动价值取向和劳动技能水平。习近平总书记在全国教育大会上强调：要在学生中弘扬劳动精神，教育引导学生崇尚劳动、尊重劳动，懂得劳动最光荣、劳动最崇高、劳动最伟大、劳动最美丽的道理，长大后能够辛勤劳动、诚实劳动、创造性劳动。在教育实践中，把准劳动教育价值取向，有利于引导学生树立正确的劳动观。

长期以来，各地区和学校坚持教育与生产劳动相结合，在实践育人方面取得了一定成效。同时也要看到，近年来一些青少年中出现了不珍惜劳动成果、不想劳动、不会劳动的现象。对此，我们需要采取有效措施切实加强劳动教育，教育引导青少年树立以辛勤劳动为荣、以好逸恶劳为耻的劳动观，让中华民族勤俭、奋斗、创新、奉献的劳动精神在一代又一代青少年身上发扬光大。

树立"劳动是一切幸福的源泉"的观念。习近平总书记强调："幸福不会从天而降，梦想不会自动成真。"回望历史，"中国奇迹"的创造、"中国震撼"的交响，无不凝聚着广大劳动者的智慧和汗水；生活的美好、社会的进步，莫不源于平凡艰辛的劳动。实践证明，人世间的美好梦想，只有通过诚实劳动才能实现；发展中的各种难题，只有通过诚实劳动才能破解；生命里的一切辉煌，只有通过诚实劳动才能铸就。树立正确劳动观，学生才能真切领会到中国特色社会主义事业的大厦是靠一砖一瓦建成的，人民幸福是靠一点一滴创造得来的，从而更好地报效国家，奉献社会。

树立"崇尚劳动、热爱劳动、辛勤劳动、诚实劳动"的观念。随着社会发展和科技进步，劳动形态和方式会发生变化，劳动内容会不断丰富，但劳动是推动人类社会进步的根本力量，是培养人、塑造人和发展人的重要手段，这一价值永恒不变。实现我们确立的奋斗目标，归根到底要靠辛勤劳动、诚实劳动、科学劳动。学生要从小热爱劳动、热爱创造，通过劳动和创造播种希望、收获果实，也通过劳动和创造磨炼意志、提高自己。

树立"劳动没有高低贵贱之分，任何一份职业都很光荣"的观念。在我们社会主义国家，一切劳动，无论是体力劳动还是脑力劳动，都值得尊重和鼓励；一切创造，无论是个人创造还是集体创造，也都值得尊重和鼓励。让劳动创造成为时代强音，离不开价值的引领。任何时候、任何人都不能看不起普通劳动者，都不能贪图不劳而获的生活。在劳动教育中，要让学生正确认识和看待劳动分工和劳动者，尊重劳动、尊重知识、尊重人才、尊重创造；让学生切身感受劳动成果来之不易，在日常生活中倍加珍惜和爱护劳动者创造的一切劳动成果。

就高校而言，加强劳动观教育需要在全课程教学中渗透劳动观教育、组织开展多种形式的劳动实践、营造崇尚劳动的校园文化氛围上下功夫。唯有如此，才能让"劳动最光荣、劳动最崇高、劳动最伟大、劳动最美丽"的观念深入人心。

资料来源：周叶中.引导学生树立正确的劳动观.人民网，2021-08-30.

思考：

在平凡的工作岗位上，在日复一日的工作中，如何树立正确的劳动观？

实训活动

假设南宁民歌广场将举办演唱会，如果这是一次很好的商机，请设想此时应向观众销售什么。

分析提示：

谁是营销者？当时观众的最大需求是什么？

1. 谁是营销者？——想赚钱的是谁？营销者：希望从他人那里得到资源，并愿以某种有价之物作为交换的所有人。

2. 谁是潜在顾客？——愿意掏钱的是谁？这个能提供资源并愿意交换的人又是谁？

3. 当时观众的最大需求是什么？——简易望远镜。

4. 为什么是简易望远镜？

任务二　金融营销的演变历程

一、金融营销发展历程

美国在卖方市场向买方市场转化的过程中，于20世纪初创立了"市场营销"，它看重研究销售渠道与广告技术，借以扩大产品销售，在一定程度上缓解了"卖难"。然而，由于当时理论研究的局限性，当买方市场日益发展后，"卖难"问题依然突出。为了有效地解决"卖难"问题，美国在20世纪50年代确立了"现代市场营销"，它与早期创建的"市场营销"有着根本区别。现代市场营销强调实现产品销售是工商企业的综合业务活动，工商企业必须接受营销观念，选择目标市场，开展整体营销，才能从根本上解决"卖难"问题。

新理论以全新的概念与理念指导工商企业的生产和销售活动，不但有效地解决了"卖难"问题，而且使工商企业活动步入满足消费、引导消费、创造消费的轨道，促进了工商企业的发展，也有力地推动了美国经济前进。因此，我们可以说金融市场营销是市场营销原理在金融领域应用与创新的产物。市场营销在我国约定俗成的译法有两种：从企业经济活动角度译为"市场营销"（简称"营销"），从学科角度译成"市场营销学"（简称"营销学"）。

金融营销也经历了不断衍化的过程。金融业包括银行业、保险业、证券投资业。金融营销研究通常以美国银行业营销为代表，美国银行业营销的产生与发展经历了以下过程。

（一）漠视转入引进阶段（20世纪50年代）

20世纪50年代中期之前，资金在美国仍是稀缺资源，客户为了满足对资金的需要不得不求助于银行。银行不担心银行产品的销售，因而不关心营销。对此，菲利普·科特勒有着绝妙的描述："主管贷款的银行高级职员面色呆板地把借款人安排在大写字台前比自己低得多的凳子上，居高临下、颐指气使，阳光透过窗子照在孤立无援的借款人身上。借款人正努力地诉说着借款的理由，冰冷的银行大楼宛如希腊神殿般地让人不寒而栗。"20世纪50年代后期，各类非银行金融机构纷纷建立与发展，在储蓄和贷款业务方面与原有银行展开了竞争，不但动摇了原有银行的垄断地位，而且使银行产品首次出现了销售困难。为了更多地销售银行产品，一些银行开始借鉴工商企业的经验，采用广告与其他推销手段来扩大银行产品销售。美国银行家协会在1958年首次提出金融业应该树立市场营销理念的观点，将银行业营销理论研究与实践相结合。

（二）促销、友好服务、金融创新快速转换阶段（20世纪60年代）

20世纪60年代初，金融产品零售业务发展迅速，争夺客户的竞争异常激烈。相当数量的银行误认为营销就是广告与促销的代名词，银行的任务就是做好广告宣传把客户吸引过来、把产品卖出去，若要卖得多、卖得快，就要强化广告与销售并进，因而银行业呈现出繁忙的促销景象。尽管促销能带来销售量的增长，但是不能长久维持这一销售美景。

这个现象推动一些银行寄希望于以提供友好服务来培养忠诚客户的实践。它们开展职业培训、示范礼仪，改善作业环境，力图打破以往冷峻的形象，努力营造温馨友善的气氛以吸引客户。结果是率先提供友好服务的银行得到了丰硕的回报。随即引起了更多银行的仿效，使整个银行业步入友好服务轨道。

这种雷同的服务使客户难以根据服务态度来选择为其服务的银行。60 年代末，一些银行认识到金融业务的本质是满足客户需要。它们发现客户需求在不断地变化，金融创新应该是一项最具竞争潜力的营销活动，于是开始加强对客户需求的调查与对购买行为的研究。同时，政府对金融管制有所放松，为此它们设计出多种金融产品来满足不同的需要，如大额可转让定期存单（CDs）、可转让支付命令（NOWs）、自动转账服务（ATS）等。其结果是既扩大了资金来源，又提高了资金运行质量，还增加了客户收益。

（三）服务定位阶段（20 世纪 70 年代）

银行产品因缺乏专利性而极易被模仿，一项新金融产品推出之后，竞争者在半年内就可以"克隆"成功，使开发新产品的银行失去竞争优势。为谋求有利的竞争地位，银行将目光转向不易被竞争对手模仿的营销技术。通过研究，它们发现没有一家银行能给所有客户提供所需要的一切服务，因此银行应在确定对象方面下功夫，有所侧重，将主要产品和服务集中于某类客户，谋求在该市场上更大的占有率。这种认识推动了银行业进入服务定位阶段。所谓服务定位，是指银行强调市场细分与目标市场选择及定位，努力为客户树立一个鲜明的形象，将自己与竞争对手区别开来，便于客户选择能最大限度地满足他们需求的活动。在此阶段，出现了致力于服务特定客户的形形色色的银行：有以大公司为重点客户的，也有专门致力于为中小企业服务的；有偏重于稳健的投资银行业务的，也有投资于风险大但收益高的银行业务的；除了提供传统业务的银行外，还有提供保险、旅游、所得税安排、投资、财产托管、国际贸易等服务的所谓"金融超市"。

（四）系统营销阶段（20 世纪 80 年代至今）

20 世纪 80 年代后，西方金融业迅速发展，进一步推动了金融营销管理与改革。银行对营销有了更全面而深刻的认识，意识到营销不是孤立的广告促销、产品创新或服务定位活动，而是企业的整体活动。要实现银行的各项目标，就必须对营销环境进行认真的调研与分析，充分认识客户需求，结合本银行的竞争力，发掘营销机会，制定营销战略与技术，综合运用产品、分销、促销、定价策略为目标客户服务。

二、金融营销在我国的兴起和发展

我国金融企业营销的发展以银行类企业营销为起点，逐步扩展到保险公司、基金管理公司等其他金融企业。

我国商业银行营销活动的产生和发展与我国市场经济体制的形成和金融体制的改革紧密相连，概括起来，大致可以分为以下三个时期。

（一）前市场营销阶段（1984 年以前）

经济体制改革的发端和深化推动着我国金融体制改革和深化。1979—1983 年，"大一统"的银行体系逐步被打破，对四大国有专业银行金融市场范围的划分初步完成。但是这种市场划分只是人为的市场分割，并带有明显的政府行为的烙印。这种市场分割对四大专业银行起步之初的发展壮大，乃至今天相对竞争优势的形成都起到了重要的作用。但指令性的市场分割导致四大银行在其市场专营范围之内占据了自然垄断的地位，四大银行之间根本不存在任何业务上的竞争，所以在这一阶段，我国的银行体系仍未开展任何形式的市场营销。

（二）市场营销的萌发期（1984—1991 年）

自 1984 年开始，我国金融体系的整体架构开始发生重大变化。随着中国工商银行从中国人民银行分设出来，中国人民银行开始专门行使中央银行职能。1986 年 7 月，我国第一家全国性股份制商业银行——交通银行成立。次年，中信实业银行、招商银行、深圳发展银行等新兴银行也相继开业。虽然这些股份制商业银行在经营资本、机构网点、存贷规模、市场规模上远不及四大国有商业银行，但它们拥有灵活的运作机制和强烈的市场意识。此时，四大国有商业银行间业务交叉程度也不断加深。面对竞争压力，四大国有商业银行开展了带有市场营销性质的业务活动，零星的促销活动、微笑服务逐渐与四大国有商业银行业务活动相联系。四大国有商业银行虽较以往更注重广告和服务的质量，但是由于在金融市场上仍处于绝对垄断的优势地位，内在动力的不足和严格的金融管制使它们在金融产品创新、市场营销战略等方面未得到明显改观。

（三）市场营销的发展期（1992 年至今）

从 1992 年开始，我国金融体制进入加快发展阶段，四大国有商业银行被全面推向市场。出于对利润的追求和同业竞争的压力，四大国有商业银行开始逐渐把市场创新作为获得竞争优势的手段。市场创新主要包括三方面的内容：制度创新、业务创新和服务创新。在我国，金融制度创新目前主要由国家和中央银行来进行，商业银行所依靠的竞争手段主要是业务创新和服务创新。至此，虽然四大国有银行仍占有垄断地位，但是随着金融市场的进一步开放和同业竞争的持续升级，我国银行市场营销也快速向前发展，出现了以下一些新的趋势。

1. 品牌营销战略开始向个性化发展

继 1998 年中国建设银行在上海推出住房贷款品牌"乐得家"以后的短短两年中，上海各家商业银行纷纷聘请国内外营销专家对具有本行特色的金融产品进行包装、设计，相继推出个性化的品牌产品，如中国工商银行的"信贷置家"和以员工姓名为品牌的"个人理财工作室"、中国银行的"一本通"、上海银行的"好当家"、农业银行的"金钥匙"、交通银行的"外汇宝"和"圆梦宝"等，国内金融市场竞争差异化的序幕开始在上海拉开。

2. 传统文化融入营销活动内容

根据人们对传统文化的特殊情结，各行先后以多种方式将传统文化融入营销活动以吸引客户。例如，农业银行在 2000 年前夕，推出 3 种生肖系列彩色存单，存单背面采用汉代龙、凤、虎石刻图案，设计有福、禧、寿 3 种款式，集使用价值、收藏价值和欣赏价值于一体；建设银行推出"龙博士"生肖储蓄卡，以便于家长将储蓄卡作为"压岁钱"的载体，既安全，又蕴含了家长对孩子的殷殷期望。中国工商银行上海分行组织高校学生参观该行的银行博物馆，使参观者在了解该行的同时，也对 100 多年来上海深厚的金融文化底蕴有了直观、深刻的认识，开创了国内银行营销的新模式。

3. 网上营销开始全面展开

1997 年，招商银行率先在深圳推出网上银行，开了我国网上营销的先河，并不断健全完善，打出"一网通"的网上金融品牌，开辟"招银大地""网上商城""个人银行"等7个栏目，实现了真正的在线金融服务，成为国内"网上第一行"。继招商银行之后，中国银行推出与1 000万张"长城卡"相结合、以"支付网上行"为品牌的系列网上银行服务；工商银行、建设银行等商业银行也相继积极探索网上营销新概念，网上营销已在全国范围广泛开展。当前，我国银行已经运用营销思想来指导自身的经营实践，不断进行金融产品的创新，注重市场细分和市场定位，而这正是银行营销处于发展阶段的典型标志。同时，我国商业银行也开始注意到与有价值客户建立长期互利合作关系的重要性，积极开展关系营销，建立客户经理制度，这是银行营销进入成熟时期的标志。但我国国内金融业的竞争格局与竞争的激烈程度还没有达到银行营销成熟阶段所应有的水平：我国的投融资渠道仍旧是以商业银行为主导，其他投融资方式，如企业债券市场、股票市场、各种类型的基金远没有发展到可以和商业银行抗衡，况且我国的法律仍禁止商业银行进行实质意义上的混业经营。互联网的出现，改变了保险公司进行市场宣传和推广的概念、方式和手段。随着信息化、电子化时代的到来，一种可以用于保险营销的新形式——网络营销已经在国际保险营销市场上出现。互联网客户能够获得有关产品的更多的综合信息，能够参与多方向的、一对一的、高度分化的沟通环境。在网络营销中，消费者掌握着营销的主动权。总之，互联网改变了营销的大部分内容。网络营销正随着计算机网络技术的逐步发展、网络时代的到来，而成为一种拥有巨大潜力和美好发展前景的新型保险营销方式。

在我国，网络保险虽然起步较晚，但近年来也得到一定的发展。我国平安保险公司投资设立的PA18新概念、泰康人寿保险公司开通的"泰康在线"，以及其他各保险公司和国内保险市场网站的纷纷亮相，充分证明网上保险已越来越受到国内保险公司的重视。

案例分析

国际银行的沉默广告

美国纽约国际银行在刚开张之时，为了迅速提高知名度，想出了一个出奇制胜的广告策略。

一天晚上，全纽约的广播电台正在播放节目，突然间，全市所有广播都在同一时刻向听众播放一则通告：听众朋友，从现在开始播放的是由本市国际银行向您提供的沉默时间。紧接着整个纽约市的电台就同时中断了10秒钟，不播放任何节目。一时间，纽约市民对这个莫名其妙的10秒钟沉默时间议论纷纷，于是"沉默时间"成了全纽约市民茶余饭后最热门的话题，美国纽约国际银行的知名度迅速提高，很快便家喻户晓。

资料来源：艾沃琳·艾尔林奇，杜克·范纳利. 金融服务营销手册. 王国胜，缪成石，赵健明，译. 广州：广东经济出版社，2009.

思考：

金融企业如何利用广告来提升企业知名度？

实训活动

学生分成若干小组，实地调查周边银行、证券企业、保险企业开展营销活动的情况。

模块二　认识金融产品

任务一　金融产品的相关概念、层次、特征

一、金融产品的相关概念

金融产品是指资金融通过程的各种载体，它包括货币、黄金、外汇、有价证券等。

金融产品在我们的生活中随处可见，并且我们几乎时时刻刻都在使用金融产品，如银行的储蓄存款、购买的财产保险、信用卡、购买的股票和债券、银行发行的各种理财产品等。

金融产品首先是一种产品，菲利普·科特勒将产品定义为能够提供给市场以满足需求和欲望的任何东西。那么，我们可以将金融产品理解为提供给市场来满足金融需要的任何东西。对金融产品理解的侧重点不同，定义也就不同。如果从金融服务角度理解，金融产品是指"以特定市场为目标，由一种金融机构为任意用户所提供的一整套服务"。这是英国金融营销学家亚瑟·梅丹（Arthur Meidan）所下的定义。如果从金融工具角度理解，金融产品是指金融市场上交易的对象，即各种金融工具。

二、金融产品的层次

金融产品从本源上来说属于服务产品，为企业和个人的货币财富提供服务。借用营销学产品分层方法可以将金融产品划分为五个层次：核心产品、形式产品、期望产品、延伸产品、潜在产品。

（一）核心产品

核心产品是指产品能提供给客户的基本效应和利益，以此来满足客户的基本金融需要。对于客户而言，基本的金融需要包括安全、方便、保值、利息和各种预测。如贷款产品会产生利息，带来财富增值利益。

（二）形式产品

形式产品是指金融产品满足客户需求的具体形式，是体现核心产品特征的外在形式。形式产品主要表现为权益凭证或交易契约，如存款单、票据、保险单、债券等。随着科技的进步，金融活动和交易变得越来越虚拟化，形式产品的表现形式也发生了一些变化，以纸张为载体的契约凭证逐渐转变为电子凭证，如信用卡、储蓄卡等。

（三）期望产品

期望产品是指客户在购买或消费某种金融产品时，期望这些产品所具备的一系列属性和条件。一般表现为客户期望从金融机构中获得一些良好和快捷的服务，如客户期望办理业务过程要方便、快捷，客户期望在银行储蓄的资金安全等。

（四）延伸产品

延伸产品是指金融机构根据客户的相关需要提供给客户期望值之外的利益，这些利益和需要在客户寻觅、购买和使用产品的过程中是能感受到的，如借记卡消费过程中的短信通知服务、产品购买过程中的咨询服务等。

(五) 潜在产品

潜在产品是指产品存在的尚未开发的能满足客户潜在需求的附加功能和产品在将来可能经历的变动，如客户希望银行增设一些办理业务的窗口等。

三、金融产品的特征

金融产品是金融机构传递价值的载体，金融机构通过提供金融产品以满足客户的需求。金融营销组合中的其他要素是以金融产品为核心的（虽然其他因素也很重要，但它们的主要功能是促进市场接受产品）。因此，了解金融产品的特征，在此基础上增加附加利益和服务，才能获得金融产品的竞争优势。具体来说，金融产品具有以下特征：

(一) 无形性

银行、证券、保险等金融机构所提供的金融产品在形态上基本是无形的，如银行的投资理财、购买的股票等，因而具有较强的抽象性。虽然我们看到一些金融产品在买卖过程中伴随着一些实物介质，如信用卡、存折、账单等，但这些东西并非金融产品本身，而是金融产品买卖过程中的凭证。金融产品所具有的无形性，决定了金融产品具有很大的风险性。

(二) 易模仿性

金融产品是很容易被模仿的，只要某一个金融机构推出了一款特别的金融产品，该产品就很容易被同行业的其他机构所模仿。

(三) 与客户的关系是持续的

通常情况下，消费者购买商品是一个一次性的过程，而金融服务本身是一个持续性的过程。例如，个人理财服务是一个持续的过程，银行首先要分析客户的财务状况，通过发掘客户需求，为客户制订财务管理计划，并帮客户选择金融产品以实现客户的理财目标。

案例分析

信用卡 App 应用的新营销方式

广州农商银行于 2011 年 6 月发布首张信用卡——太阳信用卡，为了建立第一张太阳信用卡的市场认知度，除了采用在广州地区投放电视广告、报纸广告及开展会议营销等传统推广方式，还采用了 App 应用程序以推广太阳信用卡及其背后"购物幸福"的品牌理念。消费者可以通过手机拍摄笑脸来测算自己的"幸福指数"。

点评：

采用 App 应用程序，增强消费者互动体验，增加营销活动的趣味性，广州农商银行太阳信用卡的 App 推广体现了新技术的营销价值。

实训活动

结合以上学习的金融产品的内涵等知识，学生分成若干小组讨论分析存折、银行卡、支票、汇票、股票、债券、保单等金融产品的内涵。

分析提示：

金融产品划分为五个层次：核心产品、形式产品、期望产品、延伸产品、潜在产品。

核心产品是利息、股息、分红、便利性、透支、安全、保险、保值、地位、自尊、各种预期；

形式产品是服务质量与方式、品牌……

期望产品是折扣优惠、风险担保……

延伸产品是查询相关信息、提供咨询建议……

潜在产品是未来可能扩展部分……

任务二　金融产品的分类

一、金融产品的分类

随着经济社会的不断发展和金融市场的不断开放，金融产品的种类也日趋增多。纷繁复杂的金融产品有多种划分方法，可以从产品提供者的角度、服务的客户对象角度、产品的存续时间长短角度、产品发行者的性质角度进行分类。

（一）从产品提供者的角度分类

从产品提供者的角度可以将金融产品划分为银行金融产品、保险金融产品和证券金融产品。银行金融产品主要包括资产类产品（如短期贷款）、负债类产品（如发行金融债券）、结算类产品（如银行汇票）、租赁类产品（如融资租赁）、顾问类产品（如投资顾问）等。保险金融产品主要包括普通保险产品和人寿保险产品，其中普通保险产品包括财产保险类产品、责任保险类产品、运送保险类产品等。证券金融产品主要包括股票、债券、基金类产品等。

（二）从服务的客户对象角度分类

从金融产品所服务的客户对象角度可以将金融产品划分为向个人服务的金融产品和向公司服务的金融产品。以个人为对象的金融产品主要包括活期账户、储蓄账户、个人抵押贷款、银行转账、咨询服务等。以公司为对象的金融产品主要包括公司贷款、公司活期账户、由政府有关部门提供的贷款保证。

（三）从产品的存续时间长短角度分类

从金融产品的存续时间长短角度可以将金融产品划分为短期金融产品和长期金融产品。短期金融产品是指那些存续期在一年以内的金融产品，主要包括支票、国库券、短期贷款、短期债券等。长期金融产品是指那些存续期在一年以上的金融产品，主要包括股票、长期债券、长期贷款等。

（四）从产品发行者的性质角度分类

从金融产品的发行者的性质角度可以将金融产品划分为直接金融产品和间接金融产品。直接金融产品是指资金直接在需求方和供给方之间融通的金融工具，主要包括股票、公司债券、政府债券等。间接金融产品是指资金通过中介机构在需求方和供给方之间融通的金融工具，主要包括银行存款、银行债券、银行承兑汇票、保险单等。

二、银行产品

（一）储蓄存款产品

储蓄是银行最重要的资金来源，也是银行发挥信用中介、支付中介、信用创造与资金转换职能的基础。

(1) 活期存款。不约定期限，存款人可以利用各种方式随时提取的存款。

(2) 定期存款。客户与银行事先约定存款的一定期限。

(3) 定活两便存款。存款期限不确定，利息随期限的长短而变化。

(4) 通知存款。存款人提前一定的时间通知银行即可提取的存款。

(二) 贷款业务产品

贷款是银行最主要的资金运用业务，也是银行盈利的主要来源。

(三) 中间业务产品

中间业务产品是指银行基本上不动用自有资金而为客户提供的各项服务，包括结算产品、信用卡产品、银行信托产品、银行租赁产品、咨询服务产品、代收代付业务产品。

三、证券产品

证券产品主要包括股票、债券和基金。

(1) 股票是股份公司发行的所有权凭证，是股份公司为筹集资金而发行给各个股东作为持股凭证并借以取得股息和红利的一种有价证券。每股股票都代表股东对企业拥有一个基本单位的所有权。

(2) 债券 (bond) 是一种金融契约，是政府、金融机构、工商企业等直接向社会借债筹措资金时，向投资者发行，同时承诺按一定利率支付利息并按约定条件偿还本金的债权债务凭证。债券的本质是债的证明书，具有法律效力。债券购买者或投资者与发行者之间是一种债权债务关系，债券发行者即债务人，投资者 (债券购买者) 即债权人。

(3) 基金 (fund) 有广义和狭义之分。从广义上说，基金是指为了某种目的而设立的具有一定数量的资金，主要包括信托投资基金、公积金、保险基金、退休基金、各种基金会的基金。人们平常所说的基金主要是从狭义上说，指投资基金。投资基金 (investment fund) 是一种利益共享、风险共担的集合投资制度。投资基金集中投资者的资金，由基金托管人委托职业经理人员管理，专门从事投资活动。

四、保险产品

保险是一种分散风险的手段，自 18 世纪保险业务产生以来，用于保险的金融工具层出不穷。

保险产品的主要特征如下：

(1) 各个保险公司可以不用对同一市场提供服务，因此各保险公司签订的保险合同的范围与种类不同。

(2) 保险产品没有统一标准。

(3) 保险的目的在于提供保障或投资。

(4) 保险产品的创新速度非常快。

案例分析

宁波银行以金融服务全面支持中小企业发展

根据小企业金融需求的特点，宁波银行于 2007 年推出"金色池塘——小企业全面金融服务"品牌，以提供小企业全面金融服务为核心价值，依托充满活力的客户服务团队、标准化的金融产品和业务流程，为小企业提供专业、高效的金融服务。同时通过"小企业大讲堂"的创新模式，为小企业提供多维度的专业知识，方便客户不断提高资金管理能力和企业营运能力，真正实现零成本财务顾问功能。

点评：

中小金融企业如何占领市场，站稳市场？宁波银行给出了答案，那就是走特色化、系统化的道路，明确目标客户，给出针对性的解决方案。

实训活动

学生分为若干小组，结合以上学习的金融产品类型，到各类金融企业调查收集金融产品情况。

 ## 项目小结

1. 营销又称市场营销，是指个人或集团通过交易其创造的产品或价值以获得所需之物，实现双赢或多赢的过程。它包含两层含义：一种是从企业经济活动的角度，指企业的具体活动或行为，称为市场营销；另一种是从科学的角度，指研究企业的市场营销活动或行为的学科，称为市场营销学。

2. 营销的内涵：营销的主体是一切面向市场的个人和集体；营销的客体是产品和价值；营销是通过创造、出售、交换来实现的；营销是一个管理和社会活动过程。

3. 金融营销是在一般市场营销学的基础上发展起来的，是企业市场营销在金融领域的发展。在市场经济体系中，金融企业是一种专门为客户提供金融性服务以满足客户对金融产品消费需要的服务性企业（商业银行是这种服务性企业的主体），金融服务的提供者除了银行、保险公司，还包括各类证券公司、信托机构等，它的营销既与生产消费品、工业品等企业的营销有相似之处，又有其自身的特点和规律。

4. 金融产品是指资金融通过程的各种载体，包括货币、黄金、外汇、有价证券等。金融产品可分为五个层次：核心产品、形式产品、期望产品、延伸产品、潜在产品。

 ## 项目训练

一、单选题

1. 金融产品的特征是（　　）。

A. 易模仿性　　　　B. 不可分割性　　　　C. 广泛性　　　　D. 增值性

2. 我国商业银行一对一服务模式主要针对的客户是（　　）。

A. 所有客户　　B. 所有个人客户　　C. 所有企业客户　　D. 个人高净值客户

二、多选题

1. 营销的内涵主要有（　　）。

A. 主体是一切面向市场的个人和集体　　　B. 客体是产品和价值

C. 营销是通过创造、出售、交换来实现的　D. 营销是一个管理和社会活动过程

2. 金融营销的主体是指（　　），也是细分市场的依据。

A. 商业银行　　　　B. 证券公司　　　　C. 保险公司　　　　D. 投资基金

E. 信托公司

3. 金融营销的基本特征是（　　）。

A. 无形性　　　　　B. 无差异性　　　　C. 循环性　　　　D. 非储存性

E. 持续性

4. 金融营销体现的功能有（　　）。

A. 金融信息管理　　　　　　　B. 客户需求分析

C. 金融产品开发　　　　　　　D. 制定金融营销战略

5. 金融产品的层次分为（　　）。

A. 核心产品　　　　B. 形式产品　　　　C. 期望产品　　　　D. 延伸产品

E. 潜在产品

6. 营销的实质是在市场研究的基础上，以消费者的需求为中心，（　　）把适合消费者需要的产品和服务提供给消费者。

A. 在适当的时间　　B. 在适当的地点　　C. 以适当的价格　　D. 以适当的方式

三、名词解释

金融营销　金融产品　核心产品　期望产品　潜在产品

四、简答题

1. 营销的内涵是什么？

2. 金融产品可划分为哪五个层次？

3. 金融产品有什么特征？

4. 如何理解金融营销的含义？

项目二
金融营销环境分析

 知识目标

1. 了解金融营销环境的概念及特点。
2. 掌握金融营销的宏观环境和微观环境。
3. 熟悉金融营销环境分析方法。

 能力目标

1. 能够辨别金融企业的宏观环境和微观环境。
2. 能够运用金融产品营销环境的知识分析金融产品的营销环境。
3. 能够运用金融营销环境分析方法对金融企业进行优势与劣势分析。

 素养目标

1. 树立对中国特色社会主义道路和制度的自信心和自豪感。
2. 培养学生爱国爱家的情怀，用双手创造美好生活，实现人生价值。

案例导入

数字技术赋能金融潜力巨大

2022年3月23日，在"第九届中关村金融科技论坛年会"上，原中国保监会副主席指出，当前全球数字经济快速发展、数字技术赋能金融科技对经济产生了极大的推动作用，已形成数字金融发展新动能。

从金融科技发展情况来看，数字技术对传统的银行业、保险业及其他金融机构都会带来效率的提升，尤其是在征信管理、信贷投放、风险管控、保险定价等方面，能提供精准的服务。

从金融科技风险防控来看，数字技术在降低金融机构的运营成本、提高金融风控能力方面还有很大潜能。因此，金融机构要加大对数字科技的研发投入。从长期来看，科技赋能金融服务、金融科技聚焦数据金融也是未来的主题，要持续进行研究。

从技术发展来看，一方面，数据空间是比较广的概念，现实空间的制度化、法治化为数据要素的生产提供了制度保障；另一方面，数据生态系统要有标准和规则。

从制度建设来看，数字技术要从"法律法规＋技术"融合方面推进，将法律法规、制度建设放在突出位置，结合数字技术的发展，解决数据收益、产权保护权属问题。

另外，在网络安全上，要及时做好研究。因为，数据安全是一个重大课题。做好网络安全工作，除了网络安全产品、网络安全保险、网络安全技术体系、网络信息在线监管平台建设等，还要研究推动网络安全产业发展方面的技术路线、制度规范，包括信息技术设施保护、数据安全监管、个人信息保护等。为此，要做好数据的分类分级管理，建立一般数据、核心数据、重要数据标准体系，切实保护国家、企业和个人利益。

金融业在拥抱科技创新的同时要关注新问题和新挑战：第一，金融业要关注数据安全与用户的隐私保护问题。第二，金融业要加强网络安全建设，尤其是突发网络安全事件，对金融机构应急管理提出更高要求。第三，金融业要进一步完善科技伦理体系，提升科技伦理治理能力，有效防控科技伦理风险，不断推动科技向善、造福人类。

资料来源：苏洁. 数字技术赋能金融潜力巨大. 金融界，2022-03-24.

思考：

数字经济时代的到来会对商业银行的业务造成怎样的影响？环境分析对金融企业开展营销活动有什么重要意义？

提示：

1. 支付方式。数字经济催生了很多新的支付方式，如移动支付、电子钱包、虚拟货币等，这些支付方式的出现逐渐改变了人们的支付习惯，这对传统的商业银行来说可能带来竞争压力。

2. 传统业务的转型。数字经济的发展对传统的银行业务模式产生了一定的影响，商业银行需要进行业务转型以适应数字经济的发展。例如，商业银行需要提供更为灵活的贷款模式、设计基于云计算的跨界合作解决方案、创新金融产品等。

◎ 模块一　金融营销环境概述

纵观全球金融业，成功的金融机构总是那些能够着眼于未来、能够认识到宏观环境中尚未满足的需求和有待开发的新趋势，并对此做出积极反应的机构。变化的营销环境一直在不断地创造机会和凸显威胁，尤其是在社会经济迅速发展的中国，金融机构正面临着巨大的挑战，这些挑战不仅来自金融机构本身应对环境变化能力的不足，也来自实力雄厚的国际金融巨头；但我国金融机构同样面对许多机会，巨大的消费市场对任何金融机构而言都具有极大的吸引力。因此，机会和威胁并存使得金融营销环境分析显得十分必要与重要。

任务一　金融营销环境的基本描述

一、金融营销环境的概念

金融营销环境是指对企业生存和发展构成影响的各种因素和力量。具体来说，金融营销环境是指影响企业的市场营销管理能力以及影响其卓有成效地发展和维持与其目标客户交易及关系的参与者与力量。

菲利普·科特勒对此的解释是：营销环境是指影响企业市场和营销活动的不可控制的参与者和影响力。据此，金融营销环境可以定义为与金融机构营销活动有关系的所有影响力量和相关因素的集合。

二、金融营销环境的分类

金融营销环境是极为复杂的，内容比较广泛，基于不同的分类依据，可以进行不同的分类：

（一）按对金融机构营销活动影响因素的范围，分为宏观环境和微观环境

宏观环境是指对包括金融机构在内的各个行业均带来影响的各种因素和力量的总和，一般由人口、经济、自然、科技、政治与文化六大要素构成。宏观环境的发展变化是单个金融企业无法控制的，只能通过调整金融企业内部关系来协调和适应宏观环境的变化。微观环境是指由金融企业本身的市场营销活动所引起的与金融市场紧密相关、直接影响其市场营销能力的各种行为者，是决定金融机构生存与发展的基本环境。

微观环境直接影响和制约金融机构的市场营销活动，也称为直接营销环境。宏观环境则主要以微观环境为媒介，间接影响金融机构的市场营销活动，又称为间接营销环境。因此，宏观市场营销环境和微观市场营销环境之间不是并列关系，而是主从关系。微观市场营销环境受制于宏观市场营销环境，微观环境中的所有因素均受到宏观环境中各种力量和因素的影响。

（二）按对金融机构营销活动影响时间的长短，分为长期环境与短期环境

长期环境对金融机构影响的持续时间较长，短期环境对企业影响的持续时间比较短暂。这其中还需要区分为以下几点：（1）流行：指不可预见的、短期的，没有社会、经济和政治意义的营销环境。（2）趋势：指能预见的且持续时间较长的营销环境，趋势能揭示未来。（3）大趋势：指社会、经济、政治和技术的大变化，不会在短期内形成，但一旦形成则会对我们的生活产生较长时间的影响。

（三）按对金融机构营销活动影响的地域范围，分为国内环境与国际环境

对金融机构的营销活动产生影响的因素，不仅有国内环境因素，还有国际环境因素。一国的开放程度越高，其国民经济、国际经济联系越紧密，金融机构进入国际市场的范围越广、程度越深，国际环境因素对金融机构营销的影响就越大。国际环境常常是金融机构营销活动中不可忽视的一个重要环境因素。

三、金融营销环境的特点

（一）差异性

金融机构既面对一般的市场营销环境，也面对具体的市场营销环境。前者是指能影响某一特定社会中所有金融机构客观因素的总和，后者是指能影响某个或某些金融机构的微观因素的总和。金融营销环境的差异性不只表现在同一金融机构受不同环境的影响不同，而且表现在同一环境因素的变化对不同金融机构的影响不同。正因为这种种差异性，不同的金融机构为应对环境变化采取不同的金融营销策略，如有的银行可能选择增加营业网点来满足日益增长的个人业务需求，而有的银行则可能根据自身的特点增加 ATM 设备或发展网上银行来应对这一变化。

（二）相关性

金融营销环境不是由某一个单一的因素所决定的，它受到一系列相关因素的影响。构成金融企业营销环境的各种因素是相互联系、相互依赖的，如经济因素不能脱离政治因素而单独存在，同样政治因素也必须通过经济因素来体现。例如，金融产品的价格不仅受到市场供需关系的影响，还受到国家政治经济政策的影响。正因为金融企业外界环境中这些因素的联系是相通的，所以，它们对金融企业营销活动的影响也就是密切相关、多元、综合的影响。同时，这种复杂的相互影响也使金融企业对外部环境更难以把握。

（三）复杂性

金融营销环境是极其复杂的，无论是微观环境还是宏观环境都会直接或间接地影响金融机构的营销活动，然而这些因素之间又经常存在矛盾、排斥关系。因此，金融机构在开展营销活动时，既要满足客户需求，又要使自身行为与政府的法律法规等相符合。例如，银行在对其金融产品定价时，不仅要考虑到市场供求状况，还要顾及国家关于金融产品定价的相关规定。

（四）动态性

金融营销环境的各种因素的状态会随着时间的推移和社会经济的发展不断变化，包括可预料的和不可预料的变化，局部的、短期的和全局的、长期的变化，而各种变化的速度也不一样，这些变化中的要素组成了一个动态系统。市场营销环境的动态性特点，决定了金融机构对营销环境的适应是一个动态过程。而且从总体上来看，金融营销环境的变化速度呈加快趋势。每一个金融机构小系统都与社会大系统处在动态的平衡中，一旦环境发生变化，这种平衡就被打破，金融机构必须快速反应并积极采取措施应对这一变化，加快的变化速度更是对金融机构的能力提出了挑战。

（五）不可控制性

金融营销环境的复杂性、动态性等又决定了其不可控制的特点。资源的分布状况、国家的政策、法规、意识形态、社会风俗习惯等因素对金融机构的营销活动共同发生作用，而这些因素是不能加以控制的外部因素。因此，金融机构要加强分析和研究这些外部因素，更好地抓住机遇，做好应变工作。

思政课堂

保障能源稳供　守护万家灯火
中国工商银行主承销全国首批能源保供用途债券

2021年11月3日至10日，中国工商银行为国家能源集团、浙江省能源集团和北京京能电力主承销的全国首批能源保供用途债券在银行间债券市场成功发行。本次募集资金共计55亿元，用于全国多地发电企业原料采购和电力供应相关资金支出。此举丰富了能源保供金融服务方式，为我国2021年冬季和2022年春季能源供应安全、人民群众温暖过冬、产业链供应链稳定等提供了强有力的金融保障。

为落实党中央、国务院做好2021年冬季和2022年春季能源电力供应的决策部署，工商银行迅速开展"保电专项行动"，逐户摸排保供企业融资需求，扎实推进能源保供金融服务。工商银行为能源保供用途债券承销业务开辟绿色通道，实行优先办理、特事特办，高效完成了首批债券的服务方案设计、业务审批、监管报备、公告发行等环节，最终顺利实现全国首批能源保供用途债券落地发行。

近年来，工商银行持续加大对能源行业的支持力度，"十三五"以来，累计提供贷款超过 2.5 万亿元，有力地促进了能源稳定供应和绿色低碳转型。下一步，工商银行将继续加强对能源安全保供和绿色低碳转型的金融支持，优先保障涉及能源供应、居民生活以及其他重要国计民生行业的重点企业融资需求，同时积极引导传统产业转型升级，以实际行动落实好国家能源安全战略，助力能源行业高质量发展。

能源电力产业稳定发展是居民生活、工业生产的基本保障，是经济稳定发展的基石。工商银行通过优化完善信贷业务和金融服务方案，助力集团全力落实国家优质煤电企业保供、维护经济生产和民生基本需要等工作要求。同时积极发挥碳减排支持工具和煤炭清洁高效利用专项再贷款政策作用，支持能源领域稳产保供和低碳转型需求。

思考：
金融企业如何利用金融营销、金融产品承担起社会责任，为千家万户送去金融服务？

四、金融营销环境分析的过程

金融营销环境分析是一个动态过程，包括环境因素调查、环境因素评价和环境因素预测三个循序渐进的阶段。

（一）环境因素调查

环境因素调查是指了解金融营销环境的宏观因素、中观因素和微观因素的过去与现实状况，它是金融营销环境分析的起始点。

（二）环境因素评价

环境因素评价是对所收集的有关环境因素资料进行归纳、整理和分析，以判断哪些因素对金融营销具有影响以及影响作用的程度如何，这是金融营销环境分析的关键。

（三）环境因素预测

环境因素预测是对营销方略实施期间营销环境因素可能发生的变化和发展趋势做出估计，它是金融企业制定营销方略的主要依据之一。

金融营销环境因素调查、评价和预测的过程，也就是金融企业对营销环境由浅入深、由表及里、逐步深化的认识过程。

知识拓展

冬奥会银行"数字"契机

2022 年北京冬奥会各项赛事正如火如荼地进行，从中国队短道速滑成功摘得首金、滑雪少女谷爱凌为国夺冠，到吉祥物"冰墩墩"引起抢购热潮，都彰显出大家对北京冬奥会的热爱与支持。这份热情还延伸到了银行等金融机构。为了满足消费者的"求墩"心切，银行卖力推广起办信用卡送"冰墩墩"的营销模式，更有银行从业人员透露，办卡中心电话都快被打爆了。除去备受大家欢迎的"赠墩"行动，在本届冬奥会上，还有哪些来自银行业的精彩表现？

冬奥会信用卡"火了"

趁着消费者对"冰墩墩"的求购热潮，多家银行客户经理在朋友圈开始营销起自家以北京冬奥会为主题的信用卡，并配文称办卡且消费达标后，将有机会获赠 2022 年冬奥会的吉祥物玩偶、手办、抱枕等礼品。如中国银行表示，办理该行北京 2022 年冬奥主题信用卡，办卡后连续三个月单笔刷卡消费超过 199 元，便有机会获赠"冰墩墩"和"雪容融"手办套装一份。北京银行也表示，该行信用卡持卡客户需要在核卡后的 60 天内（含核卡当日）成功激活主卡，并绑定该行掌上京彩 App 即为达标客户，达标后 30 天（含）可领取吉祥物的抱枕一个。

数字人民币受欢迎

此外，自北京冬奥会举行以来，数字人民币也受到消费者的欢迎。据中国银行北京分行客户经理透露，从冬奥会举办开始，每天都有不少消费者来下载数字人民币 App 并申领卡式、手环硬钱包。此外，不少参与冬奥会的外籍人士也加入其中。在业内看来，这主要在于数字人民币的便捷性。据悉，由于冬奥品牌权益方面的规定，场馆内仅支持 VISA 和现金支付，而这给多数习惯用支付宝与微信支付的国内消费者带来不便。

为了最大限度地方便消费者使用数字人民币，相关部门还在北京冬奥会期间持续推进银行受理端、商户服务端、个人消费端的数字人民币支付受理系统全覆盖，并将数字人民币消费场景扩展至 40.3 万个，并具体涵盖"食、住、行、游、购、娱"等众多生活场景。目前，数字人民币 App 支持近百个冬奥会参赛国家和地区手机号注册和开通钱包。同时，有不少人士认为，使用数字人民币能实现非接触支付，也能进一步满足冬奥会的防疫要求。

金融助力冰雪经济发展

冬奥会的成功举办离不开金融的助力。在北京冬奥会筹办过程中，银行业多措并举，通过贷款等融资方式支持场馆和基础设施建设，助力我国冰雪经济发展。北京银保监局的统计数据显示，北京银行业支持冬奥场馆及配套基础设施建设总体融资规模超过 780 亿元，已实际投放 341 亿元，各项融资余额 242 亿元。自 2020 年以来，北京地区还有 4 家财险公司共推出 53 个冰雪相关保险产品，累计提供风险保障 3 209 亿元。

银行业针对冬奥会主题营销方面取得显著效果，银行在更为主动地贴近消费者的生活场景，在营销中更擅长去抓住消费者需求心理的变化。近年来银行信用卡中心在获客方面花费了大量精力，招聘了大量数据分析师，利用大数据技术对存量客户进行精准画像，并将相关画像结论用于针对新客户的分层营销中，成功地抓住各类客群的心理和需求。专家表示"这种获客效果显然是非常不错的，直接让客户开通业务的获客营销比较生硬，银行也需要寻找一些噱头及热点来开拓业务，特别是冬奥会这个难得的机会"。

冬奥会为数字人民币的普及和推广提供了良好的契机，但如何让消费者能够对数字人民币的热情持续将成为新的挑战。

资料来源：孟阳. 冬奥会银行"数字"契机. 国际金融报，2022 - 02 - 14.

实训活动

学生分为若干小组，选择一家银行，调查银行的客户类型有哪些。

任务二　金融营销宏观环境分析

金融营销宏观环境与其他企业面临的环境一样，也包括政治法律环境、经济环境、技术环境、社会文化环境等，各个环境的构成还可以进一步细分。这种对宏观环境的分析方法通常称为 PEST 分析。

一、政治法律环境

政治法律环境是指金融机构营销活动的外部政治法律形势和状况，以及国家政治环境方针、政策、法规等的变化对活动造成的影响。政治法律环境的稳定是金融机构市场营销成功的保障性条件。

（一）政治局势

政治局势是金融机构外部的政治形势和状况，包括国内和国际两方面。

1. 国内局势

分析国内政治环境时，要了解国家的各项方针政策的制定和调整对金融机构营销的影响。金融机构的特殊性质，决定了它受国家政治环境的影响程度是非常高的。以银行业为例，政治环境是否稳定是影响银行经营成败的关键性因素，政局不稳定会造成社会动荡、经济低迷，对银行业务不利；同时政局不稳定还会导致国家地位的下降，货币贬值，进一步加重银行的资金负担。股票市场的大起大落以及银行遭受违约风险和挤兑风险往往与政治动乱或突发的政治事件相关。

2. 国际关系

国际关系是指国家之间的政治、经济、文化、军事等关系，包括世界时局所处的具体状态、本国与其他国家政治经济和商贸往来的密切程度等。金融市场营销离不开国际环境，随着金融国际化、全球化趋势的形成和深化，企业开展金融市场营销时也必然注重国际关系，并在一定的国际政治秩序条件下制定营销战略，实施营销策略。例如：我国加入世界贸易组织后，金融业逐步开放，外资金融机构在我国增设网点，全方位发展金融业务；与此同时，我国的金融机构也积极拓展海外市场。如果没有好的国际环境，我国与其他国家不能保持良好的双边或多边关系，要发展海外金融市场营销是难以想象的。至少现实政策和不平等条件的制约将会极大地阻碍市场营销活动的开展。同时国际政治形势的稳定也是发展国际金融市场营销的保障。如果国际政治形势动荡不安，或者发生世界性或局部性战争，金融机构的国际市场营销将受到严重的影响。

（二）法律环境

法律环境是指国家或地方政府所颁布的各项法律、法规、法令和条例等。各种相关法律法规的制定和颁布，使金融机构可以借以维护自身的正当权益。此外，法律又是评判金融机构市场营销活动的基本准则，金融机构必须依据法律规定进行日常营销活动。与金融机构营销活动有关的法律、法规、规章制度很多，主要由国家和中央银行颁布。

金融法律主要包括国家和中央银行颁布的有关法律、法规和规章制度，在我国包括《中华人民共和国中国人民银行法》《中华人民共和国商业银行法》《中华人民共和国票据法》《贷款通则》《中华人民共和国证券法》《中华人民共和国保险法》等。这些法律法规都是金融机构经营的行为准则。银行必须自觉接受国家金融监督管理总局的监管，证券公司必须接受证监会的监管，而保险公司则必须接受国家金融监督管理总局的监管，金融机构需要依法依规运作，保护客户利益，严格执行各项业务操作程序，防范和化解金融风险。而政府制定这些法律法规，一方面是为了维护金融市场秩序，保护平等竞争；另一方面则是为了维护客户的利益，保证社会的稳定。金融机构了解法律法规，熟悉法律环境，既可以保证自身严格按法律法规办事，不违反各项法律法规，又能够用法律手段保障自身权益。金融机构营销人员不仅要熟悉和了解有关经济法律法规，还要了解与法律的制定和执行有关的政府部门的职能与任务。这样才能使金融机构的营销人员全面了解、熟悉企业所处的外部环境，避免威胁，寻找机会。

（三）政策方针

国家的宏观调控政策包括人口政策、产业政策、外贸政策、物价政策、财政政策、金融货币政策等。这些政策会直接或间接、短期或长期地对金融市场产生影响，从而影响金融机构的营销活动。

在不同时期，国家根据不同需要颁布相关的经济、金融政策，不仅会影响本国金融机构的营销活动，还会影响外国金融机构在本国市场的营销活动。以银行为例，如果中央银行实行扩张的货币政策，货币供应增加，会使得商业银行的资产负债业务随之扩大；反之，紧缩的货币政策则使商业银行的资产负债业务缩减，进而影响到其具体的营销活动。

法律法规以调整和规范较为稳定的经济关系、利益关系和行为关系为主，具有强制性和连续性的特点，而政策则以调整具有波动性、易变性的经济利益关系为主，因此，一般较长期内的规定和制度采用法律规范，而较短期的规定和制度则采用政策的形式。

二、经济环境

金融行业本身就是社会经济中的重要环节，必然会受到经济环境的影响。经济环境是指影响金融机构营销活动的各种经济条件的总和，包括经济的发展水平、经济结构、居民收入水平、消费者金融支出模式等因素。经济环境是构成和决定市场营销规模、结构、深度和广度的主要因素。

（一）经济发展水平

经济发展水平是金融机构在营销活动中应当考虑的重要因素之一。不同阶段，经济发展水平不同，居民的收入不同，对未来的预期也存在较大的差异。经济发展水平越高，市场越繁荣，社会的购买力就会增强，银行的贷款和储蓄会增加，证券投资会增加，金融业务量就会扩大；反之，经济发展水平低、市场萧条，购买力就会下降，金融业务量也会因此收缩。

一般而言，在经济发展水平较高、经济增长较快的地区，金融营销体现为服务竞争，属于较高层次的营销活动；在经济水平较低、经济增长较慢的地区，金融营销主要体现为价格竞争，属于较低层次的营销活动。根据美国经济史学家罗斯托（Rostow）的"经济成长阶段理论"，将世界各国的经济发展归纳为以下五个阶段：（1）传统经济社会；（2）经济起飞前的准备阶段；（3）经济起飞阶段；（4）迈向成熟阶段；（5）大量消费阶段。处于前三个阶段的国家称为发展中国家，处于后两个阶段的国家称为发达国家。各个国家的经济发展水平不同，其金融营销的策略也有所不同。因此，金融机构应当注意经济发展水平不同阶段的市场变化，把握时机，主动迎接挑战。

（二）经济结构

经济结构是指国民经济中不同的经济成分、不同的产业部门，以及社会再生产的各方面在组成国民经济整体时的相互适应性和量的比例等。经济结构包括产业结构、分配结构、交换结构、消费结构等，其中最重要的是产业结构。多年来，我国的产业在行业和地区上一直处于不平衡的状态。例如，与轻工业、机械行业相比，农业、交通、能源等基础行业相对落后；与东部沿海相比，我国中西部地区经济发展相对落后。这种产业结构必然使得金融机构的资金流向先进的产业和发达的地区，而金融营销也随之活跃。

（三）居民收入水平

在我国这样一个人口众多的大国中，金融机构的个人业务占据相当大的比重，而这些个人金融业务的支出完全来自居民的收入，但他们并不是把全部收入都用来购买金融产品或享受金融服务，金融支出只占居民收入的一部分。在此，首先要弄清楚跟居民收入有关的五种收入：

（1）国民收入。国民收入是指一个国家物质生产部门的劳动者在一定时期内（通常为1年）新创造的价值总和。

（2）人均国民收入。用国民收入总量除以总人口得到人均国民收入。该指标基本反映了一个国家的经济发展水平。根据人均国民收入，可以推测出不同的人均国民收入会相应地消费哪类金融产品或服务，进而得出不同经济水平形成不同金融消费水平和结构的规律，有利于有针对性地开展金融营销。

（3）个人收入。个人收入是指工资、红利、租金等各种形式收入的总和。个人收入决定了消费者个人和家庭的购买力。

（4）个人可支配收入。个人可支配收入是指个人收入中扣除税款和非税性负担后所得余额。它是个人收入中可以用于消费、储蓄、投资和购买金融保险产品的部分。

（5）个人可任意支配收入。个人可任意支配收入是指在个人可支配收入中减去用于维持个人与家庭生存不可缺少的费用（如房租、水电、食物、燃料和日用生活品等项开支）后剩余的部分。这部分收入是消费需求变化中最活跃和最具潜力的因素，是金融机构开展营销活动时所需重点考虑的对象。因为个人可支配收入中用于维持生存所必需的基本生活资料的部分变动较小，相对稳定，即需求弹性小；而满足人们生活需要之外的收入部分则需求弹性大，可用于购买保险、金融投资产品等，是影响金融产品销售的主要因素。

（四）消费者金融支出模式

消费者金融支出模式（也称金融消费结构）是指消费者用于各种金融消费支出的比例，它对金融营销有至关重要的作用。随着消费者收入变化，其支出模式也会发生变化，该问题涉及恩格尔定律。恩格尔定律是由德国统计学家恩斯特·恩格尔（Ernst Engel）于1857年提出的，主要内容可表述如下：

（1）随着家庭收入增加，用于购买食品的支出占家庭收入的比重（恩格尔系数）就会下降。

（2）随着家庭收入增加，用于住宅和家务经营的支出占家庭收入的比重大体不变。

（3）随着家庭收入增加，用于其他方面（如服装、交通、娱乐、卫生保健、教育）的支出和储蓄占家庭收入的比重就会上升。

我们可将恩格尔定律引入对金融支出模式的研究——收入的增加或减少会影响消费者

的金融消费的结构和层次。金融机构可以从居民的金融支出模式中总结规律,从而有针对性地进行营销活动。

随着我国经济体制改革的深入和市场经济的发展,我国传统的温饱型消费格局正在逐渐改变,居民收入水平也在拉开档次,形成了不同的消费层次和日趋合理的消费结构;而且,与娱乐、教育、旅游、金融等相关的商品和服务的需求量从绝对数和相对数两方面都有所提高,正在形成巨大的潜在市场。金融机构必须密切关注这一变化,适时调整营销策略,争取更大的市场份额,在竞争中占据优势地位。

三、技术环境

近几十年来,科学技术突飞猛进,科技革命对于社会经济的发展产生了巨大而深刻的影响,新的科学技术一旦与社会生产密切结合起来,就将直接或间接地促成各产业之间的变化交替。新兴产业会不断出现,传统产业将被改造,落后产业则被淘汰,产业结构内部也会发生重大变化。新技术的出现、新装备的采用以及新行业的兴起,极大地改变了企业生产经营的内部因素和外部环境,这就为企业既带来了竞争压力,也提供了市场机会,迫使企业经营决策发生改变,并对金融市场产生深刻影响,从而促使金融企业不断调整其营销策略。这具体表现为以下五个方面:

(一)金融产品的开发创新

信息技术的发展,使金融创新层出不穷。计算机、通信技术等所带来的信息革命,为金融创新提供了坚实的物质基础与技术保障。例如,没有计算机技术和信息收集处理技术的发展,信用卡、资产支持的证券化是不可能实现的,期货、期权市场的发展及金融产品交易行为的全球化也不会这么快。可以说,信息技术的进步每一天都在改变着金融机构内部的经营程序和管理方式。随着计算机能力的更加强大并应用到金融领域,更多新的金融产品和服务将会产生。

(二)金融服务渠道的多样化

科学技术在金融领域的运用,使人们的工作及生活方式发生了重大变化,为金融机构创造更多渠道提供了条件。例如,以前银行都过分强调增加营业网点的营销策略,但随着ATM 终端、POS 终端和网络银行的出现,客户在家中就可以完成许多复杂的银行业务,买卖股票也可以足不出户,通过网络实现银证转账交易,营业网点的作用被弱化。

(三)营销效率的提高与成本的降低

科学技术提高了生产效率和交换效率,给金融市场营销工作提供了机遇。网络技术等科学技术的发展及应用,一方面使得金融机构能够准确、快捷、高质量、多渠道地向客户提供服务,降低营运成本;另一方面使企业能够通过信息技术加强信息反馈,灵活应用价值规律来调整价格策略。

(四)促销方式与服务方式的变革

科学技术改变了人们的生活观念和生活方式,也对金融机构的促销策略提出了新的要求。科技的迅速发展使金融机构能够充分利用高新技术成果,提高信息沟通的效率以及增强促销组合的效果。金融机构不但可以采用传统的促销方式进行宣传,而且可以采用先进的方式进行促销,从而提高金融机构的营销效率,降低营销成本。同时,由于高新技术的应用,消费者不断追求新的金融产品,从而使金融机构的服务方式也发生变革。

（五）经营管理的改善与管理效率的提高

技术革命是管理革命的原动力，一方面，它向管理提出了更高的要求；另一方面，它又为金融机构改善经营管理、提高管理效率提供了物质基础。在知识经济时代，金融机构运用现代化科技的能力已经成为衡量其竞争能力的标志，地域优势、资产规模都不再是评价金融机构唯一的标准。

> **知识拓展**

数字化转型，领头的金融机构都在做什么？

2021年国务院将数据作为一种新型生产要素，与土地、劳动力、资本、技术等传统要素并列写入政策文件。近期国务院印发了《"十四五"数字经济发展规划》（以下简称《规划》），不仅从宏观层面明确了"十四五"期间数字经济发展的指导思想、基本原则、发展目标、重点任务和保障措施，更是将数字经济转型落实到了具体举措与行业。如果说，土地、劳动力等传统生产要素助力中国实现了经济规模的快速增长，那么数字经济就是推动经济实现高质量发展的新燃料。三次产业都将在此《规划》的推动下，实现产业数字化转型升级。

作为高级服务业的金融业，其数字化转型也位列其中。实际上，我国的金融业早已看到数字化转型的大趋势，金融机构都在不同程度上开启了数字化转型。不过，正如《规划》提到的，在"十四五"时期，我国数字经济转向深化应用、规范发展、普惠共享的新阶段。这意味着随着《规划》的实施推进，我国金融业的数字化也将迈上一个新的台阶。

在产业数字化转型中，首先就是加快企业的数字化转型升级。据了解，金融业内的头部企业已经开始通过顶层设计、调整组织架构等方式，力图在金融科技方面有所突破，来带动自身的数字化建设。2021年，中国工商银行与北京金融科技研究院成立了联合实验室，还成立了工银科技子公司，在总行层面制定了工商金融科技发展规划，形成了以"敏捷、智慧、生态、数字、安全"为核心的科技强行战略。

其次是金融机构对外赋能。不用说更早，在五年之前，银行的普惠金融业务，依靠的主要还是尽调专员的线下走访。为平衡风险与普惠这个跷跷板，银行得做更多细致工作，真的不如一笔批发业务效率高、利润高。在此背景下，银行积极性并不高，要说赋能中小企业，那几乎就只有本职的金融业务扶持了。而在数字化时代，这一切都在悄然发生着变化。中小企业的数字化升级，正在开放自身业务，进而业务与流程透明化。金融机构看得清看得懂，自然敢于放贷，敢于扶持。

不过，并不是所有的企业都能通过自己实现数字化升级，尤其对于中小企业而言，还是有着较高的门槛与难度。于是乎，《规划》重点提到了实施中小企业数字化赋能专项行动，支持中小企业从数字化转型需求迫切的环节入手，加快推进线上营销、远程协作、数字化办公、智能生产线等应用，由点及面向全业务全流程数字化转型延伸拓展。

中国工商银行这样的传统银行，也已行动起来。资料显示，该行通过聚焦智慧乡村、智慧政务、智慧产业、智慧生活、智慧普惠、智慧同业等市场领域，以"走出去＋引进来"双向赋能，以"金融＋非金融"服务模式，不断完善全客群联动拓展、全产品协同渗透、全链条服务延伸能力。至此，金融机构的对外赋能，已不再仅仅是本职的金融业务扶持了，在数字化技术支持下，将会追求更多公共利益。

《规划》也强调了"普惠型"的赋能。这种赋能不仅仅以盈利为导向，更突出一种社会责任的履行。这也可以说是金融业在新时代的具体变化——数字化服务普惠化、多样化方面，金融机构开始根据自己的客群机构，因地制宜行动起来。据了解，工行手机银行面向重点客群迭代打造了多种专属版本和专属产品。对老年客群，实施适老化改造，持续优化"幸福生活版"适老亲老功能体验，提升老年人移动金融服务便利。对小微客户，推出普惠专版，提升金融服务普惠性和可获得性。对乡村县域客户，引领服务重心下沉，提供"惠民、惠农、惠商"专属金融服务，支持城乡联动发展战略。

资料来源：消金界.数字化转型，领头的金融机构都在做什么？.和讯网，2022-01-29.

四、社会文化环境

社会文化环境对金融企业营销活动也具有重要影响。社会环境主要包括人口状况、社会阶层等；文化环境包括文化传统、教育水平、价值观念、社会思潮、风俗习惯、道德伦理、语言文字、生活方式等因素。这些因素对金融产品和服务的需求特点和消费模式均具有不同程度的影响。

(一) 社会环境

1. 人口状况

在分析金融企业营销环境时，不能不考虑人口因素，因为市场是由有购买欲望且有购买能力的个体构成。人口的数量决定着市场的规模和潜量，一般而言，人口愈多，购买力愈强，市场规模就愈大，反之则相反。人口的年龄结构、地理分布、婚姻家庭状况、出生率、死亡率、增长率、人口密度、流动性、文化教育程度、种族、职业等特征，都会对市场需求格局产生深刻影响。不同人口特征的群体具有不同的金融意识，其内在需求、购买能力、储蓄观念、对投资风险的心理承受力各不相同，因而对金融企业所提供的金融产品和服务的需求偏好也互有差别。这些差别会直接影响金融企业所提供的金融产品和服务的数量结构、网点设置、服务方式、分销特点等。因此，金融企业应注意了解分析上述人口特征及其发展动向，以便制定或调整营销方略，有效利用人口特征及其变动所提供的市场机会，避免可能导致的不利影响，从而更好地实现营销目标。当金融企业进行跨国营销时，同样也应注意研究分析所在国家或地区乃至世界范围内的人口特征及其变化趋势，所不同的是它更具有多样性和复杂性。

2. 社会阶层

社会阶层是指按照一定的标准（如经济、文化、职业等）将社会成员划分为若干等级层次。不同的社会阶层因社会传统、经济水平以及文化程度等差别而具有不同的特征。在我国，一般可按职业分成工人、农民和知识分子三大社会阶层，此外，还有近来逐渐形成的企业家阶层。各社会阶层在对金融产品和服务的需求、兴趣、偏好和购买行为上均有各自的特征。金融企业开展金融活动需要密切关注各社会阶层的特点。

(二) 文化环境

文化是指在一定社会结构中人们所共有的价值观念和社会规范的综合体，即人们生活方式的总和。文化环境通常包括文化传统、教育水平、价值观念、道德伦理、风俗习惯、语言文字、生活方式等多方面内容。尽管文化环境表面上似乎对金融企业营销没有直接影响，但实际上对于金融企业的战略规划、经营策略和工作方式有着深刻的潜在影响。另外，文化环境直接影响金融从业人员的思想观念和服务态度，因而间接影响着金融企业的经营绩效。金融企业必须对文化环境有广泛而深刻的了解，才能做出适当的决策，以避免在营销中陷于困境。在不同的文化环境中，人们的价值观念、风俗习惯等有着很大差别。因此，要做好金融营销工作，就必须了解和熟悉不同的文化环境。

1. 价值观念

价值观念是人们对社会生活中各种事物的态度、评价和看法。不同的文化背景下，人们的价值观念差别是很大的，而消费者对商品的需求和购买行为深受其价值观念的影响。例如，美国等西方国家的消费观念和我国相比就存在明显的差别：前者崇尚生活上的舒适和享受，追求超前消费；后者则以勤俭节约为民族的传统美德，遵循"量入为出"的生活准则，反对铺张浪费，至今仍有一部分人对贷款消费这一形式不理解，持反对态度。同理，不同价值观念的人群对金融机构所提供的商品和服务的要求也是不一样的，这就要求金融市场营销人员针对不同的客户采取差异化营销策略，提高营销效率。例如，对乐于变化、喜欢猎奇、富有冒险精神、较激进的消费者，应重点强调金融产品或服务的新颖和独特；而对于一些注重传统、喜欢沿袭传统消费习惯的消费者，金融机构在制定促销策略时应把产品或服务与目标市场的文化传统联系起来。

2. 风俗习惯

风俗习惯是人们根据自己的生活内容、生活方式和自然环境，在一定的物质生产条件下长期形成并世代相袭的风尚和由于重复练习而固定下来并变成需要的行动方式的总称。它在饮食、服饰、居住、婚丧、信仰、节日、人际关系等方面，都表现出独特的心理特征、道德伦理、行为方式和生活习惯。不同的国家、不同的民族有着不同的风俗习惯，它对消费者的消费偏好、消费模式、消费行为等具有重要影响。金融企业在开展市场营销活动时，应研究客户所属群体及地区的风俗习惯，了解目标市场客户的禁忌、习俗、避讳、信仰、伦理等，做到"入境随俗"，设计和推广适合特定客户需求的金融商品和服务，做好宣传工作，以获取最大的社会效益和经济效益。特别是在像我国这样一个多民族国家，风俗习惯千差万别，金融营销活动存在更大的困难。同时，了解客户的风俗习惯还是顺利开展国际营销的重要条件。

3. 教育水平

教育水平是指消费者受教育程度。教育是传授经验、掌握知识的必要手段和途径，反映并影响着一定的社会生产力、生产关系和经济状况。不同的文化修养表现出不同的审美观，购买商品的选择原则和方式也不同。一般来说教育水平高的地区，消费者对商品的鉴别力强，容易接受广告宣传和新产品，购买的理性程度高。因此，教育水平的高低会影响金融市场营销组织策略的选择，以及销售推广方法的采用。例如，文盲率较高的地区，文字性的广告宣传难以达到好的营销效果，而通过电视、广播方式，更易于为人们所接受。

此外，语言文字对金融营销活动也有影响。一国内部不同地区不同民族往往使用不同的语言文字，而在世界范围内不同国家和地区使用的语言文字更是多种多样，同时还伴有语言文字的禁忌、歧义等，这些都会对金融市场营销产生不同的要求。因此，金融企业要想在国内或国际金融市场上顺利开展营销业务，必须对各种语言文字环境进行分析研究，即要研究目标市场上各种语言文字的使用范围以及可能产生的禁忌或歧义对金融营销的影响，从而在金融营销活动中选用消费者乐于接受的语言文字，慎重对待语言禁忌和语言歧义等，以避免可能造成的不良后果和经济损失。

案例分析

中小银行 2018 年展望：构建金融科技生态，实现弯道超车

近五年以来，金融科技在我国得到迅速发展，互联网技术创新运用于金融领域，以一种惊人的命中率击中用户需求。微众银行牵头发布的《银行用户体验大调研报告》指出，随着无现金支付和线上服务的普及，用户金融行为习惯发生剧变。数据显示，2016 年银行业平均离柜业务率超过 80%，传统银行服务模式面临空前挑战。

传统银行业"日子不好过"，对资源相对匮乏的地方性中小银行来说更是如此。在此情形下，互联网、大数据、AI 技术等快速发展，日益催生着银行业自身的变革和重塑。报告显示，借助于金融科技，银行业正不断地寻求数字化和采用先进技术以改善产品和服务，并提高金融运作效率。

"金融科技对城商行、民营银行而言，是发展的正能量，是我们提升核心竞争力的关键。"银监会在 2017 年城商行年会上强调，要在战略上高度重视金融科技，将金融科技与经营管理紧密结合，以互联网思维革新管理手段、产品体系和服务模式。

"受制于经营区域、机构网点限制，中小银行更迫切需要借助金融科技的力量扩张服务的覆盖范围，拓宽获客渠道。"专家指出，中小银行体制机制相对灵活，决策链条相对较短，对金融科技的创新和应用往往相对较快。

通过技术手段加速布局线上服务平台，推进互联网化转型，正成为地方性中小银行提升用户体验、减少"短板"并最终实现"蝶变"的重要路径。

当前，地方性中小银行金融科技应用已初见成效。以城商行为例，截至 2017 年 9 月末，共有 47 家城商行电子渠道交易替代率达 80% 以上，有 55 家智能化网点覆盖率 80% 以上；有 63 家城商行开展了直销银行业务，其中规模最大的一家累计交易金额超过 2 800 亿元。

但目前地方性中小银行借力金融科技发展也存在两个问题。专家指出，中小银行抗风险能力较弱，需要提升对金融科技的风险识别和防范能力；同时，中小银行在人才储备和培养方面能力较弱，需要引进和培养一批既懂金融又懂技术的复合型人才。专家建议，地方性中小银行既要重视金融科技的创新和应用，也要注意防范科技手段可能带来的各种风险，同时，注意培养金融科技相关人才。

思考：

阅读案例，分析说明中小银行如何将金融科技与自身经营管理结合，改善营销环境，实现弯道超车。

实训活动

学生分成若干小组，收集最新的国家宏观经济政策信息，并分析说明宏观环境变化对金融企业进行金融营销有什么影响。

任务三　金融营销微观环境分析

金融营销微观环境是指对金融机构营销活动具有直接影响的具体环境，是决定其生存和发展的基本环境。金融营销微观环境具有以下两个特征：一是微观环境对金融营销活动的影响是直接的；二是金融机构可以对微观环境的某些因素加以控制。

一、竞争者

金融企业竞争对手的状况是影响企业营销活动的重要因素。如竞争对手的营销策略及营销活动的变化会直接影响企业营销，最为明显的是竞争对手的产品价格、广告宣传、促销手段的变化，以及产品的开发、销售服务的加强将直接对企业造成威胁。为此，企业在制定营销策略前必须先弄清竞争对手，特别是同行业竞争对手的生产经营状况，做到知己知彼，有效地开展营销活动。菲利普·科特勒这样评价竞争：忽略了竞争者的公司往往成为绩效差的公司；仿效竞争者的公司往往是一般的公司；获胜的公司往往在引导着它们的竞争者。因此，开展对竞争者的分析是我们在营销过程中不可忽视的一个环节。

金融企业营销中的竞争包括两个方面：银行企业与非银行金融企业的金融竞争；金融企业的同业竞争。

（1）对于我国银行企业与非银行金融企业的金融竞争来说，一是造成我国银行企业的储蓄存款不断下降，从而使整个银行企业的资金结构发生重要变化。这种变化会增加银行企业的储蓄竞争与营销。二是促使我国银行企业向低利或微利方向发展，失去行业优势。要改变这种状况，除了要在挖掘内部潜力、强化内部管理上下功夫外，多数银行企业会寄希望于金融创新和扩大经营范围。

（2）对于我国金融企业的同业竞争来说，随着我国金融改革的不断深入，政府先后组建了多个新型金融企业，国际大银行也纷纷在我国建立了分支机构。我国金融企业的机构和成分增多带来了两方面的影响。一是打破了国有金融企业一统天下的垄断局面，激发和增强了金融竞争，进而对国有金融企业的资金结构、服务对象、工作作风、服务水平、经营管理、领导观念等产生了广泛而深远的影响，使我国金融企业在储蓄营销、服务质量、增加存款档次和开发金融产品、经营管理等方面得到快速提高。二是外资银行的进入，给我国带来了最新的金融企业经营管理理论、方法、手段、技术等，对加强和提高我国国有金融企业的经营管理水平具有非常重要的促进作用。因此，随着我国金融企业的同业竞争的日益扩大，营销成了金融竞争的主要手段。

二、客户

客户是金融机构面对的最主要的微观环境因素之一，谁赢得了客户，谁就赢得了市场。客户是金融机构营销活动服务的对象，是企业一切活动的出发点和归宿，也是金融机构的目标市场。金融市场上的交易主体均是金融机构的客户，包括个人、家庭、企业、金融机构、政府，还包括一些事业单位和社会团体。这些金融机构的交易主体对金融产品有着不同的需求，根据需求的不同，我们可以从另一个角度对金融机构的客户进行分类：个人客户和企业客户。他们既是金融机构资金的主要供应者，也是资金需求者。由于个人与企业在业务范围以及规模上的巨大区别，金融机构往往在统一的营销战略指导下，对于不同业务范围和规模的企业，分别制定不同的营销策略。同时，由于不同的客户具有不同的需求，为满足客户的多样化需求，金融机构提供的产品必须具有差异性与易变性。这种差异性和易变性，反映了金融营销面对的客户环境因素的不确定性，同时也为金融机构改善经营、重视营销、提高竞争力、求得自身发展提供了原动力。

（一）个人客户

随着金融机构的发展、行业竞争的加剧、个人财富的积累，金融机构为个人客户提供的业务也正在从简单的存款取款、买卖股票和购买保险向更为复杂的按揭、投资等方面发展。相对于企业客户，金融机构为个人所提供的金融产品更像是一般意义上的普通商品。以花旗银行为例，它的个人业务部门的经理多是从一些消费品企业如联合利华招聘而来。他们认为银行的个人金融产品除了在开发方面与普通的商品有所区别外，在营销方面的理念则与一般商品完全一致，从制定价格、设计销售渠道、做广告搞促销到销售人员与客户的接触，都可以按照一般的营销活动来进行。客户具有不同的偏好，有的对利率较为敏感，有的比较关注风险，有的选择某种金融产品或服务时经常"货比三家"，经过深思熟虑和全面比较后再做决定。根据客户的偏好采取相应的营销手段，无疑将会提高销售量，达到出奇制胜的效果。例如：为了满足客户的生活需要，推出分期付款购买住宅、耐用品的贷款项目；为了满足客户的财产安全需要，推出保管箱服务等业务。

（二）企业客户

企业客户与个人客户存在着较大的不同之处：首先，企业客户的业务量远远多于个人客户；其次，与企业客户相关的业务种类和业务范围要比个人业务更丰富、广泛和复杂。因此，对于企业客户，金融机构不能仅限于提高服务质量，而应该根据不同的客户推出满足其需求的业务和服务，把重点放在提高产品的质量上。公司业务营销不同于消费品营销，大量的广告和诱人的促销未必能产生良好的效果。比如，我们可以从电视、报纸广告上看到许多银行的信用卡广告，却几乎看不到针对企业客户的广告。

三、供应商与营销中介

金融机构的供应商是能使金融机构更好地为客户提供服务的企业，金融机构依靠这些企业以合理的成本快速准确地满足客户的需求。因此，供应商情况的变化会对金融机构的营销活动产生较大影响。金融是高度信息化的行业，IT 技术的应用越来越多，依赖程度也越来越高。例如，信息管理系统（MIS）、客户关系管理（CRM）系统、企业资源计划（ERP）系统、信用卡运营系统等。硬件与软件的购买与维护，不仅涉及投资成本问题，同时还涉及金融机构自身和客户资产的安全。因此，对于重要的管理系统设备必须进行充分的研究论证后才可以进行采购。

营销中介是协助金融企业进行金融产品推广、销售并将产品卖给最终消费者的企业或个人，包括证券经纪人、证券承销商、外汇经纪商、保险代理人、保险公证人、广告代理商、金融咨询公司等。金融企业在经营过程中，不可避免地要获得这些营销中介的支持。如证券买卖离不开证券经纪人，企业的形象策划与产品的推广离不开广告商，保险公司险种的销售、市场的扩大离不开保险代理人、经纪人。因此，金融企业在营销过程中，要对所面对的各种营销中介及各类资源供应商有较清楚的了解，并与之建立良好的合作关系，以获得它们的大力支持。

四、社会公众

社会公众是企业营销活动中与企业营销活动发生关系的各种群体的总称。公众对企业的态度，会对其营销活动产生巨大的影响，它既可以有助于企业树立良好的形象，也可能妨碍企业的形象。所以企业必须处理好与主要公众的关系，争取公众的支持和偏爱，为自己营造和谐、宽松的社会环境。社会公众分析的对象如下：

（1）金融公众。主要包括银行、投资公司、证券公司、股东等，它们对企业的融资能力有重要的影响。

（2）媒介公众。主要包括报纸、杂志、电台、电视台等传播媒介，它们掌握传媒工具，有着广泛的社会联系，能直接影响社会舆论对企业的认识和评价。

（3）政府公众。主要指与企业营销活动有关的各级政府机构部门，它们所制定的方针、政策，对企业营销活动或是限制，或是机遇。

（4）社团公众。主要指与企业营销活动有关的非政府机构，如消费者组织、环境保护组织，以及其他群众团体。企业营销活动涉及社会各方面的利益，来自这些社团公众的意见、建议，往往对企业营销决策有着十分重要的影响作用。

（5）社区公众。主要指企业所在地附近的居民和社区团体。社区是企业的邻里，企业保持与社区的良好关系，为社区的发展做一定的贡献，会受到社区居民的好评，他们的口碑能帮助企业在社会上树立形象。

（6）内部公众。指企业内部的管理人员及一般员工，企业的营销活动离不开内部公众的支持。应该处理好与广大员工的关系，调动他们开展市场营销活动的积极性和创造性。

五、营销组织及决策部门

金融机构中的营销组织结构对于实现特定的营销目标、更好地发挥营销功能是相当重要的。它通过不同营销职位及其权责的确定，对它们之间的关系进行一定的协调与控制，合理、迅速地传递信息，从而将营销人员组成一个有机的整体。它对营销活动的顺利开展有着重要的意义，直接影响营销的内部环境。良好的营销组织可以把金融机构营销活动的各个要素、各个部门、各个环节在时间和空间上相互联系起来，加强分工与协作，促使营销活动更加协调、有序地发展。

由于金融产品存在明显的同质性，近年来，金融营销的竞争日益激烈，使得营销部门在金融机构中的地位日趋提高，这不免会引起各部门之间的矛盾。因此，分析企业面临的内部环境，处理好各部门之间的关系，提高协调合作的能力，是金融机构进行营销活动的关键。如营销部门要求在有利可图的情况下尽量满足客户，因此它们往往希望为广告、推销等活动提供预算，而认为财会部门会将资金管得太紧、过分保守、不敢冒险，导致失去了许多机会；财会部门则认为营销人员很难具体说明营销预算的增加能给企业带来多少销售额的增长，只是一种对机会的预测，与之所追求的稳妥风格不相一致，这样两者之间便产生了冲突。再如：研究与开发部门要负责处理各种金融产品设计上的技术性问题；人事部门关心的是企业所需要的合适人才能否得到，以及现有人员的培训是否能适应需要等问题。因此，金融企业高层管理者在制订营销战略与计划时，要充分考虑其他部门的影响，包括最高管理者、财务部门、研究与开发部门、生产部门、人事部门等，这些相关部门构成了企业的内部环境。分析企业面临的内部环境，处理好各部门之间的关系，提高协调合作的能力是金融机构进行营销活动的关键。只有所有部门、所有人认识到营销对于企业发展的重要作用，各自出力，在企业中营造有利于开展营销活动的环境，才能保证营销活动整体规划的正常进行。

案例分析

中国银行市场营销微观环境分析

一、中国银行内部组织的效率

（一）组织结构

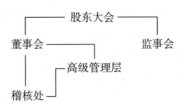

（二）规章制度

法人治理结构是现代公司制的核心。中国银行始终将良好的公司治理作为提升股东价值和投资者信心的重要手段，在创造良好经营业绩的同时，持续完善权责明确、有效制衡、协调运转的公司治理机制。中国银行严格遵守《中华人民共和国公司法》《中华人民共和国商业银行法》等法律及监管部门的相关法规，以自身的公司治理实践经验为基础，不断制定和更新公司治理规范性文件，完善由股东大会、董事会、监事会和高级管理层构建的现代股份制公司治理架构，持续提升公司治理水平。

中国银行建立了内部控制三道防线：全行各级机构、各业务管理部门和每个员工在承担业务发展任务的同时也承担内部控制的责任，是内部控制的第一道防线，通过自我评估、自我检查、自我整改、自我培训，实现自我控制。法律合规部门与业务条线部门负责统筹内部控制制度建设，指导、检查、监督和评估第一道防线的工作，是内部控制第二道防线。稽核部门负责通过系统化和规范化的方式，检查评价全行经营活动、风险管理、内部控制和公司治理的适当性和有效性，是内部控制的第三道防线。

（三）信息资源

中国银行将CRM（客户关系管理）系统同BI（行为识别）进行整合，使大量数据能够智能分析出成千上万条线索，并且将这些线索提交给各个支行部门，让不同定位的支行满足不同客户的需求，从而提高了客户沟通的有效性。同BI整合后的CRM系统提供了最大化客户终生价值的能力以及协调所有客户访问渠道的能力，使其取得了大量潜在客户和老客户的存款及投资，其营业利润也有了大幅提升。

中国银行每天会将所收集的客户数据放到数据仓库中，并通过BI模块对客户交易状态进行管理，对一些非正常的交易金额通过调查分析后进行专门的处理。一旦有客户状态异常的情况发生，数据仓库会自动做出相关统计，并将统计的结果提交给营销部门的人员，有营销人员及时与客户进行接触，找出客户状态异常的原因。

近期，华为推出Huawei Pay移动支付功能，与中国银行签订合作协议。NFC近场通信技术是由非接触式射频识别（RFID）及互联互通技术整合演变而来，在单一芯片上结合感应式读卡器、感应式卡片和点对点的功能，能在短距离内与兼容设备进行识别和数据交换。只要将手机开启NFC支付功能并绑定银行卡，在消费时将手机靠近POS机，然后验证指纹，就可以完成支付。

（四）企业文化

中国银行的发展战略，按照比较优势，合理配置资源，不断推出差别性的产品与服务；调整与改进内部运行机制，进一步完善风险管理体系，使信贷决策更加科学与透明；按照审慎的会计原则处理业务，增加透明度；建立严格的目标责任制以及服务于这一制度的激励约束机制；加强教育和培训，培育中行文化。

发展战略：担当社会责任，做最好的银行。

核心价值观：诚信、绩效、责任、创新、和谐。

战略定位：在民族复兴中担当重任，在全球化进程中优势领先，在科技变革中引领生活方式，在市场竞争中赢得客户追随，在持续发展中让股东、员工和社会满意。

目标：追求卓越，持续增长，建设国际一流的大型跨国银行。

二、中国银行各部门协调状况

中行坚持和完善以职代会为基本形式的民主管理制度，努力探索和实践多元民主参与方式，开展合理化建议征集活动，倾听员工心声，职代会提案落实率100%。

注重员工培训：中行首次在伦敦举办当地优质金融人才培训班；同时在上海举办两期国情培训班，帮助海外当地员工进一步了解经济发展情况，深入理解中行企业文化和集团发展战略，提高其认同度、忠诚度和归属感。

开展分类培训：经营管理人员培训、业务条线培训、新入行大学生培训、投诉管理负责人培训。

鼓励干部到基层"干事创业"：在全国20家分行进行人才交流工作。

由此可以看出，中行一直积极提高内部环境协调，促进干部和员工交流；员工协调工作的能力较强，有利于营销活动的开展。

三、客户

为了满足客户的各种需求推出了各种不同的业务。生理的需求："个人网络循环贷款"可以满足旅游、装修、购物、婚庆等全方位的消费资金需求。安全的需求："保管箱租赁服务"以出租保管箱的形式代租用人保管贵重物品的一项服务业务，具有安全私密、设施先进、租用灵活的业务优势。其他需求："中国银行·工薪贷"产品是为具有稳定、持续工资收入的企事业员工〔包括但不限于公务员、国企员工、待遇与公务员基本一致的全额事业编制人员（如教师、医生）、武警与部队官兵等〕提供的个人信用循环贷款，无须抵押，循环使用。"中国银行·益农贷"是专门面向从事种植业、养殖业、林业、农产品收购、加工行业等农村产业链的个体经营户发放的，用于解决经营过程中资金需求的个人投资经营贷款。"个人投资经营贷款"是指中国银行发放的用于解决借款客户投资经营过程中所需资金周转的贷款。中国银行"中银易商"聚焦市场变化和客户需求，不断完善中银e社区产品功能，打造全方位优质服务。

四、供应商与营销中介

（一）供应商

银行的供应商主要是材料供应商（如单据、打印纸张等的供应商）、银行卡机具供应商（如POS机、ATM机、验钞机等的供应商）、技术供应商等。供应商对银行的影响主要表现在价格变动的影响和货源的充足和质量上的影响。因此需要和主要供应商保持长期而稳定的合作关系，另外也需要建立广泛的购货渠道，避免因过分依赖而造成被动局面。

(二) 营销中介

中国银行所经营的业务有公司金融业务、个人金融业务、存贷款业务、资金业务、金融市场业务、金融机构业务等,各个业务的推广和销售都需要各种中介人员或机构的协助。中国银行对产品业务经理的要求相对较高,相对的薪资报酬也较高,对其下属机构中银国际、中银保险、中银投资等公司都实行相对人性化的制度,与证券经纪人、外汇经纪商、保险代理人等保持着良好的合作关系。

中国银行高度重视与投资者的沟通,持续拓展信息沟通渠道,扎实稳步推进信息披露工作。与来自国内外的机构投资者及分析师召开各种形式的会见、会谈,积极通过投资者热线、电子邮件、上证 e 互动网络平台等多种沟通渠道,及时、全面回复投资者疑问。

五、竞争对手

中国银行的主要竞争对手是同为国有制商业银行的中国工商银行、中国建设银行和中国农业银行。2020 年年末四家银行财务报表数据摘要对比见表 2-1。

表 2-1　2020 年年末四家银行财务报表数据摘要

银行名称	营业收入（亿元）	净利润（亿元）
中国工商银行	8 827	3 159
中国建设银行	7 559	2 711
中国农业银行	6 580	2 159
中国银行	5 655	1 929

随着移动互联网的快速发展和智能手机的广泛普及,市场对手机银行的接受程度越来越高。在手机银行功能创新优化上,民生银行表现较为独特,是银行业首家推出手机银行微账单服务的商业银行,该服务主要是基于收集的后台数据,将客户活跃程度、金融资产、理财、人脉等进行模型分析,并以雷达图表展现,提示客户财富管理的短板,对于手机银行功能完善、客户体验和精准营销等具有积极作用。近期,民生手机银行客户数更是突破 1 500 万,民生银行在功能创新和客户体验方面所做的努力已显现出成效。

商业银行的手机银行功能和服务越来越完善、易用,创新方向也在逐渐随着用户的需求变化而变化,而且用户体验、营销方式等方面积极汲取互联网公司的经验。这些改变不仅是受互联网企业的影响,更多的是商业银行自身变革的需要以及对客户诉求的响应。

六、公众

中国银行多年来的信誉和业绩,得到了来自业界、客户和权威媒体的广泛认可。曾先后 9 次被《欧洲货币》评选为"中国最佳银行"和"中国最佳国内银行";连续 16 年进入《财富》杂志评选的世界 500 强企业;被《财资》评为"中国最佳国内银行";被美国《环球金融》杂志评为"中国最佳贸易融资银行"及"中国最佳外汇银行";被《远东经济评论》评为"中国地区产品服务十强企业";中银香港重组上市后,先后荣获《投资者关系》"最佳 IPO 投资者关系奖"和《亚洲金融》"最佳交易、最佳私有化奖"等多个重要奖项。

近几年来,中行积极传播社会正能量,努力为公众创造更多的社会福祉,各领域公益活动全面开展。通过捐款、紧急援助等方式,先后支持了西藏地震灾区、缅甸水灾灾区的救灾及重建工作。

思考：

阅读案例，分析说明中国银行面对的微观环境有哪些，掌握对金融企业的微观环境进行分析的方法。

实训活动

学生分组走访金融机构，利用所学知识，对银行、券商、保险公司等金融机构的竞争对手、客户等微观环境进行调查分析。

◎ 模块二　金融营销环境分析方法

金融企业经营对象的特殊性和在整个社会经济中的关键地位，使其受到环境的影响和制约更多。分析金融营销的环境并不只是为了识别企业所处的环境，而是想要通过多种因素的综合评价了解企业所面临的机会和威胁、优势和劣势。单纯的环境分析充其量只是对各种影响因素的一种罗列，而缺乏更深的挖掘，于金融机构进行营销活动而言缺乏现实意义。实践中，常用 SWOT 分析法对金融营销环境做综合分析。

任务一　SWOT 分析法及对策

一、SWOT 分析法概述

SWOT 分析法是一种综合考虑企业内部条件和外部环境的各种因素而选择最佳营销战略的方法。"S"是指企业内部优势（strengths），"W"是指企业内部劣势（weaknesses），"O"是指企业外部环境的机会（opportunities），"T"是指企业外部环境的威胁（threats）。

SWOT 分析是市场营销管理中经常使用的竞争环境分析工具。SWOT 分析是对企业的外部环境和内部资源进行综合分析，在此基础上制订公司发展战略计划，做到扬长避短，趋利避害，化劣势为优势，化挑战为机遇。

SWOT 分析法的修正：在分析企业的内外部环境时，要尽量做到真实、客观、精确，对各因素赋予权重，弥补 SWOT 定性分析的不足。

由于具体情况所包含的各种因素及其分析结果所形成的对策都与时间范畴有着直接的关系，所以在进行 SWOT 分析时，可以先划分若干时间段分别进行 SWOT 分析，最后对各阶段的分析结果进行综合汇总，并进行整个时间段的 SWOT 矩阵分析。这样做可使分析的结果更加精确。

二、SWOT 分析的主要步骤

按轻重缓急或影响程度等排序方式，构造 SWOT 矩阵：（1）将对公司发展有直接的、重要的、大量的、迫切的、久远的影响因素优先排列出来；（2）将间接的、次要的、少许的、不急的、短暂的影响因素排列在后面。

SWOT 矩阵分析的步骤：

一是确认金融机构当前执行的营销战略，而这种战略可能是成功的，也可能存在问题。

二是确认金融机构外部环境的关键性变化，把握可能出现的机会与威胁。虽然没有固定数目，但一般不超过 8 个关键点。应选择与金融机构密切相关的环境因素，确认其变化对金融营销有相对较大的影响。

三是根据金融机构的资源组合状况，按照一定的程序确认企业的优势和劣势，而且关键点的数目一般不超过 8 个。

四是对所列出的外部环境和内部条件的关键因素逐项打分，然后按照因素重要程度加权并求其代数和。

五是将上述结果在 SWOT 分析矩阵上具体定位，确定金融机构营销能力（见表 2 - 2）。

表 2 - 2　SWOT 分析矩阵

	优势（S）	劣势（W）
机会（O）	SO 战略（增长型战略）	WO 战略（扭转型战略）
威胁（T）	ST 战略（多种经营战略）	WT 战略（防御型战略）

三、SWOT 分析的不同组合

SWOT 分析有四种不同类型的组合：优势-机会（SO）组合、劣势-机会（WO）组合、优势-威胁（ST）组合和劣势-威胁（WT）组合。

优势-机会（SO）战略是一种发展企业内部优势与利用外部机会的战略，是一种理想的战略模式。当企业具有特定方面的优势，而外部环境又为发挥这种优势提供有利机会时，可以采取该战略。

劣势-机会（WO）战略是利用外部机会来弥补内部弱点，使企业改变劣势而获取优势的战略。当企业存在外部机会，但由于内部弱点而妨碍其利用机会时，可采取措施先克服这些弱点。通过克服这些弱点，企业能进一步利用各种外部机会，最终获得竞争优势。

优势-威胁（ST）战略是指企业利用自身优势，减轻外部威胁所造成的影响。

劣势-威胁（WT）战略是一种旨在减少内部弱点，减轻外部环境威胁的防御性技术。

四、环境威胁的应对策略

一般来说，金融企业应对环境威胁可选择的对策主要有以下三种：

（1）干预策略。即试图限制或扭转不利因素的发展势头。例如某企业经营不善，亏损严重，拖欠银行贷款无力偿还，面临破产危险，放款银行面对这一情况，应尽快采取措施力争多索回一些贷款，或争取一旦该企业破产能多获得一些资产作为抵偿，从而减少银行的经济损失；或者放款银行经过慎重分析，再追加对该企业的贷款，使其能更新设备开发新产品，改善经营管理，从而扭亏为盈，最终能如数偿还银行贷款本息，使银行获得更多的经济效益。金融企业在某种情况下，还可以通过各种方式督促政府颁布法令或制定某项政策以改变环境威胁，这在国际金融营销中往往能发挥重大作用。

（2）改变策略。即通过金融企业改变营销方略，以减轻环境威胁的程度。例如推出金融产品、调整目标市场、改善营销组合、变更营销渠道、加强广告宣传等。营销方略改变，一般既可以减轻环境威胁的程度，又能将环境威胁转变为有利的商机，其关键在于方略运用是否及时恰当。

（3）转移策略。即将金融产品和服务转移到其他市场或利润更多的金融部门，开展分散化经营。例如，将银行资金抽出一部分转移到保险、信托投资、证券交易等部门，这可以分散或转移风险，以得补失，变弊为利。

可见，重视环境变化，善于环境分析，把握营销机会，减少环境威胁，是金融企业开展营销活动的基础性工作，也是其在竞争中取胜的关键。

实训活动

学生分组上网查找相关资料，用 SWOT 分析法分别分析银行理财、券商理财、保险理财、基金理财的优势与劣势。

任务二　SWOT 分析法示例

通过以下案例，学习和理解金融企业是如何运用SWOT分析法对企业的机会和威胁、优势和劣势进行分析的。

以汉口银行为例，结合银行内外环境的优势、劣势、机会、威胁四方面的情况进行分析，对银行的综合情况进行客观公正的评价，以寻找制定适应其实际情况的发展战略的方法。

一、优势分析

（一）地缘优势

首先，从汉口银行的产生背景看，其根源完全属于湖北，这种与地方的血肉相连为其能充分利用各种社会资源提供了便利。其不仅对武汉本地的客户资信状况、经营势态有更深刻清晰的了解，也在长期的业务往来中同本地企业建立起了稳定的合作关系，有效化解了信息不对称所带来的逆向选择和道德风险。其次，汉口银行从孕育到成长再到发展壮大，每个阶段都离不开武汉本地经济发展。汉口银行与当地经济的这种天然联系，使其获得了政府在存款、项目等方面较大的支持。

（二）经营优势

与国有商业银行相比，汉口银行规模较小，资产负债率较低，不良资产比重较小，呆滞账较少，资本充足率较高，历史包袱轻；由于实行股份制，经营机制较为灵活，员工的积极性较高；机构小，人员少，容易采用先进的经营管理办法和技术。相对较小的规模从业务交易上来看是劣势，但在经营上更利于管理，在政策上更便于贯彻，从而更有利于效率的提升。

（三）定位优势

汉口银行市场定位明确：立足中小企业，兼顾其他客户，秉承"思想为您服务"的核心理念，积极帮助科技中小企业破解融资难等难题。同时汉口银行科技金融服务中心为"最需要资金支持的科技中小企业"在"科技中小企业最需要资金支持的时期"提供金融综合服务，促进国家科技创新战略及中部崛起战略的实施，支持武汉光谷的建设。目标是创新科技金融服务、打造中国"硅谷银行"。

二、劣势分析

（一）资源劣势

汉口银行的网点分布主要集中在湖北地区，虽然尝试跨区域经营，设立重庆分行等，但总体相对于国有商业银行来讲，其网络覆盖面小，业务结构单一。传统的存、贷、汇业务仍占其收入的绝大比重，而新型的中间业务、个人业务、信用衍生产品还处于开发探索阶段，不能满足客户的多样化需求。

（二）产品替代性强

汉口银行提供的金融产品，其替代性较强，客户忠诚度低，随时存在客户流失的威胁。并且其议价能力较弱。如前文所述汉口银行的人力资源与资金都是极其有限的，不可能满足市场的所有需求，因此要加强培养核心产品竞争力的研究，以客户为中心，开发贴近客户、贴近市场的个性化金融产品。此外，城市商业银行受科技和人员的限制，产品创新能力比较薄弱。

三、机会分析

（一）计算机网络和通信技术在金融领域的应用

伴随 IT 技术的成功应用，我国金融业出现了许多新型的交易手段和方式，例如电子证券交易、自动出纳机、POS 终端、银行转账清算系统、银行业同业票据交换所支付系统等。这些新的交易手段和方式突破了时间与空间的限制，具有低成本、高效益的特点，提高了金融服务的效率，有利于金融产品和服务创新。

（二）外资银行的全面进入

东亚银行、法国兴业银行、瑞穗银行、汇丰银行、英格兰皇家银行、渣打银行等多家外资银行在武汉布点。外资银行的驻扎意味着武汉经济存在巨大潜力，在带来竞争的同时，也带来了先进的管理理念、技术产品和创新业务。汉口银行也从一定程度上很好地吸纳了外资银行相关业务的优点进行自身的改造和学习提高，并同其建立战略联盟伙伴关系，大力发展中间业务和混业经营。

四、威胁分析

（一）"同构"威胁

汉口银行同其他城市商业银行一样主要面临着国有商业银行、股份制银行和外资银行在业务上"同构"的挑战。所谓同构，是指我国国有商业银行、股份制银行以及城市商业银行在机构设置上的低水平重复。国有商业银行的机构设置方式基本相同，是以行政区划为单位设置总行及其分支机构，其后陆续成立的股份制银行虽不是按行政区划而是按经济区域来设置分支机构，但由于在机构布局上国有商业银行和股份制银行下伸力度较大，城市商业银行的网点设置受到极强的挤压。城市商业银行在机构设置方面没有与国有商业银行、股份制银行形成应有的互补效应，而是受到了大型商业银行的强烈挑战。

（二）外资银行的竞争压力

外资银行具有规模庞大、体制灵活、管理科学的优势，在中国享有"三减二免"的优惠政策，且大多实行混业经营，可以提供更为全面的服务，必将向中间业务、大额贷款业务、消费信贷领域进军，与此同时汉口银行将会面临巨大的冲击。

（三）四大国有商业银行的竞争压力

四大国有商业银行的金融从业人员占全国 80％、营业网点占全国 90％、金融资产占全国 80％、市场份额占全国 85％以上，在国内银行体系中占据垄断地位。近几年随着国有商业银行股份制改革的深化和成功上市，经营机制逐渐向市场化规则靠拢，业务创新能力不断增强，市场占有率逐步回升，对类似汉口银行这类中小型银行的发展构成巨大的威胁。

通过以上分析，这里构建了影响汉口银行发展的 SWOT 分析矩阵，见表 2 - 3。

表 2 - 3　影响汉口银行发展的 SWOT 分析矩阵

		内部条件	
		优势 1. 地缘优势，当地政府的支持 2. 经营优势，资产质量优良 3. 定位优势，市场定位明确	劣势 1. 网络覆盖面小，业务结构单一 2. 产品替代性强，创新能力比较薄弱
外部条件	机会 1. 计算机网络和通信技术在金融领域的应用 2. 外资银行的全面进入	SO 战略 1. 抓住机遇，加强与当地政府合作，引进外资参股，建立战略联盟 2. 巩固原有市场，保持优质客户，并积极开拓新市场	WO 战略 1. 在符合条件的前提下发展分支机构，逐渐扩大区域经营范围 2. 积极进行产品创新，发展中间业务，逐步提高盈利
	威胁 1. "同构"威胁 2. 外资银行的竞争压力 3. 四大国有商业银行的竞争压力	ST 战略 1. 形成差异化服务，满足客户要求 2. 增强核心竞争力，扩大企业优势	WT 战略 1. 尽量避免与同构银行直接竞争，在为个人客户服务的基础上，开发重点企业客户 2. 以客户为中心，开发贴近客户、贴近市场的个性化金融产品，逐步提高客户忠诚度

实训活动

将任务一实训活动中本小组完成的 SWOT 分析报告与任务二中的"汉口银行 SWOT 分析"进行对比，找出不足，进行修改、完善。

 项目小结

1. 金融营销环境是指对企业生存和发展构成影响的各种因素和力量。

2. 金融营销可以从宏观环境、微观环境方面进行具体分析。

3. 金融营销宏观环境包括政治法律环境、经济环境、技术环境、社会文化环境等，各个环境的构成还可以进一步细分。

4. 金融营销微观环境是指对金融机构营销活动具有直接影响的具体环境，是决定其生存和发展的基本环境。

5. 金融营销环境分析方法有 SWOT 分析法。

 项目训练

一、单选题

1. （　　）是指国家之间的政治、经济、文化、军事等关系。

A. 政治局势　　　　B. 国内局势　　　　C. 国际关系　　　　D. 法律环境

2. （　　）是指国家或地方政府所颁布的各项法律、法规、法令和条例等。

A. 政治局势　　　　B. 国内局势　　　　C. 国际关系　　　　D. 法律环境

3. （　　）是企业营销活动中与企业营销活动发生关系的各种群体的总称。

A. 社会公众　　　　B. 营销中介　　　　C. 个人客户　　　　D. 企业客户

4. （　　）是金融营销活动的中心，其需求是金融机构开展营销活动的根本出发点。

A. 客户　　　　　　B. 供应商　　　　　C. 网络服务商　　　D. 社会公众

5. （　　）是社会的细胞，也是金融服务和产品的基本消费单位。

A. 个人　　　　　　B. 家庭　　　　　　C. 社会公众　　　　D. 参照群体

6. （　　）是协助金融企业进行金融产品推广、销售并将产品卖给最终消费者的企业或个人。

A. 社会公众　　　　B. 营销中介　　　　C. 竞争者　　　　　D. 客户

7. （　　）是能使金融机构更好地为客户提供服务的企业。

A. 供应商　　　　　B. 营销中介　　　　C. 竞争者　　　　　D. 客户

8. （　　）是人们对社会生活中各种事物的态度、评价和看法。

A. 价值观念　　　　B. 风俗习惯　　　　C. 教育水平　　　　D. 语言文字

9. （　　）是人们根据自己的生活内容、生活方式和自然环境在一定的物质生产条件下长期形成并世代相袭的风尚和由于重复练习而固定下来并变成需要的行动方式的总称。

A. 价值观念　　　　B. 风俗习惯　　　　C. 教育水平　　　　D. 语言文字

10. （　　）是指个人收入中扣除税款和非税性负担后所得余额。

A. 人均国民收入　　　　　　　　　　B. 个人收入

C. 个人可支配收入　　　　　　　　　D. 个人可支配任意收入

二、多选题

1. 金融营销环境的特点包括（　　）。

A. 差异性　　　　　B. 相关性　　　　　C. 复杂性　　　　　D. 动态性

2. 按对金融机构营销活动影响因素的范围，分为（　　）。

A. 宏观环境　　　　B. 微观环境　　　　C. 短期环境　　　　D. 长期环境

3. 金融营销宏观环境由（　　）构成。

A. 政治法律环境　　B. 经济环境　　　　C. 社会文化环境　　D. 技术环境

4. （　　）包括经济的发展水平、经济结构、消费者的收入水平等因素。

A. 经济发展水平　　　　　　　　　　B. 经济结构

C. 消费者的收入水平　　　　　　　　D. 工资水平

5. 政治环境主要包括（　　）等的变化对活动造成的影响。

A. 政治局势　　　　B. 法律环境　　　　C. 政策方针　　　　D. 国内政策

6. 技术环境具体表现为（　　）。

A. 金融产品的开发创新　　　　　　　B. 全融服务渠道的多样化

C. 营销效率的提高与成本的降低　　　D. 促销方式与服务方式的变革

7. 金融营销的微观环境由（　　）构成。

A. 社会公众　　　　B. 供应商　　　　　C. 竞争者　　　　　D. 客户

8. 金融营销的微观环境具有以下哪些特征？（　　）

A. 微观环境对金融营销活动的影响是直接的

B. 金融机构可以对微观环境的某些因素加以控制

C. 微观环境对金融营销活动的影响是间接的

D. 金融机构不能对微观环境的某些因素加以控制

9. 文化环境包括（　　）。

A. 价值观念　　　　　B. 风俗习惯　　　　　C. 教育水平　　　　　D. 语言文字

10. SWOT 分析有（　　）不同类型的组合。

A. 优势-机会（SO）组合　　　　　　　B. 劣势-机会（WO）组合

C. 优势-威胁（ST）组合　　　　　　　D. 劣势-威胁（WT）组合

三、名词解释

金融营销环境　社会公众　SWOT 分析法

四、简答题

1. 分析人口状况因素如何影响金融营销。

2. 如何进行客户分析以促进金融产品营销？

项目三
金融营销市场调研

知识目标

1. 了解金融营销市场调研的含义及功能。
2. 了解金融营销市场调研的内容。
3. 掌握金融营销市场调研的程序、方法与工具。

能力目标

1. 能熟练掌握金融营销市场调研流程。
2. 会制定并实施市场调研方案，能撰写市场调研报告。

素养目标

1. 培养学生爱岗敬业、诚实守信的职业精神。
2. 培养学生吃苦耐劳、甘于奉献的思想品德。

案例导入

关于金融网点营销宣传的调研报告

为深入了解当前我行以及金融同业的网点宣传情况，配合我行网点宣传统一规范的出台，以大力促进网点的营销作用，我们于 10 月 13—15 日对我行及金融同业的部分网点的业务宣传进行了调研，取样对象涉及部分城区重点地段的中、农、工、建、交等十余处银行网点，现将有关情况报告如下：

一、调研目的

重点了解我行城区范围内网点宣传的概况，通过对第一手资料的把握与分析，归纳出我行网点宣传的优势与劣势；深入了解金融同业在当前网点宣传中的普遍做法，对比分析我行所处地位，以及应该得到的启发和思路；重点了解沿市区中轴线附近的网点宣传情况，分析我行网点宣传的潜力，为公交广告的可行性分析提供依据。

二、调研方法

此次调研总体上是描述性调研，所使用方法主要是现象观察法，旨在通过对不同调研对象在网点宣传上的不同做法进行客观观察、摄影取样、归类分析、横向比较，最终得出结论与建议。重点对我行人民南路沿线的网点进行取样，同时对附近金融同业的部分网点进行了取样比较，共涉及一环路南三段、小天竺—人南十字路口、人南锦江宾馆、人南—天府广场、东城根街金融区等五大区段，以及中行、建行、农行、商业银行等18处网点，其中我行网点6处，建行4处，农行2处，工行、商业银行、中信银行、光大银行、招商银行、交通银行各1处。调研实施过程主要由方案设计、现场实施、分析研究三大部分组成。方案设计主要围绕调研目的展开，现场实施阶段克服了人员少、时间紧、取样难等工作困难。在现场调研中共拍摄图片近百张，主要摄取了网点大厅外观、内景、局部宣传品及宣传设施等，较为全面地反映了网点宣传的情况。

三、调研结论

（一）银行网点宣传的总体概况和普遍趋势

从此次调研的总体情况来看，中、农、工、建、招商、中信等各银行网点利用网点宣传开展产品营销已成为普遍趋势，取样对象中100%的银行网点不同程度地以张贴海报、摆设X展架、摆放宣传折页等方式进行了产品宣传。

（1）海报及X展架已为网点宣传所普遍运用，但宣传效果有较大差异。建行小天支行、商业银行东城根街支行，均在营业厅正门处摆设了四幅X展架，密度很大，视觉冲击力强。农行小天支行大厅外有小型广场，具有较大空间，能容纳人流通过及短暂驻留；其大厅内X展架摆放较多，但由于将画面朝内摆放，透过玻璃窗仅可看到展架结构及画面白背，影响美观及对潜在客户的宣传效果。

（2）部分银行采用了在玻璃门窗粘贴海报的宣传方式。如商业银行、建设银行的网点将海报直接粘贴在大厅玻璃门窗上进行业务宣传。

（3）各行普遍以本行产品为网点宣传的重点。建行小天支行的四幅展架分别为"龙卡缴费易""直贷式购房（免担保）""汽车龙卡""龙卡贷记卡（积分送大礼）"；商业银行东城根街支行的四幅展架分别为"祝贺花博会（品牌）""教育储蓄""个人理财一本打理""省油钱兑好礼"，后两种产品在其侧门粘贴的海报中再次出现。

（二）我行网点宣传存在的问题

（1）网点宣传缺乏统一规范。首先，宣传品不统一，各网点海报架、海报栏、宣传资料架的数量及式样各异。其次，宣传资料摆设不统一，各网点对不同业务品种宣传资料的取舍标准各异，影响了我行网点宣传在整体上的合力。

（2）产品宣传品种比例失调。我行当前的网点宣传中普遍存在对合作机构及代销产品宣传过多，对本行传统性、常规性核心业务和服务品牌宣传过少的问题。

（3）具有时效性的宣传更换失时。我行部分网点未能关注相应宣传资料的时效性并及时更换，长期维持不变，不仅造成了无效宣传，还占用了有限的空间资源。

（三）对我行网点宣传的启发

针对上述结论，结合我行的营销管理工作规划，我们认为对我行今后的网点宣传工作有以下几个方面的启发：

（1）制定规范要求，加强宣传管理。

（2）突出本行产品，调整宣传结构。本行和中银集团宣传资料摆放种类不能低于2/3，其他代销机构宣传资料不能超过1/3；传统性、常规性的产品资料应长期摆放、及时补充；周期性、季节性、阶段性的产品资料应定期轮换、及时更新；非当期销售的代理产品和内容过期、形象破旧的宣传资料必须及时撤换。

（3）创新宣传方式，合理利用空间。首先，可以在玻璃门窗上直接粘贴海报。其次，继续适量使用 X 展架，尝试如公交广告、报刊广告、高等院校户外广告等多种渠道，形成立体组合。

总之，不同的宣传渠道各有优劣，我们只有针对不同的产品、不同的目标客户，以网点宣传为主，以合理设计的多种渠道广告方案为辅，形成立体组合，才能增强宣传功效，促进我行个人金融产品营销。

思考：

分析案例中关于金融网点营销宣传的调研报告采用了哪种调研方法，并尝试总结金融营销市场调研实施的流程。

提示：

该调研报告为描述性调研，使用的方法为现象观察法，通过对该行人民南路沿线的网点及附近的金融同业部分网点进行摄影取样、客观观察、归类分析、横向比较，最终得出结论与建议。一般的金融营销调研实施流程为：方案设计、现场实施、分析研究、得出结论。

◎ 模块一　金融营销市场调研概述

金融营销市场调研对金融企业面临的迅速变化的外部环境和日益激烈的行业竞争来说，其重要性显而易见，企业需要更多地通过营销调研来掌握、分析金融服务领域的市场信息，并以此为基础进行营销决策。

任务一　金融营销市场调研的要义

一、金融营销市场调研的含义和特点

（一）金融营销市场调研的含义

金融营销市场调研是指金融企业有目的地、系统地收集、分析关于金融服务领域的相关信息，掌握和理解金融企业所面临的特定营销状况，为经营管理和市场决策提供依据的过程。

金融营销市场调研以更好地满足金融市场和客户的需求为目的，是金融企业系统地运用营销手段以促进业务发展的起点。从识别市场机会和问题、制定营销决策到评估营销活动的效果，金融营销市场调研涉及营销活动的各个方面，主要包括市场需求和变化趋势的调研、客户消费动机的调研、服务调研、价格调研、广告调研和市场竞争调研等。

（二）金融营销市场调研的特点

从金融营销市场调研的含义中，可以发现它具有以下几个特点：

1. 调研方法的科学性

金融营销市场调研活动采用科学的研究方法，在整个调研过程中都必须按照科学的原则和步骤来进行。

2. 调研的系统性

金融营销市场调研活动的研究程序有着周密的规划和安排，调研人员一般要在既定的研究程序和日程安排下开展活动。

3. 调研的客观性

在研究活动中，调研人员不应受到个人或其他权威人士的价值观取向的影响，要以公正和中立的态度对信息进行收集、整理和分析。

4. 调研的针对性

金融营销市场调研往往针对某个特定的营销问题而展开，它不是金融企业组织中的一项连续的营销职能，而是可以根据需要间断进行的一项活动。

5. 调研的局限性

金融营销市场调研只是金融企业进行信息管理的一种工具和手段，它不能保证营销决策一定是正确的，只能在一定程度上提供营销决策所需要的信息，降低决策的风险。

二、金融营销市场调研的功能

金融营销市场调研作为一项相对独立的企业经营活动，是近几十年才发展起来的。直到 20 世纪 60 年代初，才有少数金融企业认识到市场调研对金融业务活动的重要作用。目前我国金融企业职能转型，建立多种性质的商业银行，其分支机构也急速增加；各种非银行金融机构也纷纷成立并开展业务；外资金融机构也开始参与竞争。在这种情况下，我国金融企业要想在市场竞争中求得生存和发展，就必须重视金融营销市场调研。

金融营销市场调研的功能包含四个方面：

（一）了解金融营销环境

金融营销环境是一个多因素、多层次与动态发展变化的多维结构系统。在这一环境中，金融产品创新层出不穷，客户心理及消费需求变化万千；原有的一些金融产品和服务可能已经到达其生命周期的尽头，一些新产品和服务则不断进入市场。准确掌握营销环境的变化，是金融企业做出正确营销决策的前提。金融营销市场调研的内容涉及经济政策走向、国民经济状况、消费者情况、科技新动向及竞争环境等，为金融企业了解营销环境提供了大量依据。

（二）发现金融市场需求，开拓新的市场

金融营销市场调研的核心目的是掌握市场需求情况，主要包括市场需求容量、消费结构及发展趋势、客户购买动机和购买行为等，既对客户的现实需求进行调研，也对客户的潜在需求进行调研。通过对金融企业正在服务的市场进行调研，可以对市场进行细分，找出目标市场，有针对性地提供更优质的金融产品服务，并在金融企业做出关于企业形象、区位选择等方面的战略决策时提供参考。

（三）衡量营销方案的效果

根据金融营销市场调研所收集的数据资料及售后反馈的信息，金融企业可以把握风险客户需求、偏好变动的趋向，以及企业经营中的优势和薄弱环节，对现行营销方案的效果进行衡量和评价，并据此判断现行营销方案是否可以继续实施、是否需要在某种程度上进行修改或调整，对市场中可能出现的问题提出解决方案及建议。

（四）提供营销决策指导

金融营销市场调研可以对金融市场未来的发展趋势进行分析、研究与判断，做出科学的预测，从而为营销决策提供指导。任何变化发生之前总会有预兆出现，金融营销市场调研可以从市场结构、产品生命周期、消费者习惯以及宏观经济环境等角度进行分析，寻找这些预兆，并预测未来市场可能发生的变化及其趋势。金融营销市场调研所提供的信息能使企业决策者对金融市场的变化趋势做出较为准确的估计，从而做出较为合理的营销决策，战胜竞争对手。

思政课堂

李俊的第一次市场调研

某年3月，A商业银行刚刚成立。一天，新任营销总监李俊接到了行长交给的两项任务：一是全面调研本行所处的经营环境，为本行即将制定的营销战略提供参考；二是为本行正在策划的一款新基金产品进行市场需求、潜在客户、现有的竞争对手、推广方法的选择等内容的全面调研分析。

这是李俊任职以来行长交办的第一次市场调研工作，当然不能怠慢。为了尽快完成这一任务，首先，李俊根据调研目标设计了调研方案，确定了获取信息资料的来源及途径，接着设计了问卷。其次，收集资料。李俊将营销部的人员分为两组：一组进行实地调研，收集第一手资料；另一组从各大知名网络、报纸杂志、图书馆等渠道收集大量相关的资料。最后，撰写报告。李俊将本部门同事收集上来的全部资料进行归类整理，去粗取精、去伪存真，并进行由此及彼、由表及里的分析研究，撰写成两份报告。五天后的上午，行长的办公桌上摆着两份厚厚的调研报告。行长看完报告后进行了批示：报告资料完整、分析透彻、可参考性强。希望各相关部门以此为依据，制定相应的营销战略和营销方案。

市场调研是金融服务营销的开始，它能准确地界定当前公司及产品面临的营销问题，为营销决策提供准确的数据。市场调研已成为公司进行业务经营、内部管理和制定市场战略的一个重要依据。另外，通过市场调研，也可以发现公司产品中哪些服务或功能是消费者不需要或不满意的，从而可以改进或用新产品代替，这样不仅更加有效地利用了资源，同时也留住了更多的客户。

思考：

如何完成一次完整的市场调查任务？前期需要做哪些精细的准备工作？

实训活动

学生设计金融企业客户服务需求调研问卷。

活动要求：以个人为单位，利用课余时间，针对你所在地区的1~2家金融企业的服务品种，如信用卡、货币市场基金或人寿保险单的市场需求情况，设计金融企业客户服务需求调研问卷。

活动组织与步骤：

（1）前期准备：确定调研问卷所涉及的金融企业和服务品种；

（2）问卷设计：按照问卷的格式和内容要求独自完成设计；

（3）提交问卷：每人提交自己独自设计的客户服务需求调研问卷；

（4）成绩评定：由学生与主讲教师共同评定，给出成绩；

（5）成果展示：提交的调研问卷电子稿由教师存档，纸质稿作为课堂学习成果予以展示。

任务二　金融营销市场调研的内容

一、宏观营销环境调研

宏观营销环境指对社会各行各业产生影响的各种因素和力量的总和，这些因素和力量包括政治/法律、经济、人口、技术、社会文化、自然环境等六个方面，对金融企业影响最大的因素是政治/法律、经济、人口、技术、社会文化等五个方面。

（一）政治/法律环境

政治/法律环境指金融企业面临的外部政治形势及国家方针政策、法律法规的变化对金融企业产生的各种影响。政治环境可分为国内、国际政治环境两部分。稳定的政治环境是金融企业开展营销活动的先决条件。

改革开放以来，我国经济能取得长足进步，与我国处于一个相对稳定的国际、国内政治环境中有着重大的关系。而突发战争等意外事件，则会不同程度地影响金融市场的运行。在金融企业涉及的法律方面，我国目前已形成了国家法律、行政法规、部门规章、其他规范性文件等多层次的金融法律规章体系。

随着 2006 年年底我国金融业的全面开放、外资金融企业的进入，对于优质客户的争夺日趋白热化，而国内同业之间的竞争更加激烈。新的市场竞争形势一方面要求金融企业竞争能力的不断提升；另一方面要求国家、行业法律法规的日益完善，为金融企业营造相对健康的市场竞争环境。

（二）经济环境

经济环境是指金融企业面临的外部经济因素，具体指一个国家或地区经济发展水平与发展速度、经济制度与市场体系、收入水平、财政预算、贸易与国际收支状况以及政府的各项经济政策等因素的变化对金融企业产生的各种影响。

在国家的经济政策中，财政及货币政策对金融企业影响巨大。宽松或从紧的经济政策，往往对金融市场起着直接的影响。同时，政府对金融行业采取的改革措施也深刻改变金融行业的运行方式。如我国汇率市场化改革初期，银行利率的市场化改革进展缓慢，这一方面有利于银行单靠存贷差就能赚个盆满钵满，另一方面却不利于我国形成良好的资金分配机制和资源价格形成机制，因此，利率市场化改革势在必行，未来将逐步放松银行存贷款的利率限制。这无疑会导致银行资金成本提高，存贷款利差逐步缩小，将给银行以利差为主的盈利模式带来巨大压力，银行业必须密切注意这种趋势将对行业产生的重大影响。

（三）人口环境

人口环境主要指一个国家的人口数量及增长趋势、地理分布、年龄、性别、家庭、职业等。

目前，我国人口老龄化现象对金融企业影响很大。国际上通常把 60 岁以上的人口占总人口比例达到 10%，或 65 岁以上人口占总人口的比例达到 7% 作为国家或地区进入老龄化社会的标准。2010 年，第六次全国人口普查数据显示，60 岁及以上人口占 13.26%，中国已经进入老龄化社会。同时，中国还是一个发展中国家，所以，我们正面临与发达国家不同的人口局面：未富先老。老龄化社会，意味着原来的高储蓄将难以维持，银行贷款的增长会放缓，一些融资需要通过资本市场进行。与此同时，资本市场会有较大的发展空间，无论是股权类、债权类，还是租赁，都会有比较强劲的需求，金融工具的创新尤为重要。

（四）技术环境

科学技术是人类在长期实践活动中所积累的经验、知识和技能的总和。科技对金融企业影响巨大。进入 21 世纪，新技术的应用，如芯片技术、互联网和无线技术在金融领域的广泛应用，促使自助取款、电子汇兑、网上银行走进千家万户；全国联网的个人信用信息基础数据库的建成、"金卡工程"与"联网通用"的扎实推进，为金融业务的全面普及和发展提供了必要条件。

（五）社会文化环境

社会文化环境指一个国家、地区的民族特征、价值观念、生活方式、风俗习惯、伦理道德、教育水平、语言文字等的总和。每个地区或国家都有自己传统的思想意识、风俗习惯、思维方式、艺术创造、价值观等，它们构成该国家或地区的文化环境，并直接影响人们的生活方式和消费习惯。

构成文化的诸因素中，知识水平影响人的需求构成及对产品的评判能力。在知识水平高的地区，复杂的金融产品会有很好的销路；而简单的金融产品则在知识水平低的地区才能找到销路。在文化因素中，还有一个不容忽视的方面，即传统的风俗习惯。金融市场营销活动必须尊重当地的风俗习惯，否则，会引起当地人的反感抵触，导致营销活动的失败。

二、客户行为调研

了解客户的购买行为是金融营销的一项基础性工作，是金融市场细分及市场定位等决策的依据，也为市场研究提供依据。金融客户是指进入金融消费领域的最终消费者，也是金融企业营销活动的最终目标客户，包括企业客户和个人客户两类。企业客户是大型的国有及民营企业，个人客户是普通自然人。

客户行为调研主要是对客户的购买行为的调查，即研究社会经济、文化、心理因素等对其购买决策的影响，以及以上因素在消费环节、分配环节和生产环节中所起的作用。其具体内容包括：客户的经济、信用状况及其变动趋势；不同地区不同民族客户和企业、团体等不同的需求、习惯和购买动机；金融产品和服务购买的决策者、使用者、购买者以及他们之间的关系；客户喜欢在何时何地以何种方式购买，他们对金融产品和服务的要求和反应是怎样的；客户对金融产品的使用次数和购买次数，以及每次购买的品种和数量；新的产品和服务进入市场时，最先购买的客户是哪些，其原因是什么；等等。

三、金融产品和服务调研

金融产品和服务质量是指金融企业所提供的金融产品所有有关的特性及这些特性满足客户需求的程度。由于金融服务需要依靠服务提供者与客户之间的互动来完成，所以双方对于服务质量的理解和认识评价可能会产生分歧，例如：从服务提供人角度出发，服务质量意味着服务特征对组织的规定与要求的符合程度；而从客户角度出发，服务质量则意味着服务达到或超过其期望的程度，反映为客户满意程度。

从客户角度出发，金融服务质量又有预期服务质量和感知服务质量之分。预期服务质量是客户对金融企业所提供服务预期的满意度。感知服务质量是客户对金融企业提供的服务实际感知的水平。

如果客户对服务的感知水平符合或高于其预期水平，客户获得较高的满意度，从而认为金融企业具有较高的服务质量；反之，则会认为金融企业的服务质量较低。从这个角度看，服务质量是客户的预期服务质量同其感知服务质量的比较。

四、价格调研

价格调研能够使金融企业了解市场供求状况，了解影响价格的主要因素及这些因素的发展趋势，有助于企业制定准确的定价策略。金融企业价格调研的内容主要包括以下几种：金融产品和服务的比价调研，即对同一市场和时间内相互关联的各种金融产品和服务价格的比例关系进行调查分析；金融产品和服务的差价调研，包括不同细分市场上的价格差价、季节差价、数量差价等；金融产品和服务供求与价格关系调研；金融产品和服务定价调研等。

五、竞争者调研

金融行业的竞争既包括银行企业与非银行金融企业的金融竞争，也包括金融企业的同业竞争。这种竞争格局的产生，一方面造成我国银行企业的储蓄存款不断下降，增加了银行的储蓄竞争与营销难度；促使我国金融业向低利和微利方向发展，将会失去行业优势。另一方面，它打破了国有金融企业一统天下的垄断局面，激发和增强了金融竞争；外资银行的进入，给我国带来了新的金融企业经营管理理论、方法、手段、技术等。

竞争者调研包括对竞争企业的调研和分析，了解同类企业的产品、价格等方面的情况，以及它们采取了什么竞争手段和策略，做到知己知彼，以帮助企业确定竞争策略。

六、广告调研

广告宣传对金融市场营销活动有着重要的作用，它可以使社会公众对企业的金融产品和服务有更好的了解，吸引客户，拓展市场业务。广告调研的内容主要有广告市场调研和广告传播调研。

广告市场调研包括：营销环境调研、产品调研、价格测试、品牌研究、消费者调研、竞争状况调研。

广告传播调研包括：广告主题调研、广告创意测试、广告媒体调研、广告效果调研。

七、金融企业社会责任调研

金融企业的社会责任，是指金融企业在商业运作里对其利害关系人应负的责任。金融企业的利害关系人的关系很广泛，包括为企业工作的员工、为企业提供产品和服务的供应商、社区团体、母公司或附属公司、合作伙伴、企业的投资者及股东。企业除了要考虑自身的经济发展，还要考虑自身对社会和自然环境的影响。

企业对内的社会责任为：企业通过优秀的产品赢得市场，获得较高利润，从而回报企业的投资者和股东，通过有竞争力的薪水给予员工过幸福生活的机会，而且保证员工工作环境的安全和和谐。

企业对外的社会责任为：提供优质的产品，满足客户的产品需求和效用；和合作伙伴建立真诚友善的合作关系，共同创造市场价值；加强环保意识，注重保护自然环境；帮助弱势群体，如残疾人等，通过捐赠等方式提供爱心；通过按时支付合同款等方式保证供应商的利益。

企业的社会责任是企业道德意识的体现，是一家企业对社会的回报。承担企业的社会责任，是企业能力的莫大体现。每家有能力的企业都应该认真思考这个问题。

案例分析

民生银行20××年金融行业环境分析

一、宏观环境

（一）政治环境

中国履行加入世贸组织的承诺，开放金融市场，监管层也倾向于逐步放开市场，并且一些股改之后的大型国有金融企业，如中国银行、中国工商银行、中国建设银行等，纷纷回归A股市场。在这一系列利好因素的作用下，金融行业出现了繁荣。

（二）经济环境

中国经济持续高速增长，在人民币升值预期的影响下，外国投资者都看好中国市场，大量外国资本涌入中国市场。

（三）文化环境

中国由于历史原因，金融业的发展曾经出现过断层，至今也没有形成完整的、成熟的金融体系。在中国古代，儒家思想占主导地位，商人的社会地位很低。中国原本是自给自足的农耕经济，也没有形成现代商业。土地问题在中国历史上一直是一个能够引起社会动荡的问题。

（四）技术环境

中国金融业尽管使用了一些先进的技术，如网上银行、ATM自助取款机等，但是，由于商业信用的缺失，有很多涉及信用货币的业务都没有开展，也缺乏相关技术。

二、行业分析

（一）民生银行SWOT分析

优势：机制灵活，产品设计能力优秀，定位于中小企业。

劣势：资金成本过高，网点太少。

机会：利用中小企业的优势，进一步提高业务量。

威胁：容易受到大型国有商业银行和外资银行的夹击。

（二）潜在的竞争者

小银行，如浙商银行、中信银行等，以及新建立的银行。

（三）竞争分析

竞争对手名称：中国银行、中国工商银行、中国建设银行、招商银行、花旗银行。

思考：

案例分析的是宏观环境还是微观环境？还可以从哪些方面进行进一步分析？该分析运用的方法是否得当？为什么？

实训活动

实训项目：学生分组进行不同类别金融产品的市场环境分析。

实训目的：使学生掌握金融产品市场环境分析的基本技巧和方法，同时培养学生的全局意识。

实训要求：制作一份金融产品市场环境调研报告，要求思路清晰，方法得当，分析合理。

任务三　金融营销市场调研的程序

金融营销市场调研只有遵循一定的程序，采用科学的方法和手段，才能使调研工作获得应有的成果，达到预期的要求。金融营销市场调研的具体程序如图 3-1 所示：

图 3-1　金融营销市场调研的程序

一、确定调研目标

确定调研目标是调研工作的首要问题。确定调研目标，就是要明确在调研中解决哪些问题、这些问题是什么、是怎么产生的、应该如何解决、通过调研要取得哪些资料，以及取得这些资料有什么用途等。金融企业在市场营销过程中一般都存在好的、不好的、明显的、隐匿的问题。要想准确及时地发现问题并找到问题发生的真正原因，往往需要对企业、产品、市场、环境和竞争状况的影响因素进行深入了解，在充分分析的基础上，判断出营销需要解决的问题，并把这些问题作为营销管理的目标。

营销目标要具有明确性、准确性、可操作性和战略性，一般可分为描述性目标、探索性目标和因果分析目标三种。描述性目标是指通过营销调研如实描述客观实际情况的调研目标。探索性目标是指企业知道问题所在，但是不知道问题发生的原因。因果分析目标是以对假设的因果关系的准确性进行测试为目标。

二、制订调研计划

调研计划是指导调研工作顺利执行的详细蓝图，完整的调研计划有以下几个部分内容：

（1）调研目的。"为什么进行该项目调研"及"想要调研哪些内容"。

（2）调研项目。调研的项目以及内容。

（3）调研方法。根据调研目的和项目确定调研地点、调研对象和调研方法。

（4）经费预算。

（5）调研人员以及调研日程安排。

制订调研计划最重要的是对调研方法的选择，调研计划的结构和内容一般根据具体情况进行制订。

三、收集调研信息

金融企业组织调研人员收集的信息资料，具体包括现有资料与实地调研资料。

（一）现有资料收集

现有资料的来源有两个：一是企业内部资料，指企业内部的市场调研部门所收集积累的资料和数据；二是企业外部资料，指官方和非官方公共机构提供的已出版或未出版的资料和数据，包括国家统计机构公布的统计数据、金融行业组织发布的行业资料、专业组织（如消费者协会、质量监督机构、股票交易机构等）提供的调研报告和统计资料以及研究机构提供的调研报告和研究论文等。

资料收集完备后，需要加以评价和筛选，即衡量资料是否准确可靠、所涉及的时间是否适当、资料的取得是否便捷等，并在已收集的资料中选取研究所需的内容。

（二）实地调研资料收集

一般来说，依据现有资料开展调研往往有局限性，因为所收集的现有资料不完整，难以满足研究要求，尤其是缺乏相关市场的最新资料，会影响调研成果的使用价值，所以，有必要通过实地调研以收集和分析金融市场的第一手资料，即实地调研资料。实地调研的工作步骤如下：

步骤一：进一步明确调研任务。

步骤二：收集即将进行实地调研的案头资料，如本企业的营销记录、公开发行的统计资料、竞争对手的产品资料、受访人员名单等。

步骤三：确定实地调研课题，即规定实地调研的目的、方位、对象等，以便高质高效地完成实地调研任务。

步骤四：制订实地调研计划，即具体确定调研地点、调研对象、调研方法、调研工具、抽样计划、时间安排、经费预算等。

步骤五：试探性调研，即先进行一次小规模的非正式调研，以检验调研计划是否正确完善，以便修改或调整，具体可以采取座谈、访问等方式。

步骤六：结论性调研，即按照计划进行金融市场调研活动，通过获取全面准确的数据资料，做出调研结论。

四、分析调研信息

资料分析是指金融企业根据营销调研的目标，运用统计技术和方法，对收集到的大量原始数据进行加工汇总，使其系统化、条理化、科学化，以得出反映金融企业某一特定问题的资料。在营销分析系统中，研究人员应努力采用一些先进的统计技术和决策模型，以期找到更准确的结果。

资料分析工作包括资料筛选、资料整理和资料统计与计算等。最后对各项资料中的数据和事实进行比较分析，整理对照，找出可以说明有关问题的统计数据，得出必要的结论，为进一步的深入研究工作打下基础。

五、撰写调研报告

根据调研资料和分析结果，撰写调研报告，提出问题的解决方案和建设性意见，为制订营销计划提供参考。调研报告应力求简明、准确、完整、客观。调研报告一般包括的内容有调研结果及资料分析、对策建议和附录，附录包括整理后的有关资料、技术分析图表等，以备决策者查用。具体有：

调研目的：需要获取的信息、调研需要回答的问题。

资料来源：一手资料、二手资料。

调研方法：观察法、访问法、实验法、焦点小组访谈法。

调研工具：调研表、仪器（电脑、相机、录音设备）。

接触方法：电话访问、邮寄调研表、人员面谈、在线访问。

时间安排：呈交临时报告、报告草案和最终报告的时间表。

费用估计：总费用、支付方式、条款、对紧急情况的处理。

调研附录：可能引起某一小部分读者兴趣的技术问题。

六、评估调研成果

调研报告的撰写者和使用者往往是不同的主体，二者之间可能有一定的冲突，所以调研者应该关注所提供的调研报告是如何被调研的委托者使用的，并在报告的使用过程中提供进一步的解释和建议。这样既可以增强调研成果的使用效果，也可以为今后的调研活动积累经验。

案例分析

龙卡贷记卡市场调研策划方案

一、背景

龙卡贷记卡是建行信用卡中的主打产品，是一个知名度较高的品牌。随着我国经济的快速增长，消费者的消费水平和消费观念都有了显著的变化。有着消费透支及现金透支功能的龙卡贷记卡是符合当前消费潮流的。但在银行业中，同业竞争激烈并且金融产品都有惊人的相似之处。在此环境下，龙卡贷记卡又有着怎样的市场占有率呢？为此，我们将展开一系列的市场调研活动，针对龙卡贷记卡的知名度、美誉度及客户忠诚度（简称"三度"）等进行深入的调研。现拟定如下市场调研策划方案。

二、调研目的

（1）了解龙卡贷记卡在贷记卡市场上的市场占有率、在客户心中的"三度"程度。

（2）了解贷记卡市场的竞争格局及发展潜力。

（3）把握各竞争对手对贷记卡市场所采取的各种竞争策略。

（4）把握龙卡贷记卡与同类产品之间的同异度。

调研活动将以上四点为调研目的，并侧重于第一个目的进行深入调研。通过这四个方面的调研，对龙卡贷记卡所面临的综合营销环境有一个比较全面和深入的了解。

三、调研方向

调研将分别从宏、中、微三个环境，进行全方位的调研，力求做到知己知彼。

（1）针对宏观环境，主要了解消费者的消费水平及消费观念的发展趋势，并比较国内外的消费格局和国家的相关政策等。

（2）对于竞争对手的行业环境调研，主要调研三大国有银行，兼顾其他股份制银行，并参考国外银行。

（3）调研龙卡贷记卡产品本身的情况及建行所具备的各种要素，这是对微观环境的把握。

四、调研范围

（1）有条件成为贷记卡用户者及贷记卡现有客户。

（2）一般的银行客户。

针对前者主要调研贷记卡的市场需求量，针对后者调研贷记卡的消费环境。以前者为主，后者为辅。

五、调研工具及措施

市场调研将采取多种调研方法相结合的混合调研进行，力求做到全面和深入，确保信息收集和数据分析的真实性和准确性。

1. 对于宏观环境及行业竞争格局和中观环境的调研将以收集第二手资料及实地调研为主

（1）收集第二手资料（网络收集）。

针对目前的消费环境和其他银行对于贷记卡市场所采取的营销手段及其他贷记卡产品的特性，通过上网查询收集各行的宣传资料等进行了解、整理。

（2）实地查询。

在初步了解各行产品（贷记卡）的情况后，人员再到各行网点进行实地询问调研，以便对资料有更为深入的掌握。

2. 对于龙卡贷记卡及建行要素的调研将通过内部调研了解

（1）翻阅内部资料。

利用在建行实习之便，翻阅建行龙卡贷记卡的详细资料，深入了解龙卡贷记卡，不懂之处可请教建行员工，从而对所要调研的产品有完整的了解。

（2）现场观察。

通过现场观察，了解建行员工是如何办理龙卡贷记卡业务的，及建行人员是如何对待该项业务并采取何种营销策略的。

3. 对于市场占有率及客户"三度"的调研

（1）调研问卷。

设计一份完整的调研问卷，对银行客户进行随机抽样调研和重点调研，分别对贷记卡客户和非贷记卡客户进行调研。

（2）访问法。

对来办理龙卡贷记卡及询问龙卡贷记卡情况和办理其他一般业务的银行客户进行现场访问，并观察客户们是如何使用龙卡贷记卡的。通过收集二手资料、现场观察及问卷调研等市场调研方法，采取相应的调研措施，全面收集整理市场信息。

六、调研步骤

1. 调研时间安排

3月1日—3月10日，小组成员商讨调研策划方案，并拟定具体方案。

3月11日—3月20日，按照调研方案开展实地调研。

3月21日—3月30日，针对调研所收集的信息，进行综合分析整理，得出总结，撰写市场调研报告。

2. 调研人员及地点

调研人员：共5人，蔡××、李××、南××、叶×、王××。

调研地点：杭州、温州、乐清。

3. 具体安排

(1) 上网收集资料，并对收集的资料相互交流分析（两天）。

(2) 共同商定调研问卷的设计，共两份，分别为客户调研和内部调研（两天）。

(3) 实施问卷调研并走访其他银行（三天）。

(4) 在银行上班时间，现场进行观察调研。

七、调研总结

通过拟订方案和实施方案两个阶段，得到银行卡市场调研策划方案。

思考：

阅读案例后，你认为该份调研策划方案还有什么需要补充的吗？

实训活动

活动目的：组织学生熟悉金融营销市场调研程序，开展市场调研活动，撰写金融企业营销环境调研分析报告。

活动要求：利用课余时间，针对所在地区，锁定1～2家金融企业，调研该企业所面临的环境情况，并完成一篇不少于1 500字的金融企业营销环境调研分析报告。

活动组织与步骤：

(1) 调研设计：确定调研渠道如网络、图书馆和报纸杂志、广播电视等；确定调研对象，如商业银行、证券公司、保险公司；确定调研形式，独自或小组合作完成并将上述情况统一提交至课代表处。

(2) 前期准备：编写调研方案，设计调研问卷后开始调研。

(3) 撰写报告：整理分析调研材料，撰写调研报告。

(4) 提交报告：提交调研报告。

(5) 成绩评定：由学生与主讲教师共同评定，给出成绩。

(6) 成果展示：提交的调研报告电子稿由教师存档，纸质稿作为课堂学习成果展示；如有必要，可将调研报告向被调研企业反馈。

模块二　金融营销市场调研的方法与工具

任务一　金融营销市场调研方法

金融营销市场调研方法是调研人员在实际营销调研过程中为获取信息资料所采取的最基本技术手段和具体方法，一般分为定性调研和定量调研。但在金融营销市场调研中，往往把这两种方法结合使用，从而发挥其各自优势。

一、定性调研方法

定性调研方法设计的问题是非格式化的，多为开放式的问题；数据收集执行的程序是非标准化的，一般都只是针对小样本的研究。常用方法是小组座谈会、深度访谈法、专家意见法等。

二、定量调研方法

定量调研是将数据量化表示以便进行研究的方法，通常要采用一些统计分析的形式。定量调研多采用结构式问卷，将可能的答案以不同选项的形式体现在问卷中。定量调研的研究对象应具有一定代表性，在数量上有一定的规模。

(一) 人员走访法

人员走访法是通过调研者与被调研者面对面交流以获取市场信息的一种调研方法，是应用在金融行业的主要定量调研方法。走访可按照事先拟定的提纲顺序进行，也可采取自由交谈方式。人员走访是在调研者与被调研者的人际沟通中实现的，所以使用这种方法需要掌握一定的技巧和方法。同样的调研内容，同样的成本支出，同样的被调研者，方法技巧不同，调研结果可能大不一样，这就需要调研者悉心研究、妥善处理。

1. 人员走访法的优点

(1) 人员走访具有很大的灵活性。对一些新发现的问题，尤其是那些争议较大的问题，调研者可以采取灵活委婉的方式，迂回提问，逐层深入。当被调研者对某一问题不理解时，调研者可以当面予以解释说明，从而有利于资料收集工作的顺利进行。

(2) 拒答率较低。与其他方式相比，人员走访容易得到较高的回答率，这也是其最为突出的特点之一。

(3) 调研资料的质量较好。由于调研者在现场，既可以对访问的环境和被调研者的表情、态度进行观察，又可以对被调研者回答问题的质量加以控制，从而使调研资料的准确性和真实性大大提高。

(4) 调研对象的适用范围广。人员走访主要依赖于口头语言，其调研对象和范围十分广泛，既可以用于文化水平较高的调研对象，也可以用于文化水平较低的调研对象。

2. 人员走访法的缺点

(1) 调研费用较高。主要表现为调研者的培训费、交通费、工资以及问卷与调研提纲的制作成本。

(2) 对调研者的要求较高。调研结果的质量很大程度上取决于调研者本人的访问技巧和应变能力。

(3) 匿名性较差。对于一些敏感问题往往难以用访问法来收集资料。

(4) 访问调研周期长。在大规模的市场调研中，这种收集资料的方法较少采用。

(二) 电话访问法

电话访问法是通过电话中介与选定的被调研者交谈以获取信息的一种调研方法。彼此不直接接触，借助于电话这一中介工具进行，因而是一种间接的调研方法。电话访问的特点决定了要想成功地进行访问，必须解决好以下几个问题：

(1) 设计好问卷调研表。这种问卷调研表不同于普通问卷调研表，由于受通话时间和记忆规律的约束，大多采用两项选择法对被调研者进行访问。

(2) 挑选和培训好调研员。电话访问对调研员的要求主要是口齿清楚、语气亲切、语调平和。

(3) 调研样本的抽取及访问时间的选择问题。通常的做法是随机抽取基本电话号码簿，再从每个号码簿中随机抽取一组电话号码作为正式抽中的被调研者。访问时间的选择，要根据调研内容而定，如访问年轻人有关消费者偏好问题，最好选择在工作日晚上，而对老年人购买习惯的访问，则可以选择白天，另外还要考虑被调研者的生活习惯等问题。

优点：信息反馈快、费用低、辐射范围广。

缺点：通话时间不宜过长，内容单一、不易深入，获得的信息量也不大。

（三）邮寄访问法

邮寄访问法是市场调研中一种比较特殊的资料收集方法，它是指将事先设计好的调研问卷邮寄给被调研者，由被调研者根据要求填写后寄给调研者的一种调研方法。

1. 邮寄访问法的优点

（1）调研的空间范围广。邮寄访问可以不受被调研者所在地域的限制，只要是通邮地区都可以被选为被调研对象。

（2）费用低。与其他访问方法相比，邮寄访问可以说是市场调研中一种最便宜、最方便、代价最小的资料收集方法。

（3）邮寄访问可以给予被调研者相对更加宽裕的时间作答，便于被调研者深入思考，而且可以避免面访调研中可能受到的调研人员的倾向性意见的影响。

（4）匿名性较好。

2. 邮寄访问法的缺点

问卷回收率低；由于各种主客观原因，问卷滞留在被调研者手中的时间较长，回收期长，时效性差。很多问卷回收以后，往往已经失去分析研究的价值。

（四）网上调研

网上调研是一种随着网络事业的发展而新兴的访问方式，是一场新的革命。其是市场调研者将需要调研的问题通过系统制作，再通过互联网收集资料的一种调研方法。

1. 网上调研的优点

由于网络的特性，网上调研法具有辐射范围广、速度快、信息反馈及时、匿名性好、费用低廉的特点。

2. 网上调研的缺点

网上调研局限于网民，具有局限性；所获信息的准确性和真实性程度难以判断；网上调研需要一定的网页制作水平。

三、定量调研各种方法比较

定量调研各种方法的比较，如表 3-1 所示。

表 3-1　定量调研方法的类型与特点

类型		特点
人员走访法	入户访问	执行规定的抽样原则，面对面交流
	街头拦截式面访调研	随机抽样，简便易行，抽样偏差较大，一般用于非正式的探索性调研
	计算机辅助面访调研	调研问卷事先存放在计算机内，包括调研员面访和被访问者自己回答两种形式

续表

类型		特点
电话访问法	传统电话调研	随机拨号，经过培训的调研员记录答案
	计算机辅助电话调研	使用在计算机上设计好的问卷，利用电话向被访者进行访问，按设定程序进行
邮寄访问法	留置问卷调研	调研员向被访者当面说明调研目的和填写要求后，将问卷留置于被访者处，约定日期登门取回填好的问卷，或附上回邮信封要求被访者直接寄回
	固定样本邮寄调研	事先抽取一个地区性或全国性的样本，征得样本中家庭或个人同意后，由调研机构向该固定样本中成员定期邮寄调研问卷，样本中成员将问卷按要求填好后，及时寄回调研机构。为防样本老化，应定期调整更新样本
网上调研	网上在线座谈会	随着网民人数的不断增加和网民结构的多元化，网上调研有了更大的发展空间，成为信息化社会一种成功的调研模式。此类调研是在计算机网络条件下，邀请被访者坐在一个终端旁，让其阅读显示器上的问题，输入答案
	电子邮件调研	
	网上随机弹出问卷调研	

实训活动

学生分为若干小组，选择不同的调研方法，展开金融营销市场产品调研活动。

任务二　金融营销市场调研工具

调研问卷又称调研表或询问表，它是市场调研的一种重要工具，用以记载和反映调研内容和调研项目。

一、调研问卷设计原则

（一）目的性原则

问卷的主要目的是提供决策所需的信息，因此问卷设计人员必须透彻地了解调研项目的主题，从实际出发拟题，问题的设计要目的明确，重点突出。

（二）逻辑性原则

一份设计成功的问卷，问题的排列应有一定的逻辑顺序，一般是先易后难、先具体后抽象。

（三）通俗性原则

问卷设计最重要的任务之一就是要使问题适合被调研者，要使被调研者能够充分理解问题，乐于回答、正确回答。所以问卷设计人员不仅要考虑问卷的主题，还要考虑问卷的长度。问卷必须避免使用专业术语，一般应使用简单用语表述问题。

（四）便于处理原则

便于处理是指要使被调研者的回答便于检查、数据处理和分析。设计好的问卷在调研完成后，要便于调研者对所采集的信息资料进行检查核对，以判别其正确性和实用性，也应便于对调研结果的整理和统计分析。如果不注意这一点，很可能出现调研获取的信息资料很多，但是统计处理却无从下手的问题。

二、调研问卷中的问题种类

（一）封闭式问题

这种问题的答案在问卷中是确定的，由被调研者认真选择一个回答就可以了。

优点：从调研实施的难易程度看，封闭式问题容易回答，节省时间，被调研者比较乐于接受这种方式，问卷的回收率较高，其答案标准化，便于统计分析。对于一些敏感的问题，用等级资料的方式，列出若干等级，让被调研者选择，往往比直接用开放式问题更能获得相对真实的回答。从资料的整理和分析方面看，封闭式问题列出答案，可以将不相干的回答减少到最低限度，便于分析和比较。

缺点：某些问题的答案不易列全，被调研者如果不同意问卷列出的任何答案，调研者也无法发现。对于有些无主见或不知怎样回答的人，答案给他们提供了猜答和随便选答的机会。因此，问卷有时不能反映真实情况。

（二）开放式问题

这种问卷不设置固定的答案，让被调研者自由发挥。

优点：可用于不知道问题答案有几种的情况，开放式问题能收集到生动的资料，被调研者之间的一些较细微的差异也可能反映出来，甚至能得到意外的发现。当一个问题有 10 种以上的答案时，若使用封闭式问题，被调研者可能记不住那么多答案，从而难以做出选择，同时，问题和答案太长，容易使人感到厌倦，此时用开放式问题为好。

缺点：开放式问题要求回答者有较高的知识水平和较强的语言表达能力，能够正确理解题意，思考答案，并表达出来，需花费较多的时间和精力，加之许多人不习惯或不乐意用文字表达自己的想法，导致回答率低。对开放式问题的统计处理常常比较困难，有时甚至无法归类编码和统计，调研结果中还往往混有一些与调研无关的信息。

（三）半封闭式问题

这种问卷介乎于封闭式和开放式之间，问题的答案既有固定的、标准的，也有让被调研者自由发挥的，吸取了两者的长处。这类问卷在实际调研中还是比较广泛运用的。

三、设计调研问卷的程序步骤

设计调研问卷的程序步骤如表 3-2 所示。

表 3-2　设计调研问卷的程序步骤

步骤	内容
1	深刻理解调研计划的主题
2	决定调研问卷的具体内容和所需要的资料
3	写出问题，要注意一个问题只能包含一项内容
4	决定提问方式，哪些用多项选择法、哪些用自由问答法、哪些需要做解释和说明
5	将自己放在被调研者的地位，考察这些问题能否得到确切的资料，哪些能方便被调研者回答，哪些难以回答
6	按照逻辑思维，排列提问次序
7	每个问题都要考虑怎样对调研结果进行恰当的分类
8	审查提出的各个问题，消除含义不清、倾向性语言和其他疑点

续表

步骤	内容
9	以少数人应答为实例，对问卷进行小规模的测试
10	审查测试结果，对不足之处予以改进
11	打印调研问卷

四、调研问卷的结构

调研问卷的基本结构一般由标题、说明、主题、编码、被访者项目、调研者项目和结束语七个部分组成。

（一）标题

问卷的标题能概括说明调研研究主题，使被调研者对所要回答的问题有一个大致的了解。标题应简明扼要，易于引起被调研者的兴趣。例如"大学生消费状况调研""中国互联网发展状况及趋势调研"等。而不要简单采用"问卷调研"这样的标题，它容易引起回答者不必要的怀疑而拒答。

（二）说明

说明是指对调研项目的目的、意义以及有关事项进行解释。其主要作用是引起被调研者的重视和兴趣，争取他们的积极支持和合作。其具体内容可以包括：调研人自我介绍，包括对调研人员所代表的机构或调研公司的介绍及本人的职务和姓名介绍；说明本项调研的目的、意义；说明酬谢方式。说明文字应该简洁、准确。

（三）主题

该部分是调研问卷的核心部分，它包括了所要调研的全部问题，由各种形式的问题和答案及其指导语组成，是调研主体所涉及的具体内容。在拟定主体部分问答题时，问题的多少应根据调研目的而定，在能够满足调研目的的前提下越少越好，答案的选项也不宜太多。

（四）编码

编码是将调研问卷中的每一个问题以及备选答案都给予统一的设计代码，是将问卷中的调研项目变成代码数字的工作过程。大多数市场调研问卷均需加以编码，以便分类整理。在大规模问卷调研中，调研资料的统计汇总工作十分繁重，借助于编码技术和计算机可大大简化这一工作。编码既可以在问卷设计的同时进行，也可以等调研工作完成以后再进行。

（五）被访者项目

被访者项目是有关被调研者的一些背景资料。如：在消费者调研中，消费者的性别、年龄、民族、家庭人口、婚姻状况、文化程度、职业、单位、收入、所在地区、家庭住址、联系电话等；在对企业的调研中，企业的名称、地址、所有制性质、主管部门、职工人数、商品销售额（或产品销售量）等情况。

设置被访者项目的目的有两个：一是进行统计分析时使用。便于研究者根据背景资料对被调研者进行分类比较和交叉分析，以了解不同性质、不同属性的被调研者在行为或态度上是否有明显的差异。二是进行调研管理使用。调研组织者需要对调研人员进行监督，避免其弄虚作假，有时还需要抽查。

（六）调研者项目

调研者项目主要包括调研人员姓名、调研地点、调研日期等与调研人员相关的信息，其作用在于明确责任和便于查询、核实。

（七）结束语

结束语也称致谢语，一般放在问卷的最后，用来表示对被调研者的感谢，也可以征询一下被调研者对问卷设计和问卷调研本身的看法和感受。当然，不同问卷的结束语也略有不同，如邮寄问卷的结束语可能会是"再次感谢您参与访问，麻烦您检查一下是否有尚未回答的问题后，将问卷放入回邮信封并投入信箱"。而一份拦截访问的问卷的结束语可能会是"访问到此结束，谢谢您，这里有一份小礼物送给您，请签收。谢谢您，再见"。

五、调研问卷的外观

调研问卷的外观应满足以下几点：

（1）小纸张比大纸张好。小纸张比大纸张使应答人感到有压力的可能性小。

（2）外观庄重、正式的问卷可使应答者感觉到这是一份有价值的问卷。

（3）问卷应当只印一面，而且必须为答案留出足够的空白，关键词应当画线或用醒目字体。

（4）问卷的每一页都应当引用供识别用的顺序号，以便在整理时各页分散。

案例分析

某银行理财产品调研问卷

由于近年来我国经济的飞速发展和金融产业的不断新兴，"金融"这个词也越来越多地融入百姓的生活。为了了解百姓对金融理财等相关产品的关注与认识，也为了更好地学习此方面的知识，以下将对您做一些相关的调研，希望得到您的支持与参与，谢谢！

1. 您的年龄是多少岁？（　　　）

A. 20 岁以下　　　　B. 20～30 岁　　　　C. 31～40 岁　　　　D. 41～50 岁

E. 50 岁以上

2. 您的性别是什么？（　　　）

A. 男　　　　　　B. 女

3. 您的收入状况（月收入）是怎样的？（　　　）

A. 1 000 元以下　　　　　　　B. 1 001～2 000 元

C. 2 001～4 000 元　　　　　　D. 4 001～8 000 元

E. 8 001 元以上

4. 您从事哪方面工作？（　　　）

A. 学生　　　　B. 文化教育　　　　C. 金融行业　　　　D. IT 行业

E. 其他_____

5. 您是否常去银行？（　　　）

A. 每月 1～2 次　　B. 每月 3～4 次　　C. 每季度 1～2 次　　D. 半年 1 次

E. 不去

6. 您去银行通常办理什么业务？（　　）

A. 存款　　　　　　B. 取款　　　　　　C. 缴费　　　　　　D. 理财金业务

E. 其他＿＿＿＿＿

7. 您一般选择何种方式办理银行业务？（　　）

A. 窗口（柜台）　　B. ATM机　　　　　C. 电话　　　　　　D. 网上银行

8. 您对银行的服务态度是否满意？（　　）

A. 很满意　　　　　B. 满意　　　　　　C. 一般　　　　　　D. 不满意

E. 很不满意

9. 您对金融知识了解吗？（　　）

A. 很了解　　　　　B. 了解　　　　　　C. 一般　　　　　　D. 不了解

10. 您对金融理财产品感兴趣吗？（　　）

A. 很有兴趣，希望购买　　　　　　　　B. 还好，可以购买

C. 进一步了解情况后再说　　　　　　　D. 没有兴趣，不愿购买

11. 您是通过何种方式了解到金融理财产品的？（　　）

A. 亲戚朋友　　　　B. 报纸杂志　　　　C. 网络　　　　　　D. 电视广告

E. 银行或其他金融机构

12. 您认为对理财产品影响最重要的因素是什么？（　　）

A. 期限　　　　　　B. 收益　　　　　　C. 风险　　　　　　D. 灵活性

E. 其他＿＿＿＿＿

13. 您对理财产品发行方对资金的管理放心吗？（　　）

A. 很放心　　　　　B. 放心　　　　　　C. 一般　　　　　　D. 不放心

14. 您关注理财产品发行方对投资的透明度吗？（　　）

A. 很关注　　　　　B. 一般　　　　　　C. 不关注

15. 您对理财产品的投资方向是否关注？（　　）

A. 很关注　　　　　B. 一般　　　　　　C. 不关注

16. 您在考虑购买理财产品时，是否对其做了详细的了解？（　　）

A. 详细了解　　　　B. 了解一点　　　　C. 不了解　　　　　D. 没兴趣了解

17. 您对理财产品风险的看法如何？（　　）

A. 风险大　　　　　B. 有一定风险　　　C. 无风险　　　　　D. 不在乎

18. 您对现阶段银行理财产品的满意程度如何？（　　）

A. 很满意　　　　　B. 较满意　　　　　C. 一般　　　　　　D. 不满意

19. 您认为理财产品最佳投资渠道是什么？（　　）

A. 基金　　　　　　B. 股票　　　　　　C. 外汇　　　　　　D. 债券

E. 保险

20. 您对银行理财产品实现预期收益率持什么态度？（　　）

A. 很有信心　　　　B. 半信半疑　　　　C. 没信心　　　　　D. 不在乎

21. 您理想中的银行理财产品是怎样的？（　　）

A. 收益高　　　　　B. 风险低　　　　　C. 随时存取　　　　D. 种类多样

E. 其他＿＿＿＿＿

22. 您认为您需要什么样的理财产品？

23. 您对未来金融理财产品的发展方向的预计是什么？

思考：

阅读案例，思考这份理财产品调研问卷在问题的设计上有什么不足，并说明如何进行改进。

实训活动

实训项目：学生分组进行金融产品问卷调研的设计。

实训目的：使学生掌握金融产品调研问卷设计的基本技巧和方法，同时培养学生的团队协作能力。

实训要求：制作一份金融产品调研问卷，要求主旨明确、格式规范、思路清晰，问卷的设计有一定的实证研究价值。

知识拓展

金融科技将成为全球数字经济发展的核心驱动，而中国金融科技的创新发展已经走在了世界前列。随着《金融科技（FinTech）发展规划（2019—2021年）》的出台与执行，以及央行启动金融科技创新监管试点，推动中国版"监管沙盒"落地，中国金融科技行业的发展迎来了曙光。2019年中国金融机构技术资金总投入达1 770.9亿元，银行占比68.6%。从金融科技投融资情况来看，支付科技领域投资金额占比达46%。

从科技在金融行业应用的深度和变革影响来看，金融领域的科技应用可以分为以下三个阶段：第一阶段为金融电子化阶段，着重于IT技术的后台应用；第二阶段为互联网金融阶段，聚焦于前端服务渠道的互联网化；第三阶段为金融科技阶段，强调业务前、中、后台的全流程科技应用变革。

项目小结

1. 金融营销市场调研是指金融企业有目的地、系统地收集、分析关于金融服务领域的相关信息，掌握和理解金融企业所面临的特定营销状况，为经营管理和市场决策提供依据的过程。营销调研的内容从识别市场机会和问题、制定营销决策到评估营销活动的效果，涉及营销活动的各个方面。

2. 金融营销市场调研的具体程序有：确定调研目标、制订调研计划、收集调研信息、分析调研信息、撰写调研报告、评估调研成果。

3. 调研报告的撰写应力求简明、准确、完整、客观。

4. 金融营销市场调研的方法分为定性和定量两种，其中常见的定量调研方法有人员走访法、电话访问法、邮寄访问法和网上调研。

5. 调研问卷的基本结构包括标题、说明、主题、编码、被访者项目、调研者项目和结束语。

项目训练

一、单选题

1. 一般来说，依据（　　）开展调研往往有局限性。

A. 一手资料　　　　　B. 实地资料　　　　　C. 现有资料　　　　　D. 二手资料

2. 应用在金融行业的主要定量调研方法是（　　）。

A. 人员走访法　　　　B. 电话访问法　　　　C. 邮寄访问法　　　　D. 网上调研

3. 调研问卷中（　　）容易回答。

A. 开放式问题　　　　B. 易回答问题　　　　C. 半封闭式问题　　　　D. 封闭式问题

二、多选题

1. 金融营销市场调研的具体程序有（　　）。

A. 确定调研问题　　　B. 制订调研计划　　　C. 执行计划　　　　　D. 后续调研

2. 以下属于网上调研方法的优点的是（　　）。

A. 辐射范围广　　　　B. 速度慢　　　　　　C. 信息反馈及时　　　　D. 匿名性好

E. 费用低廉

3. 宏观环境包括（　　）。

A. 政治环境　　　　　B. 法律环境　　　　　C. 经济环境　　　　　D. 社会文化环境

E. 技术环境　　　　　F. 人口环境

三、简答题

1. 简述金融营销市场调研的程序。

2. 简述调研问卷设计原则。

项目四
金融营销客户分析

知识目标

1. 了解金融营销客户的分类。
2. 掌握金融营销客户需求的特征、构成、层次。
3. 掌握培养和维护客户忠诚度的方法。
4. 掌握影响金融营销客户购买行为的因素。
5. 了解金融产品购买决策的参与者。
6. 掌握金融产品购买决策的类型和决策过程。

能力目标

1. 能运用客户划分标准对客户进行分类。
2. 能运用需求分析理论对客户的需求进行分析。
3. 能针对客户的实际需求提供适合的服务以培养客户的忠诚度。
4. 能运用因素分析的方法对客户进行群体细分。
5. 能熟知客户的购买决策过程以促成客户的购买。

素养目标

1. 培养学生创新意识,使其能够根据实际环境的变化进行营销方法和思维创新。
2. 培养学生在营销中爱岗敬业的精神,认真对待工作,忠于职守,积极进取。
3. 培养学生树立正确的理性投资观念,杜绝非法投机行为的发生。

案例导入

银行利用客户细分策略发现客户需求

加拿大皇家银行(RBC)利用细分策略发现了客户未满足的需求,从而逐渐扩大自己的市场份额。

如果银行能够随意选择自己的客户，那么18～35岁的这群人恐怕最后才会被选中。年轻人收入相对较少，账户结余不多，而且有大笔的学生贷款债务，的确不是银行垂青的对象。

而RBC高层主管则认识到这些身无分文的年轻客户中的一部分很有可能最终会成为有钱人，也就是银行可从中获利的客户。RBC的分析人员费尽心思希望从银行有关这一人群的数据中发掘出有收入快速增长潜在可能的子客户群体。他们的分析表明，医学院和牙科学院的学生及实习医师是很有潜力的一个群体，他们很有可能成为"摇钱树"。

于是银行在2004年整合推出一项计划，力图满足这些资金吃紧的年轻专业医师的需要，包括在学生贷款、新从业时购置医疗设备、最初办公场所初次抵押贷款方面提供帮助。一年内，RBC在该子客户群体中的市场份额由2%跃升至18%。此外，RBC金融集团（RBC及企业其他部分的统一"品牌伞"）副主席及首席技术官马丁·李伯特说，银行愿意帮助这些年轻的专业人士开展自己的事业，其好处可能是今后客户流失率较低。

"我们可能从一些客户身上没有赚到钱，但是我们认为这是我们的错，而不是客户的问题，"李伯特说，"我们的机会在于发现这些客户可能的需求，这样我们可以提供给他们附加的产品，从而使得我们在某些地方能够得到一些回报。"

尽管许多公司声称以客户为中心，但能够做到真正根据客户需求，而不是根据自己需要对市场进行细分的公司屈指可数，RBC就是其中之一。"在客户关系营销或细分方面，我们可不是仅仅停留在嘴皮上，"RBC金融集团客户与市场战略部门主管保鲁特说，"我们的运营模型就是以客户为中心的。我们业务的开展也正是基于此进行的。"让公司运转围着客户需求转，最终使RBC市场资本总额由近6年前的180亿美元增长到接近500亿美元。

很少公司像RBC这样对市场进行如此精细的细分。许多公司根本就没有这样做，而这样做的一些公司通常也没有从中获得多少收益，原因是它们的细分标准不恰当。严格来讲，根据需求进行客户细分既耗费时间，难度也非常大，在初期尤其如此。但客户细分仍值得去做，因为这使公司能够以更低成本、更高效率寻找到客户，为客户提供恰好满足其需求的产品或服务。这种精确"瞄准"使得公司不必在多半不起作用的大批邮件营销上费力气，也避免无关信息造成客户的反感。这是最典型的双赢模式：客户得到他们所要的，于是可能买更多产品；公司减少了浪费的资金，同时增加了销售量和利润。

"你为客户做得越多，他就越有可能更加留意你下一步会做什么，"《回归客户》一书的合著者玛莎·罗杰尔说。

思考：

1. 加拿大皇家银行是如何利用需求分析挖掘潜在客户的？
2. 我们如何用创新思维去开拓市场？

提示：

银行如何用创新思维去开拓市场？市场定位很重要，国有行、股份行、城商行、农商行完全不一样。国有行资金成本低，大而全，什么业务都做，竞争力强；中小银行在存款成本高企的情况下，不论资产投放或者走轻资本路线，都要有差异化的理念以及不同的风险偏好。

模块一　金融营销客户需求分析与关系维护

任务一　金融营销客户需求分析

在现代广阔而复杂的市场中，产品营销者根本不可能获得整个市场，也不可能用一种产品和销售模式应对所有的客户，更不可能对所有的客户提供其需要的所有产品，金融营销者也是如此。一方面，每个金融企业的资源都是有限的；另一方面，客户的数目巨大，分布广泛，所需金融服务又迥然不同。所以，金融企业必须了解客户需求，根据客户的不同需求提供相应的优质服务，以取得竞争的优势及市场份额。

一、金融营销客户分类

对客户实施分类的标准很多，例如：按照客户主体划分，可分为个人客户、非金融企业客户、政府机构客户、金融企业客户、事业单位和社会团体客户；按照客户关系状况划分，可分为忠诚客户、游离客户和非合作客户；按照对金融产品使用的密度和频率划分，可分为高密度客户、中密度客户、低密度客户。此外，还可以按照生活方式、社会阶层、年龄、职业、家庭生活周期等多种方式划分。

目前，客户分类最常用的方法是按照为金融企业带来的综合效益（及客户的价值）来进行分类。通常情况下，根据客户为金融企业带来的价值大小，可分为高价值客户、有价值客户、保本客户、亏损客户四类。

（一）高价值客户

高价值客户是指为金融企业带来高效益的客户，其带来的效益远远超过企业客户的平均效益，这一类的客户是企业盈利的主要来源。金融企业应高度关注这类客户，为其提供量身定做的个性化产品组合，提供客户经理和理财师专人"一对一，面对面"的优质贴身服务，还应为其提供个人理财等增值服务，从而培养该类客户对金融企业的忠诚度，最终促使这类客户成为终生客户。

（二）有价值客户

有价值客户是指为金融企业带来一定效益并具有发展潜力的客户。这类客户群体是企业最为稳定的基础客户，也是具有增值潜力的客户。企业应充分重视该类客户，为其提供适当的理财产品，通过优质服务和增值服务，促使该类客户向高价值客户转变，达到客户与企业"双赢"的目的。

（三）保本客户

保本客户是指为金融企业带来的业务收入与其投入的成本基本持平的客户。

这类客户群体目前在客户总量中所占的比例较大。企业应区别对待这类客户，对于那些没有增值潜力的保本客户，提供大众化的自助金融产品即可；对于那些主要账户不在本企业而对别的企业业务贡献较大的保本客户，应主动向其提供优质高效服务和理财增值的金融产品组合，促使其将主要账户转移至本企业。

（四）亏损客户

亏损客户是指为金融企业带来的业务收入不足以弥补对其投入的成本的客户。这类客户占用金融企业的宝贵的人、财、物资源，降低了企业的盈利水平。企业应在法律法规允许的前提下对其采取收费或通过自助服务终端等手段，降低这类客户的人工服务比重，以提高金融企业的盈利水平和整体综合服务能力。

二、金融营销客户需求

（一）客户需求的特征

1. 个性化

我国经济发展突飞猛进，人们生活水平不断提高、财富与日俱增。面对这样新的经济形势，我国金融企业千篇一律的服务已经远远滞后于经济的发展，难免造成客户的大量流失，因此，深入研究市场，洞察客户需求，提高服务标准已迫在眉睫。客户的需求越来越趋向个性化，因而金融企业要不断开拓新的金融产品，创新金融服务，只有这样才能满足客户的个性化需求。

2. 多样化

随着经济体制改革，新的经济形式层出不穷，如股份制企业、私营经济、个体经营等，新的市场需求要求金融服务多样化。特别是企业并购重组，成立企业集团，实现跨国界、跨区域经营，经营规模扩大，金融需求必然更为全面，如：为解决应收账款问题，需要保理业务；为解决集团资金分散问题，需要现金管理业务；为解决资金使用效益问题，需要财务管理业务；等等。市场的变化带来银行业务的相应变化，以前融资业务是银行收入的主要来源，现在各类中间业务的收入比例逐渐上升。同时股票、债券、基金、保险等金融融资业务日益丰富，使追求资产增值服务的金融需求也日益呈现多样化。

3. 市场化

随着我国金融市场的发展，特别是股份制商业银行的兴起和外资银行的进入，企业和银行双向选择的空间更为广阔，企业可以充分考虑银行的实力、金融产品的种类、服务的质量等来选择银行。银行业不再是计划经济时期的市场的主导者，而是作为市场的一分子参与竞争，并且优胜劣汰。

4. 电子化

为了降低成本、提高效益，客户更希望借贷银行用现代科技实现资金的高效运营、成本的最大降低。当前，客户广泛采取网上银行和电子银行的方式，及时回收闲散资金，并适时掌握企业的财务状况和运行动态，以提高资金的使用效益。因此，电子银行已经成为现代银行业的发展方向；提供安全、快捷、便利的网上系统，已经成为金融企业竞争优质客户的重要手段。

（二）客户需求的构成

1. 资金融通

资金融通是很多金融企业的基本职能，银行、保险公司、证券公司、信托公司、财务公司等多种金融机构都可以通过业务运作进行融资。银行吸收存款、发放贷款，把社会闲散资金投入需要资金的部门；企业通过投行的帮助在证券市场卖出股票、债券达到融资的目的；保险公司收取众多投保人的保费，向少数发生损失的客户赔付，也可以看作有融资意义。

2. 规避风险

客户从自身利益出发，保全资金的安全性是首要考虑的问题，因此客户的许多金融行为都是为了规避风险，就算最简单的存款都有着规避风险的意味。

3. 财富管理

财富管理包括多方面的内容：资产增值、收支安排及财产传承等。客户不仅要考虑自己的财富管理，还要考虑财产的传承问题。

4. 金融服务

金融服务是金融企业利用自身的设备、信息等资源为客户提供的各类服务。金融机构承担了很多金融服务职能，例如证券公司的人员为投资人进行股票分析、银行为企业与个人提供各类结算服务等。

（三）客户需求的层次

1. 一般服务需求

一般服务需求是指客户对金融企业的服务需求仅仅停留在最普通、常见的业务上，没有更高、更复杂的要求。这类需求金融企业可以用标准化服务来满足，例如银行为办理小额存取款的客户准备了自动存取款机，客户可以在自助设备上自己完成所有的操作。

2. 优质服务需求

优质服务需求是指客户在基本需求得到满足的基础上，对服务效率与服务态度提出更高的要求。服务过程中的每一个细节都有可能影响客户的服务体验，例如，硬件设备的稳定性、员工的素质和服务意识、客户的等待时间长短等，都影响着客户对服务的质量评价。

3. 个性化服务需求

个性化服务需求是指客户对金融服务有特别的要求，希望金融企业能够充分利用各种资源优势，主动开展以满足其自身个性化需求为目的的全方位服务，从而降低风险，提高总价值，获得预期利益。

（四）金融营销客户的具体金融需求

1. 个人客户的具体金融需求

改革开放多年来，我国国民收入分配不断向个人倾斜，个人财富在国民生产总值中的比重持续扩大。随着财富的增长，个人不仅需要品种多样的储蓄服务，对各种支付、投资、融资和保障等服务的需求也越来越大。同时，消费者新的消费观念的形成，也增加了对个人消费信贷的需求。而且伴随着金融改革的不断深入，个人投资者拥有的债券、股票、基金、外汇、保险等投资品种越来越多，居民投资意识日益提高。家庭和个人正逐渐成为国民经济发展中投资与消费的重要力量，这就要求金融企业对个人金融需求提供全方位、多层次的服务，以满足日益发展起来的个人金融市场。

2. 公司客户的具体金融需求

大型企业通常具有实力雄厚、资本市场直接融资能力强、国际化经营程度高等特点，其金融需求特点主要体现为非信贷融资比例高，跨境融资、结算、投资频繁，对合作银行的跨境跨业跨市场经营能力要求较高。中型企业是活跃地方经济的主力军，其金融服务需求涵盖融资、结算、理财乃至个人金融业务等各个领域。小微企业由于经营规模小、周转速度快，因此对资金融通需求较为突出。归结起来就是要求金融企业分别对各类客户按需求特征进行细分，研究每一类客户对金融企业服务的需求特点，并以有效的手段加以满足，这样有助于提高服务的水平和质量，促进我国金融业的发展。

思政课堂

细心服务　成功营销

某日，工行某支行营业部来了一位男性中年客户。由于正处于业务高峰，大堂经理正在排队机前值班，引导、分流客户，见到这位客户他礼貌地问了声："您好，请问有什么可以帮助您的？"这位客户考虑了一下，回答说："想咨询点理财业务方面的问题。"

大堂经理问："您买过本行的理财产品吗？"客户回答："在他行买过，但已经很长时间了。因为我经常在你行办理一些个人结算业务，对你们的员工服务水准和服务环境都非常满意，所以我想咨询你行代理的理财产品。"听到这里，大堂经理判定该客户为一名优质客户，就引导客户来到贵宾客户理财区，并向正在坐班的网点值班主任进行了汇报。

值班主任热情地同客户进行了交流，了解到客户近期收回一笔款临时不用，想了解一下该行的理财产品。值班主任和客户就基金的走势和投资理念进行了交流，同时给客户一些投资风险提示。在与客户反复沟通时发现，客户对该行前期代理的某基金很感兴趣，也可能是客户比较了解该基金的缘故，客户称以前在他行买过200万元基金，收益还不错，但手续较麻烦，由于银行理财人员业务不熟悉，在赎回过程中造成了一些不愉快。值班主任详细向客户介绍了该行的产品，向客户推荐了理财金账户卡和该行快捷方便的网上银行，并向客户进行了操作演示。客户对该行网上银行办理业务的快捷、方便产生了兴趣，当场办理了理财金账户，并开通了网上银行。

对客户在网上银行使用过程中经常遇到的问题，值班主任耐心详细地进行讲解。客户非常满意这次服务，不但把他行的存款转入该行账户上，而且通过网上银行顺利地一次性购买了1 006万元基金。

通过这个成功的营销案例，我们可以总结以下经验：

1. 细心的服务使客户对该行的产品和服务产生认同和信任；为客户真诚求实的推荐，赢得了客户对该行的信任。

2. 加强大堂经理、值班主任和柜员之间的协作和配合，为客户提供优质服务的同时，打开营销渠道，全面综合性地开展营销，使客户感受到温暖温馨的优质服务。

3. 用丰富的理财知识，获得客户的信任和认可。营销服务人员要熟练掌握全面的业务知识，才能根据客户的需求，准确把握营销时机，推介适合客户的金融产品。

4. 对客户关系要做到持续维护和持续营销。切忌着眼于眼前，要长久地做好对客户的后续维护工作和分层服务。让客户充分享受银行的服务和关注，提升客户的忠诚度和贡献价值。

5. 营销服务人员首先要爱岗敬业，才能焕发工作的激情，更好地为客户服务。这就要求营销服务人员必须认真对待工作和每一位客户，努力学习和掌握专业知识和营销技能，耐心细致地为客户解答问题，热情周到为客户解决困难，这样才能把客户留住，使之成为忠实客户。

思考：

1. 营销人员如何运用营销技巧和销售流程与客户沟通？

2. 案例中哪些地方体现了营销人员爱岗敬业的工作态度？

实训活动

学生分为若干小组，调查家人、同学、陌生路人对金融产品的需求情况。

任务二　金融营销客户关系维护

金融企业最主要的资源是客户。金融企业不但要开发客户，更重要的是留住客户。尤其是对金融企业贡献大的优质客户更是大家争夺的焦点。如何让客户满意，使其变成忠诚客户，是摆在金融企业面前的重要课题。

一、客户满意与客户忠诚

（一）客户满意及满意度的概念

美国营销学会手册对客户满意的定义是：满意＝期望－结果。即客户满意就是客户对产品的感知与认知相比较之后产生的一种失望或愉悦的感觉状态。满意度则是产品的最终表现与客户期望值的吻合程度。

（二）客户忠诚及忠诚度的概念

客户忠诚是指由于受价格、产品、服务特性或其他因素的影响，客户长久地购买某一企业或某一品牌的产品或服务的行为。客户忠诚度，又可称为客户黏度，是指客户对某一特定产品或服务产生了好感，形成了"依附性"偏好，进而重复购买的一种趋向。

客户忠诚是企业长期获利和业绩增长的有效途径，因此，要想在激烈的竞争中存活，金融企业就必须减少客户开发成本，增强盈利的稳定性，不断地提高产品质量、服务效率和服务水平，千方百计地留住客户，通过让客户满意逐步培养客户对金融企业的忠诚。

（三）客户满意和客户忠诚的关系

1. 客户满意不等于客户忠诚

客户忠诚的概念出自客户满意的概念，是指客户在满意基础上产生的对某种产品品牌或公司的信赖、维护和希望重复购买的一种心理倾向。客户忠诚实际上是一种客户行为的持续性。客户忠诚度是客户忠诚于企业的程度。客户忠诚表现为两种形式：一种是客户忠诚于企业的意愿；一种是客户忠诚于企业的行为。而一般的企业往往容易将此两种形式混淆，其实这两者具有本质的区别，前者对于企业来说本身并不产生直接的价值，而后者对企业来说则非常具有价值。道理很简单，客户只有意愿，却没有行动，对于企业来说没有意义。

2. 客户忠诚是客户满意的提升

客户忠诚是客户满意的升华。客户满意是一种心理程度的满足，是客户消费之后所表达出的态度；客户忠诚则可以促进客户重复购买的发生，带来后续的、持续的交易行为。对于大多数企业来说，客户的忠诚才是更重要的，是更需要关注的，而客户的满意并非客户关系管理的根本目的。

3. 客户忠诚比客户满意更有价值

很多时候，许多企业并没有深刻理解客户满意与客户忠诚内涵的差异，将两者混淆使用，使得企业的客户关系管理步入了某些误区。我们如今所面临的现实情况是，在竞争日趋激烈、以客户为导向的市场环境中，越来越多的公司持续追逐客户满意度的提升，并且大多数时候，很多企业追逐的成效并不尽如人意。并且，它们发现，企业如果仅仅只是追求客户满意度，在某种程度上往往并不能解决最终问题。因为大多数时候，尽管企业的客户满意程度提高了，但企业的获利能力并没有立即获得改善，企业利润并没有得到增加。究其原因，关键就是企业没有使得客户对企业的满意上升到对企业的忠诚。满意的客户并不一定能保证他们始终对企业忠诚，并不一定会因此产生重复购买的行为而给企业带来价值。

因此，对于金融企业来说，一方面提高客户的满意度和忠诚度势在必行，另一方面这样做也是困难重重。必须注意的是，提高客户满意度和忠诚度，并不意味着一定要提高所有客户的满意度和忠诚度，这是不可能的，也是没有必要的。一项研究表明：对于银行来说，80％的客户并不具有可盈利性，但是他们对于银行的产品和服务却通常表示满意；而20％的客户贡献了超过80％的银行利润，这一部分客户对银行却常常不满。这就是我们通常所说的二八定律。由此可见，在客户关系管理的框架下，金融企业应该在客户细分的基础上，采取有针对性的策略，最大限度地让更有价值的客户满意，获取他们的忠诚，而不需要取悦所有的客户。

二、培养客户忠诚度的方法

(一) 以自己的忠诚换取客户的忠诚

获取忠诚的最好办法，就是先对人忠诚，或者先采取忠诚的行为。考虑到金融企业的安全性，有观点认为金融企业只能做"锦上添花"的事情，而不能做"雪中送炭"的事情。试想，如果金融企业仅以"锦上添花"的方式选择客户，那么客户也没有理由对你忠诚。关键时刻显真情，当客户在最困难、最需要帮助的时候，如果你弃之而去，客户很难做到对你忠诚。所以，当要求客户忠诚的时候，我们也应该反思一下自己是否对客户忠诚。

(二) 按客户的要求去做

只有需要得到满足的人才会有幸福感，人们需要的东西很多，但有些是急于需要的，有些是不急于需要的。如果能急客户之所急，我们的工作就做到位了。在以客户需求为导向的今天，每一个客户都是独立的、不相同的，我们只有按照客户的需要去做，尽可能地满足客户，才能赢得客户、留住客户。

(三) 让客户满意

得到并保持客户满意是检验金融企业成功的重要手段。让客户满意要做到：第一，尽量满足客户的需求；第二，必须替客户考虑，包括安全性、流动性、收益性及其他细微方面。将客户当作亲人，实际上就是为客户提供贴心的服务，完全为客户的需要着想，尽可能地让客户满意。客户满意了，不一定能留住他，但如果他不满意就一定留不住他。客户满意研究是一个非常现实的、有意义的课题，值得各金融企业研究。

(四) 珍惜与客户的关系

客户选择金融企业虽然有些偶然性，但无疑是经过考虑的。金融企业一旦与客户建立起关系，就要珍惜并尽可能地维护好这一关系，同时，还要选派善于沟通、综合素质比较高及幽默能力比较强的人与客户联系。高层管理人员也要花时间拜访客户，与他们进行交流，许多成功的企业都鼓励高层管理人员走出去，与客户交谈，这一方法比市场研究和分析更为有效。

（五）必须鼓励员工忠诚

要让客户忠诚，必须要让员工忠诚。"连员工都留不住还想留住客户？"这是商业银行普通员工说过的话。当客户看到站在柜台后面的总是同一张熟悉的面孔，就会愿意再次光临。因此，降低员工的流失率有助于留住客户。

（六）协助客户成功

成功是所有人的一种追求，客户也不例外，金融企业不仅要做到让客户满意，还应协助客户成功。金融企业在为客户尤其是重点客户的服务中，要尽量为他们着想，把客户的问题和困难当成自己的问题和困难。

（七）让客户有尊严、有地位

在市场经济的今天，金融企业与所有客户的关系是平等互利的，并不是谁有求于谁。因此，金融企业要摆正自身的位置，不要让自己处处凌驾于客户之上，而应该让客户有尊严、有地位。

（八）危难时刻帮客户一把

金融企业"锦上添花"的事情要做，"雪中送炭"的事情也要做。如今，金融企业与客户的关系已不是简单的工作关系，而是合作伙伴关系、朋友关系，既然如此，当客户需要帮助的时候，金融企业应尽力相助，使更多的客户心存感激，成为金融企业更加忠诚的客户。

（九）设法让客户拥有较多种类的金融企业产品

例如一家典型的商业银行，只有一个支票存款账户而没有其他业务的客户，有将近一半不到一年就离开了银行；只参与定期存款的客户，有 1/3 不到半年就离开了银行；有支票账户、定期存款及抵押贷款的客户，每年的流失率则只有 2%；同时有支票账户、定期存款、抵押贷款及信用卡的客户，每年流失率不到 1%。这个例子说明了一点，金融企业要想方设法让客户在自己这里拥有多一些种类的金融产品才能更好地留住客户。

（十）注意选择比较稳定的客户

美国 MBNA 公司发现有些客户群的忠诚度和稳定性比较高，如教师，他们使用的信用卡往往从一而终，轻易不换服务商。另外，会计师、护士、工程师及其他一些专业人士的忠诚度也比较高。所以，金融企业应稳定好这些忠实的客户，与之打好关系，用感情牌留住他们。

三、维护忠诚客户关系的方法

（一）上门维护

金融企业要采用经常上门维护的方式，为客户提供更加便捷的服务。

上门维护工作内容包括：上门取单、送单，提供咨询维护，协助客户进行资金安排，营销自身金融产品，挖掘和发展客户，收集和反馈各种信息。

（二）超值维护

超值维护即向客户提供超出其心理预期的、具有人情味的服务，具体策略有以下几个：

（1）让客户体会到金融企业所提供服务的文化品位，使其感到与众不同。

（2）加重对客户的感情投资，在常规的金融维护之外，关注并随时解决客户日常生活中遇到的问题。

（3）依靠集体的氛围、个人敬业精神、高超的业务技能、良好的修养与文化素质感召客户。

（4）开展知识维护，提升服务档次，运用新知识、新产品赢得客户尊重。

（5）记住客户的重要日子如生日等，到时候有所表示。

（6）注意同客户的感情维系。

（三）知识维护

提倡知识维护，是客户在新的经济形势下对金融企业提出的客观要求，更是金融企业自身适应经济发展、提升服务档次、拓展市场的必由之路。

对零售客户来说，可以在维护过程中，帮助客户当家理财，为客户提供良好的知识和信息服务，提高自身的信誉，增加客户对自己的信任。

普及金融知识、启迪金融意识是金融企业培育客户群、刺激金融需求的重要保证。设法使本来认为无此需要或只有潜在需要的客户，产生"我应购买它"的欲望。

"AIDMA"方法可使客户的潜在欲望明显化、表面化，并最终接受这种产品或维护，这种方法包括五个方面的内容：（1）引起注意（attention）；（2）产生兴趣（interest）；（3）唤起欲望（desire）；（4）记忆与确认（memory）；（5）购买行动（action）。

普及金融知识、启迪金融意识是知识维护的重要内容，能提供知识维护的员工才称得上金融企业的业务专家。

（四）情感维护

金融企业在进行产品营销时，不能仅仅将把一个产品销售出去作为目的，这样是难以实现长期发展目标的，而是要清楚三个目标：

（1）当务之急就是将产品销售出去。

（2）建立与客户之间牢固的关系。

（3）通过竞争吸引更多的客户。

因此，在寻找、约见、接近客户，进行营销、洽谈和成交的过程中，应设身处地站在客户的立场为客户着想，以此来取得客户的认可与亲近。所以，金融企业员工在工作中不仅要做产品营销者，更要做友好大使，注重人情味，与客户建立长期、稳定的朋友关系。

与客户接触不能一开口就讲产品，高明的人总是先从客户的日常生活中的小事做起，比如介绍有名的医生、找熟人办事，诸如此类，以后的事就好办了。我们还应该记住重要客户的生日或其他有纪念意义的日期，适时送上一束鲜花或纪念卡之类的礼物以表心意，让客户时刻体会到你对他的关心和牵挂，把诚挚的情感、温馨的维护融入维护客户的全过程之中。

（五）顾问式营销维护

顾问式营销维护是指营销人员在以专业营销技巧进行产品营销的同时，能运用综合分析、实行、创造、说服等能力，满足客户的需要，并能预见客户的未来，提出积极的建议，以求达成双方长期合作的业务关系并实现双方的互利互惠。顾问式营销的核心是发挥营销人员对客户的顾问、咨询、维护功能，谋求买卖双方的长期信任与合作。

在开展顾问式营销时必须做到如下几个方面：

（1）客户优先，促成双方都满意的双赢格局。

（2）对客户实行业务指导。

（3）为客户提供信息。

（六）交叉销售维护

金融企业稳定客户的基本方法有两种：一是提高维护的质量；二是交叉销售自身的产品与维护。调查结果显示，客户在一个金融企业中得到的服务越多，转向其他竞争对手的兴趣越小。所以，作为争取客户的有效措施，当客户接受一个金融产品后，应当努力争取为这个客户提供尽可能多的服务。当客户决定选择本金融企业后，就应想办法提供他们需要的所有金融业务。

案例分析

成功挖转他行私人银行客户的营销案例

近期，客户周女士到工商银行某支行某分理处办理业务，在等待过程中，周女士向客户经理咨询理财方面的信息，并称有部分闲置资金在他行购买货币基金，收益不理想，希望客户经理帮忙打理。客户经理了解到情况后，向客户介绍了工行的部分理财产品信息，并留存了客户的联系方式。客户经理随后向网点主任做了汇报，网点主任得知情况后马上积极跟进，主动打电话联系客户，得知客户以前常年在外地做生意，没有多余的精力理财，现在因病回家长期疗养，希望得到专业人士的帮助，制定理财方案，选择收益较高相对安全的产品。

在了解客户理财需求之后，网点主任向客户详细介绍了该行关于私人银行一对一服务及私人银行产品的信息，并邀请客户到网点做进一步沟通，客户欣然同意。随后，网点主任与市行财富顾问联系，介绍了客户的情况及业务需求，请市行财富顾问到网点对客户进行专属服务。客户应约再次来到网点后，网点主任及市行财富顾问与客户进行了沟通，根据客户的资金情况做了详细的理财规划，使客户对该行的服务及产品有了全新的认识和了解，并马上办理了商友卡及电子银行，同时承诺先签约进行产品体验，如满意可开展进一步业务合作。

随后，通过对客户不间断地后续跟进及关系维护，客户不断提高对该行服务及产品的满意度，陆续从他行转入资金，客户资产最终达到 1 500 万元，成为该行忠诚的私人银行客户。

思考：

营销人员如何运用营销技巧满足客户需求？

提示：

在工作中，客户经理要有足够的营销意识，把握住机遇，在发现目标客户后，能够及时跟进做好后续维护工作，并在看似不能达成目标的情况下，不是怠慢客户，而是重视起来，及时向主管领导汇报并协调有关部门，做到灵活机动地应对客户理财需求，耐心、细致地为客户解答问题，善于使用沟通、跟进、维护等营销技巧，在最短的时间内满足客户心理需求，并持续做好后期维护工作，利用优质产品持续跟进营销，成功挖掘潜在客户。

实训活动

学生分组扮演不同角色——金融企业客户经理和客户，由学生自由发挥，自行设计不同场景，着力体现出金融企业营销员如何提升客户的满意度或维护客户的忠诚度。最后由老师进行分析评价。

◎ 模块二　金融营销客户购买行为分析

任务一　影响客户购买行为的因素

金融营销客户购买行为是指金融产品或服务的购买者为了满足其个人、家庭或企业的生活和生产需求而发生的购买行为。

金融营销客户的购买行为是复杂的，其购买行为的产生受到外部和内部等各种因素的相互作用和影响。金融机构需要通过对金融客户购买行为的研究，来掌握其购买行为的规律，从而制定有效的市场营销策略，实现金融机构营销目标。影响购买行为的因素大致包括文化因素、社会因素、个人因素和心理因素等。

一、文化因素

文化是由一个社会群体里影响人们行为的态度、信仰、价值观、规范、风俗以及习惯等构成的复合体，文化对购买者行为的影响作用是最广泛和最深远的。

文化方面的因素包括文化和亚文化。

（一）文化

文化是人类在社会实践过程中所获得的物质、精神的生产能力和创造的物质、精神财富的总和。文化是一种历史现象，具有历史的继承性、阶段性、民族性、地区性、多样性等特征。文化背景不同，人们的需求就不同。文化是影响消费者购买行为的最基本的因素，文化差异会引起消费者购买行为的不同。

鉴于文化对消费者购买行为的重要影响，营销人员必须深刻认识为消费者所认同的文化，并时刻注意其变化，通过实施营销策略，将蕴藏于金融产品和销售行为中的文化充分展示给消费者，并为消费者所认同。

（二）亚文化

亚文化亦称"副文化"或"小群体文化"，是因社会或自然因素而形成的，在某些方面有别于整体文化的地区性文化或群体文化。社会越复杂，亚文化越多，总体来讲，主要有民族亚文化群体、种族亚文化群体、地理亚文化群体等。

亚文化是重要的营销市场，为亚文化群体设计不同的产品是金融营销的必要手段。为此，营销人员必须仔细辨别不同群体的人们共同具有的典型的文化特征和行为特点。同时，在同一亚文化群体中，不同成员之间在对文化含义理解的某些方面，也可能存在着明显差别。例如，老年人一般被认为保守和身体状况欠佳，但事实上随着生活水平的提高和社会环境的变化，不少老年人的思维方式和消费习惯比他们的实际年龄要年轻得多。为了充分发挥亚文化的作用，实现营销目的，营销人员必须对亚文化群体进一步细分，以求得到范围更小、精确度更高的亚文化群体，并为此制定不同的营销策略。

二、社会因素

消费者行为也受到社会因素的影响，它包括参照群体、家庭、社会角色和社会地位等。

（一）参照群体

参照群体也称相关群体，是对个人的信念、态度和价值观产生影响，并作为其评价事物尺度的群体。它既可以是实际存在的，也可以是想象存在的。参照群体又可分为直接参照群体和间接参照群体。直接参照群体也称成员群体，是某人所属的群体或与其有直接关系的群体。成员群体又分为首要群体和次要群体两种。首要群体也称基本群体、初级群体，是人们经常面对面直接交往的群体，如家庭、邻里、同学、同事等。基本群体的概念最早是由美国社会学家库利（Cooley）在《社会组织》一书中提出的，一般都是非正式群体。次要群体是人们不经常面对面直接交往的社会组织，如机关、企业、学校、消费者协会等。间接参照群体是指某人的非成员群体，即此人虽不属于这个群体，但又受其影响的一群人。它可分为向往群体和厌恶群体。向往群体也称渴望群体，是指消费者渴望成为其群体中的一员，模仿其群体成员的消费模式与购买行为，如影视演员。厌恶群体也称隔离群体，是指消费者厌恶、回避远离的群体。消费者希望在各方面与其保持距离，甚至反其道而行之。

参照群体对消费者购买行为的影响，主要体现在：

（1）参照群体为消费者展示出新的行为模式和生活方式。

（2）参照群体影响消费者对某些事物的看法和对某些产品的态度。如请著名的影视演员、专家接触艾滋病病人，宣传讲解有关艾滋病知识，以消除人们对艾滋病病人的歧视态度。

（3）参照群体促使人们的行为趋于某种一致化，从而影响消费者对某些产品和品牌的选择。

由于上述原因，参照群体的行为具有示范效应，可以促使人们的行为趋于"一致化"，从而影响到消费者对某些产品和品牌的选择。金融营销人员应透彻了解不同参照群体的文化特点，充分利用参照群体对消费者施加影响，以实现自身的营销目标。

（二）家庭

家庭是由婚姻、血缘或收养而产生的亲属间的共同生活组织。家庭是社会组织中的基本单位，是消费者最基本的参照群体，对消费者的购买行为有重要影响。人的一生一般要经历两个家庭：一是父母的家庭；二是自己组成的家庭。消费者购买决策受父母家庭影响比较间接，受自己现有家庭影响比较直接。根据家庭权威中心点不同，家庭购买决策类型分为四种类型：

（1）独裁型。指家庭购买决策权掌握在丈夫、妻子或子女手中。如购买家庭日常用品往往由妻子决定。

（2）协商型。指家庭购买决策由家庭成员协商决定。如购买住房、汽车等昂贵消费品往往是全家协商后决定。

（3）民主集中制型。指在参考全家人意见的基础上，由某个家庭成员做出最后购买决策。如购买家用电器时，全家参与意见，最后由某人决定购买。

（4）自治型。即家庭成员各自对自己所需产品做出购买决策。如自主购买服装等。

家庭购买决策权主要掌握在夫妻手中，夫妻决策权的大小取决于购买商品的种类、双方工资收入、生活习惯、家庭内部劳动分工等各种因素。由于我国独生子女家庭多，子女在家庭购买决策中所起的作用也不容忽视。

（三）社会角色

社会角色是与人的社会地位相联系并按规范执行的行为模式。社会角色是人的各种社会属性和社会关系的反映，是社会地位的外在表现。社会生活中任何一个人都要扮演不同的社会角色，如一个人在家庭中是妻子、母亲，在社会中是公司职员等。社会角色的不同在某种程度上影响消费者购买行为。如女儿在母亲节购买康乃馨花送给母亲，恋爱中的男女在情人节购买玫瑰花和巧克力送给自己的爱人。

（四）社会地位

社会地位是人们在各种社会关系网中所处的位置，是对决定人们身份和地位的各种要素综合考察的结果。这些要素包括个人的政治倾向、经济状况、家庭背景、文化程度、生活方式、价值取向、审美观及所担任的角色和所拥有的权利等。消费者的购买行为会随着社会地位的变化而发生显著的变更。

三、个人因素

个人因素在购买决策中发挥着重要作用。在相同的文化和社会背景下，由于个人因素不同，购买行为也存在着相当大的差异。个人因素包括年龄、职业和经济状况、受教育程度、生活方式及个性等。

（一）年龄

不同年龄段的消费者有不同的爱好和需求，具有不同的购买行为。青年人思维敏捷，容易接受新鲜事物，其购买行为较易受外界各种因素的影响。相比之下，老年人由于其阅历较多，生活经验丰富，要改变其对品牌的偏好和习惯难度显然较大。一般而言，不同年龄段人，处在不同的家庭生命周期阶段中。随着社会经济发展和观念变化，处在不同家庭生命周期阶段中的人的需求也发生着变化，金融营销者应针对不同的年龄对象制订适宜的营销计划，提供合适的金融产品。

（二）职业和经济状况

职业会影响一个人对产品和服务的购买。在商品经济社会中，经济状况是消费者个人购买能力的决定因素。经济状况取决于个人或家庭的可支配收入水平及其他资产的来源，不同职业或经济状况的消费者对金融产品往往有着不同的需求，职业和经济状况类似的消费者对金融产品的需求则往往有着相似的特征。金融营销可以根据他们需求的特征，设计不同的金融产品，如对于低收入者而言，存取方便是他们的首要需求，如要推荐较高端的金融产品恐怕就不怎么适合了。

（三）受教育程度

一般情况下，受教育程度与个人收入之间具有紧密的联系，受教育程度越高其收入水平也会越高，同时受教育程度还决定客户对媒体、企业的营销传播方式的偏好，是客户选择金融产品的决策关键。在新的金融产品的接受上，受教育程度低的客户由于受到已有观念的束缚，不易接受新的金融产品，因此，那些利益不能立即显现和不能为客户一目了然的产品和服务，不容易为受教育程度低的客户优先选择。

（四）生活方式及个性

生活方式是个人生活的模式，由于价值观念、环境等因素的影响，即使处于同一社会阶层、从事相同的职业、经济收入相近，不同的人也会有不同的生活方式，从而影响其日常的活动、兴趣和爱好，影响其消费习惯。例如：有的人崇尚时髦、追赶潮流，有的人因循守旧；有的人量入为出、追求节约，有的人则超前消费；有的人追求精神享受，有的人则注重经济实惠。金融营销者应研究不同生活方式的人对金融产品的不同需求，制定不同的营销组合策略。

而个性是人的心理特征和品质的总和。这些特征和品质决定着人的行为方式，个性是人们对现实比较稳定的态度及与之相适应的习惯行为。当一个人的个性趋向定型的时候，在类似的客观条件下，其对某种刺激往往会做出类似的反应；而对于某种刺激，个性相近的人也往往会做出同种类型的反应。例如：属于开拓型的人，一般更有自信、更愿意承担责任，为获得更大的收益，他们甘冒风险，往往倾向于不断创新的金融产品；而对于保守的人，他们在选择金融服务时总是趋向于稳定、安全、可靠，不太趋向于高风险、高收益的金融产品。

四、心理因素

人们的绝大多数心理特征都是在其生活经历中逐步形成的，由于生活经历的千差万别，人们的心理状况也就千变万化。影响购买金融产品的心理因素包括动机、知觉、学习和态度等方面的内容。

（一）动机

动机是指人发动和维持其行动的一种内部状态，是一种升华到一定强度的需要，它能够及时引导人们去探求满足需要的目标。美国心理学家马斯洛（Maslow）提出人类"需求层次理论"。他将个人需求分为五个层次：生理需求、安全需求、社交需求、尊重需求、自我实现需求。一般来讲，人的需求由低到高逐渐上升，在人的低级层次需求被满足之后，才能追求高级层次的需求。金融企业应针对这种需求特征创新产品、改变产品来满足消费者的需求。

（二）知觉

知觉是人对客观事物各个部分或属性的整体反映。它同感觉一样，由客观事物直接作用于分析器官而引起，但比感觉更完整、复杂，人们常常根据实践活动的需要和心理倾向主动地收集信息，辨认物体及其属性。人们对同一刺激物会产生不同的知觉，原因在于知觉具有选择性的特征。知觉的选择性是人对同时作用于感觉器官的各种刺激有选择地做出反应的倾向。它使人的注意力指向少数重要的刺激或刺激的重要方面，从而能更有效地认识外界事物。所以，要求金融产品设计人员要学会创新，营销人员要推销金融产品的亮点，以此来树立金融产品的品牌，扩大影响力，从而吸引更多的消费者前来购买。

（三）学习

学习是指由后天经验引起的个人知识结构和行为的改变。人类的行为大都来源于学习，人们的学习过程就是驱使力（动机）、刺激物、提示物、反应和强化的结果。如人们见红灯就停、绿灯就行，就是一种后天学习的结果。所以，学习的理论对金融营销的现实意义在于它为金融营销人员探索消费者购买行为的形成以及如何引导和巩固消费者的购买行为提供了探索的途径。

（四）态度

态度是人们对人或事物持有的一种稳定性的行为反应倾向。它分为三种成分：

1. 认知成分

认知成分是指个人对有关事物的信念。消费者对产品的认知决定其对产品或服务的品牌信念。消费者的品牌信念一旦形成，就会对品牌产品产生偏好，因此把握住消费者的品牌偏好进行产品市场定位，是企业获取竞争优势的有效手段之一。

2. 情感成分

情感成分是消费者对产品或服务的情感反应，它是消费者对品牌的评估，是决定消费者购买行为的因素，如喜欢或厌恶等情绪反应。

3. 行为成分

行为成分是指消费者是否购买消费品的行为倾向。在现实生活中，态度对人们的行为产生指导性、动力性的影响。态度一旦形成之后，即具有相对持续性和稳定性。金融营销者应该积极探索途径，使购买者从态度与意愿的角度培育对自身金融产品的需求与忠诚。

知识拓展

马斯洛的需求层次理论

马斯洛理论把需求分成生理需求、安全需求、社交需求、尊重需求和自我实现需求五类，依次由较低层次到较高层次。从企业经营消费者满意战略的角度来看，每一个需求层次上的消费者对产品的要求都不一样，即不同的产品满足不同的需求层次。将营销方法建立在消费者需求的基础之上考虑，不同的需求也会产生不同的营销手段。

根据五个需求层次，可以划分出五个消费者市场：

生理需求：满足最低需求层次的市场，消费者只要求产品具有一般功能即可。

安全需求：满足对"安全"有要求的市场，消费者关注产品对身体的影响。

社交需求：满足对"交际"有要求的市场，消费者关注产品是否有助于提高自己的交际形象。

尊重需求：满足对产品有与众不同要求的市场，消费者关注产品的象征意义。

自我实现需求：满足对产品有自己判断标准的市场，消费者拥有自己固定的品牌需求，层次越高，消费者需求就越不容易满足。

案例分析

郁金香泡沫案例

17世纪初期，由于郁金香被引种到欧洲的时间很短，数量非常有限，加上它的形象十分符合欧洲人的审美品位，因此价格极其昂贵。贵夫人将在晚礼服上佩戴郁金香珍品作为显示地位和身份的象征。王室贵族以及达官富豪们纷纷效仿，争相购买最稀有的郁金香品种。

1635年秋，名贵的郁金香品种价格节节攀升，一种叫 Childer 的郁金香单株卖到了1 615弗罗林（荷兰货币单位）。而当时一头公牛只值480弗罗林，1 000磅（约454千克）奶酪也只需120弗罗林。郁金香的价格还在继续上涨。第二年，一株稀有品种的郁金香

（当时的荷兰全境只有两株）以 4 600 弗罗林售出，除此以外，购买者还需要额外支付一辆崭新的马车、两匹马和一套完整的马具。

1636 年，为了方便郁金香交易，人们干脆在阿姆斯特丹的证券交易所内开设了固定的交易市场，并创造了"期货选择权"——1636 年可以卖出 1637 年出产的郁金香球茎，交割前不需要付款，交割时只需交割证券市场差价，而且推出交易杠杆，允许买空。到 1637 年，郁金香的价格已经涨到了骇人听闻的水平。与上一年相比，郁金香总涨幅高达 5 900%。此时的郁金香已经不再是简单的观赏之物，已经变成商人牟取暴利的手段。

1637 年新年前后，郁金香的期货合同被炒得很热。到了 2 月份，倒买倒卖的人逐渐意识到郁金香交货的时间马上就要到了。当某个无名小卒卖出郁金香，或更有勇气者卖空郁金香时，其他人就会跟从。很快，卖出的狂热与此前购买的狂热不相上下。最终，郁金香的价格狂泻，荷兰的郁金香市场从昔日的景气场面顿时变成了凄风苦雨、逼债逃债的地狱。成千上万人在这个万劫不复的大崩溃中倾家荡产。

在 1637 年 4 月 27 日，荷兰政府决定终止所有的合同，禁止投机式的郁金香交易，彻底击破了历史上空前的经济泡沫。

通过该案例，可以反映出以下个人因素对金融交易行为的影响：

1. 群体影响。"郁金香的形象十分符合欧洲人的审美品位，贵夫人将在晚礼服上佩戴郁金香珍品作为显示地位和身份的象征。王室贵族以及达官富豪们纷纷效仿，争相购买"，从这里可以看出郁金香的形象在欧洲人的心中具有很高的社会阶层的象征，从而使更多的达官贵人盲目追崇，不顾其价格与价值是否合理。

2. 投机动机的心理因素，用货币交易债券来赚取收入。人们在证券交易所内开设了固定交易场所，创造了"期货选择权"，使得他们可以利用比持有货币更高利率的方式来增加自己的回报率。

3. 交易动机的心理影响。当市场上的郁金香供不应求时，人们开始不理性地抬高郁金香的价格，以至于郁金香单株卖到了天价，从而可以看出人们通过郁金香的交易来满足自己对货币的需求。

4. 过度自信。郁金香市场规模持续扩大，价格也越来越高，已经严重违背了价值规律。人们非但没有警觉之心，反而继续加大投资，一度乐观地认为他们找到了赚钱的最佳途径，盲目投资炒作，最终导致了严重的市场泡沫。

5. 这事件也直接反映出投资偏差中的羊群行为和不理性行为。人们盲目跟风，当某个无名小卒卖出郁金香，或更有勇气者卖空郁金香时，跟从成为市场中绝大部分人的投资策略，忽略了自己理性分析的行为作用，使得郁金香市场畸形发展，郁金香的价格狂泻，荷兰的郁金香市场从昔日的景气场面顿时变成了凄风苦雨、逼债逃债的地狱，导致经济危机爆发。

从以上分析得出，当代大学生要努力学习文化知识和技能，掌握投资技巧和能力，明辨是非，不要盲目跟风投机操作，为获取非法投机的蝇头小利铤而走险，以造成不必要的经济损失，而是要学会运用所学的知识判断投资项目的风险性和可行性，在合法合规并且自身所能够承受风险损失的能力范围内进行理性投资才是正道。

思考：

1. 结合案例分析个人因素对金融交易行为的影响。

2. 结合案例分析如何理性投资。

实训活动

针对某一金融产品，设计一份对客户购买行为的调查问卷，并对结果进行分析。

将学生分为几组，每一组同学选择某一金融产品，自行设计一份针对客户购买行为的调查问卷，然后说明该问卷设计的目的、设置有哪些问题、调查的方式（电话、网络、邮件、面谈）、预计调查的人数，最后预测一下调查的结果，并制作成 PPT 上交。

任务二　金融产品购买决策

消费者在购买过程中，购买决策是最主要的环节，它需要解决谁要购买、购买什么、为什么要买、哪些人参与决策、何时购买、何地购买以及以何种方式购买等这些问题。

一、金融产品购买决策的参与者

购买决策往往不是由某一个人单独做出的，而是有其他成员参与的一种群体性决策过程，因此，了解有哪些人参与了购买决策，他们各自在决策过程中起到什么作用，对于金融企业的营销活动是至关重要的。

一般情况下，参与决策的成员大体包括以下五种人：

一是倡导者，他是首先提出或有意向购买某种金融产品的人，是决策的发起人，直接影响购买决策的认知需要，他解决了买什么的问题。

二是影响者，他是为购买决策提供各种信息和评价方案的人，在寻找、比较购买方案阶段，将直接影响到最终目标方案的确立，他分析了为什么要买以及何时购买的可行性。

三是决策者，他是最终决定是否购买、何时购买金融产品的决断人，他对决策方案的确定起到最终决定的作用。

四是购买者，他是最终直接购买人，是购买方案的实际执行者。

五是使用者，他是实际消费或使用产品或服务的人，也是评估购买决策正确与否的人，对未来重复购买，即对这种消费习惯的建立有着重大的影响力。

以上五种人的作用相互影响，共同促成了购买过程，是金融企业营销的主要对象。

二、金融产品购买决策的类型

在实际购买过程中，不同类型的金融产品购买者对于不同类型的金融产品有着不同的需要，导致购买决策行为有着巨大的差异。为了全面认识决策过程，结合金融产品购买者对将要购买的金融产品参与程度，下面将购买者的决策类型分为四类：

（一）复杂性购买行为

复杂性购买行为是指消费者对价格昂贵、品牌差异大、功能复杂的产品，由于缺乏必要的产品知识，需要谨慎选择、仔细对比，以求降低风险的购买行为。针对复杂性购买行为，金融企业应采取的营销策略有五种：一是制作金融产品说明书，帮助购买者及时全面地了解企业产品知识、优势及同类其他产品的状况，增强购买者对本产品的信心。二是实行灵活的定价策略。三是加大广告力度，打造产品品牌。四是提高营销人员的素养，提高员工的专业知识水平，简化购买程序。五是强化售后跟踪服务，增强金融企业与购买者之间的亲和力。

（二）简单性购买行为

简单性购买行为是指消费者对价格便宜、功能简单的产品的常规性购买。针对这一类型的消费者，金融企业的营销策略是利用价格和促销吸引消费者购买，通过加大广告宣传以加深消费者印象，提高购买参与程度和突出品牌差异。

（三）选择性购买行为

选择性购买行为是指消费者对一些比较重要的产品进行购买，其购买性大于简单性购买的产品。对于这一类型消费者，金融企业的营销策略是通过占有市场、避免脱销、增加宣传力度，确定市场的领导地位，同时采取降低价格、折扣以及赠送等策略应对挑战者。

（四）习惯性购买行为

习惯性购买行为比较简单，基本不涉及决策过程，属于低度购买介入，包括日常必需品和品牌忠诚型产品或服务。在金融产品里日常必需品的需求表现为一般的存款和取款的行为。客户一般会将自己的日常基本财务业务放在第一家银行，或者习惯性地选择自己喜欢的某个金融企业的品牌服务，不会轻易更换。对于这一类消费者，金融企业必须提供完善的售后服务，提供本企业和产品信息，使客户相信自己的购买决定是正确的。

三、金融产品购买决策的过程

决策的过程是人们在特定心理驱动下，按照一定程序发生的心理和行为过程。20世纪初约翰·杜威（John Dewey）的决策模型包括五个阶段：认知需要、搜索信息、选择评价方案、购买决策以及购后评价。我们借鉴杜威的逻辑思路，按照贴近现实决策的程序把购买过程分为以下五个阶段：

（一）产品需求产生阶段

金融产品购买者对产品的需求是从唤起阶段开始的，客户认识到自己有某种需要时，是其决策过程的开始。这种需要可能是由内在的生理活动引起的，也可能是受到外界的某种刺激而产生的，例如，看到别人使用某种产品，自己也想购买，或者是内外两方面因素共同作用的结果。因此，金融企业营销者应注意不失时机地采取适当措施，唤起和强化客户的需要。

（二）金融产品信息收集阶段

认知需要产生以后，人们便会根据和围绕需要来广泛地收集信息。从获得信息的时间方面来看，收集信息分为内部来源（提取记忆中的信息）和外部来源（利用外部即时信息）；从信息来源层面来看，收集信息分为人际来源、商业来源、公共来源和经验来源等四部分。同时购买者的风险预期、产品认知度以及兴趣则影响收集信息的范畴。

根据购买者对金融产品认知的程度，我们把信息收集分为三个阶段：

一是选择性注意阶段。人们在现实经济活动中会遇到大量的刺激，但并不是对每个刺激都需要感知它。影响选择性注意的因素包括：（1）与当前需要有关的刺激；（2）有所期盼的刺激；（3）超出正常刺激规模的刺激。

二是选择性理解阶段。所谓选择性理解是指人们趋于将所获得的信息与自己的意愿结合起来，对于接触到的大量信息，人们会按照自己的思维模式来选择性地接受。

三是选择性记忆阶段。对于接触到的大量信息，人们会按照与自己的需要、兴趣、态度符合的信息来选择性地记忆，这就简化了信息，便于决策。

（三）待购金融产品评估阶段

待购金融产品评估阶段实际上就是金融产品购买者利用从各种来源得到的信息，对可供选择的待购金融产品进行对比、分析和评价，从中确定符合购买动机的金融产品。评估的内容包括以下三个方面：

1. 产品的属性

产品的属性可以理解为金融产品的类型，即该种金融产品能够给购买者带来什么样的便利。

2. 产品的价格

价格和产品的风险是购买者最关心的产品信息，一般购买者都喜欢购买价格低、风险低的产品，比如存款，是最基本的低收益率、低风险的业务。但是考虑到收益率问题的时候，购买者对价格的关注度就要发生变化，这就要求金融企业在设计产品的时候认真考虑收益、风险以及价格的关系。

3. 产品的效用

效用是指产品或者服务能够给购买者带来的满足感，这在金融产品购买上体现为：一是对金融企业的满意度；二是金融产品的收益率；三是金融产品能够给购买者带来的实际便利。效用是产品评估内容中最重要的一个，因为效用直接决定了购买者的需求能否得到满足。

（四）实施购买阶段

在对各种方案进行评价之后，人们便会选择一个最满意的方案，做出最终的购买决策，并实施购买行为，这是决策行为的中心环节，但是购买的决定不等于一定会产生购买行为，这其中受到两方面因素的影响：一是其他人的态度；二是一些意外情况。也就是有时购买决策和购买行为之间常常存在着时滞。

（五）买后评价阶段

购买行为实施后，经历了体验之后就是对产品的评价阶段。客户从产品和服务中得到利益的满足，才能达到金融企业真正的目的。对于满足感的确定是要通过本阶段的评价才能测试出来。

（1）对金融企业的产品形象做出评价。消费者购买产品之后便会体验到金融企业的服务态度，就会在大脑中形成记忆和印象，这种记忆和印象构成产品知名度的一部分，这种知名度印象决定了购买者下次选择金融产品的心理基础。

（2）对金融产品的成效做出评价。金融产品的成效表现为收益的大小、购买者满意度等。这是购买者根据自己的知识、经验来对其购买的产品进行主观判断。此类综合评价方式类似平衡效应，购买成本越高，对金融产品的期望值就越高。

（3）对金融企业做出评价。包括对金融企业的经营规模、员工的服务态度、硬件设施等涉及金融企业的部分做出替代性的评价。

通过以上分析，可以看出金融产品的购买过程是一个复杂的过程，每个购买主体会根据自身的情况有选择性地购买自己喜好的产品，并且对其产品进行评价，以便决定日后是否继续购买。但是由于每个购买主体的个体特征存在显著的差异，这就要求营销人员进一步研究究竟是哪些原因影响了人们对金融产品的购买行为，从而为金融企业开展营销活动奠定良好的基础。

案例分析

如何正确引导客户理性投资

一位老大爷看到别人去年买的基金都赚到钱，就把自己积攒的养老钱都拿出来，要求理财经理帮忙选一只涨得快的股票型基金。这位老大爷年近七十，家境并不富裕，对基金更不了解。理财经理并没有急于向他推荐任何基金，而是详细介绍了有关基金的常识，并着重分析当时市场的风险，最后建议他不要买太多的股票型基金，可以买一些风险相对小的债券型基金，比如该行的中债金融指数基金，并且建议他一定要留一些钱备用。这位老大爷最后买了2万元的债券型基金，之后这些基金收益率都高过了定期利息。此后，老人基本把所有的存款都转移到了该行。

思考：

理财经理应如何引导客户正确购买理财产品？

提示：

1. 理财经理只有站在客户的角度，为其提供合适的理财产品，才能实现持续创造共同价值的经营理念。单纯把业绩做上去，而不为客户的根本利益着想，客户终会离去，这类业绩是不长久的。

2. 正是由于得到了理财经理的正确引导，老大爷才对产品有了较多的了解，从自身的实际情况考虑，最后选择购买了保守稳健型的产品，并成为该行的忠实客户。

实训活动

学生分组扮演不同角色，一组扮演银行客户经理，一组扮演客户，由客户经理向客户推销理财产品，要求双方精心准备，态度认真。客户经理要根据客户的情况和产品的特点（可在网上了解、收集资料）进行说服，客户最后要说明是否愿意购买及理由，并由老师做出评价和打分。

 项目小结

1. 金融企业最主要的资源是客户，这也是带给金融企业利润的源泉，通常情况下，根据客户为金融企业带来的价值大小，可将客户分为高价值客户、有价值客户、保本客户、亏损客户四类。

2. 金融企业要研究分析客户的需求，才能运用合适的营销策略去争取到更多的客户。而需求分析的理论主要是马斯洛需求层次理论。运用这一需求分析理论对客户的需求进行深入的分析，能使我们了解客户的需求特征、构成及层次，并熟悉客户有哪些具体的金融需求。

3. 如何满足客户的需求、使之满意度和忠诚度得到最大程度的提升，是我们所说的客户关系的维护。培养和维护客户的忠诚度对企业来说是很重要的，仅使客户满意是不够的，最主要的是让客户留下来，才能使企业的经营得以稳定和发展。

4. 满足客户的需求最终也表现为促成客户的购买，所以，我们要分析影响客户购买的因素，以便于我们对客户群体进行细分，据此采取恰当的营销策略和方法引导客户的购买。

5. 客户在购买过程中，购买决策是最主要的环节，因此我们需要清楚哪些人参与决策、购买决策有哪些类型以及购买决策的过程等。

📌 项目训练

一、单选题

1. 为金融企业带来一定效益并具有发展潜力的客户称为（　　　）。

A. 高价值客户　　　　B. 保本客户　　　　C. 有价值客户　　　　D. 亏损客户

2. 马斯洛需求层次理论中提出的满足对产品有与众不同要求的市场，消费者关注产品的象征意义，指的是消费者的（　　　）需求。

A. 生理需求　　　　B. 安全需求　　　　C. 社交需求　　　　D. 尊重需求

E. 自我实现需求

3. 不属于金融营销客户需求构成的是（　　　）。

A. 资金融通　　　　B. 规避风险　　　　C. 人力管理　　　　D. 金融服务

4. 客户（　　　）是企业长期获利和业绩增长的有效途径。

A. 满意　　　　B. 忠诚　　　　C. 不满　　　　D. 建议

5. 客户优先，促成双方都满意的双赢格局。这是属于（　　　）维护方法。

A. 超值　　　　B. 情感　　　　C. 上门　　　　D. 顾问式

6. （　　　）方法可使客户的潜在欲望明显化、表面化，并最终接受这种产品或维护。

A. 交叉销售　　　　B. 超值维护　　　　C. 情感维护　　　　D. AIDMA

7. 属于文化因素的是（　　　）。

A. 受教育程度　　　　B. 社会阶层　　　　C. 社会地位　　　　D. 文化

8. 在参考全家人意见的基础上，由某个家庭成员做出最后购买决策，属于（　　　）家庭购买决策类型。

A. 独裁　　　　B. 自治　　　　C. 协商　　　　D. 民主集中制

9. 对于日常必需品和品牌忠诚型产品或服务的购买，属于（　　　）。

A. 复杂性购买　　　　B. 简单性购买　　　　C. 选择性购买　　　　D. 习惯性购买

10. 不属于购买后评价的内容是（　　　）。

A. 产品的形象　　　　B. 产品的成效　　　　C. 产品的销售　　　　D. 金融企业

二、多选题

1. 客户根据为金融企业带来的价值大小，可分为（　　　）。

A. 高价值客户　　　　B. 有价值客户　　　　C. 忠诚客户　　　　D. 游离客户

2. 金融营销客户需求特征包括（　　　）。

A. 简单化　　　　B. 个性化　　　　C. 市场化　　　　D. 电子化

3. 金融营销客户需求的层次包括（　　　）。

A. 一般服务需求　　　　　　　　B. 个性化服务需求

C. 潜在性服务需求　　　　　　　D. 优质服务需求

4. 培养客户忠诚度的方法包括（　　　）。

A. 让客户满意　　　　　　　　　B. 珍惜与客户的关系

C. 忽视员工忠诚　　　　　　　　D. 协助客户成功

5. 维护忠诚客户关系的方法有（　　　　）。

A. 知识维护　　　　　　　　　　　　B. 情感维护

C. 顾问式营销维护　　　　　　　　　D. 交叉销售维护

6. 影响客户购买行为的因素大致包括（　　　）。

A. 文化因素　　　　B. 社会因素　　　　C. 个人因素　　　　D. 心理因素

7. 属于社会因素的是（　　　）。

A. 职业和经济状况　　B. 家庭　　　　C. 社会角色　　　　D. 参照群体

8. 属于心理因素的是（　　　）。

A. 动机　　　　　　B. 知觉　　　　　C. 信念　　　　　　D. 态度

9. 金融产品购买决策的参与者包括（　　　）。

A. 体验者　　　　　B. 决策者　　　　C. 接受者　　　　　D. 倡导者

10. 对待购金融产品的评估包括（　　　）。

A. 产品的属性　　　B. 产品采购　　　C. 产品的价格　　　D. 产品的效用

三、名词解释

有价值客户　满意度　忠诚度　顾问式营销维护

四、简答题

1. 金融营销客户需求特征、构成、层次有哪些？

2. 简述金融企业如何维护客户的忠诚度。

3. 金融产品购买决策的参与者包括哪些人？

4. 金融产品购买决策的类型有哪些？

5. 简述金融产品购买决策的过程。

项目五
金融营销战略

知识目标

1. 熟悉金融营销战略的含义及环节。
2. 掌握金融市场细分的流程和标准。
3. 掌握目标市场选择的策略。
4. 掌握金融市场定位的流程和策略。
5. 熟悉金融产品组合策略。

能力目标

1. 会运用金融市场细分的方法，有效进行金融市场细分。
2. 能够根据目标市场选择策略，有效选择目标市场。
3. 会运用金融市场定位的方法进行金融市场定位。
4. 能够分析金融产品营销的产品、价格、渠道、促销策略的优劣。
5. 建立金融营销意识，能将所学知识运用到金融产品的营销实践中。

素养目标

1. 培养学生的大局观和整体意识，树立国家复兴是每个公民责任的担当精神。
2. 培养学生在复杂的竞争环境中，懂得"双赢才是赢，不争才是争"的道理。
3. 培养学生对品牌的正确认识，理解打造民族品牌对国家经济发展的重要性。
4. 培养学生对客户的同理心，使其具有换位思考的能力。

案例导入

战略与策略

"战"指战争，"略"指"谋略"。春秋时期孙武的《孙子兵法》被认为是中国最早对战略进行全局筹划的著作。战略指导者基于对军事斗争所依赖的主客观条件及其发展变化的规律性认识，全面规划、部署、指导军事力量的建设和运用，以有效达成既定的政治目的和军事目的。

策略指计策、谋略，一般是指：可以实现目标的方案集合；根据形势发展而制定的行动方针和斗争方法；有斗争艺术，能注意方式方法。

金融营销战略实际上是制定规划，削弱对手，加强自己。

思考：

金融企业在战略上将如何谋划？在策略上将如何规划？

提示：

金融企业在竞争日益激烈的环境下求生存、求发展，特别是如今小额贷款公司、网络营销日益发展的大时代背景下，金融企业各项业务的竞争者越来越多，金融企业在战略上如何谋划、策略上如何规划就显得非常重要。

◎ 模块一 金融营销战略概述

金融营销战略是金融企业在一定的市场细分的基础上，确定适合自身特点和实际情况的目标市场和定位，选择不同的营销战略模式，设计合理、有效的营销组合，最后把本企业的产品和服务定位在目标市场中的确定位置上。这个决策过程由市场细分（segmenting）、目标市场（targeting）、产品定位（positioning）三个环节组成（如图 5 - 1 所示），即 STP 营销战略，这三个环节相互联系，缺一不可。

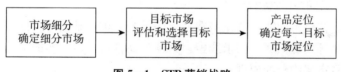

图 5 - 1 STP 营销战略

任务一 金融市场细分

金融营销战略最根本的要义在于选择、确定目标市场。根据金融营销战略理论，市场是一个综合体，是多层次、多元化的消费需求结合体，任何企业都无法满足所有的需求，金融企业应该根据不同需求、购买力等因素，把市场分为由相似需求构成的消费群，即若干子市场，这就是市场细分。

一、金融市场细分的含义和作用

（一）金融市场细分的含义

金融市场细分是指金融企业根据客户的需求、偏好、购买动机、购买行为等方面的相似性和差异性，将整个金融市场划分为若干子市场，使划分后的子市场上的客户群具有相同或相似的需求特征，以便金融企业采取特定的营销战略和策略来满足不同的客户需求，从而实现企业的经营目标。

金融企业的资源总是有限的，为了有效地进行竞争，金融企业必须进行市场细分，选择最有利可图的目标细分市场，集中有限资源，制定有效的竞争策略，以取得和增加竞争优势。

（二）金融市场细分的作用

1. 发现机会，选择市场

金融市场营销机会是指金融市场上客观存在的未被满足或未被充分满足的消费需求。通过市场细分，根据竞争者的市场占有状况来分析市场未来被充分满足的程度，或者根据市场上现有金融产品不能满足市场需求的情况，经过比较发现尚未获得满足或未被充分满足的需求。所以市场细分有利于企业发现新的市场机会，选择确定进入的细分市场。

2. 费用最小，利益最大

金融企业通过市场细分后，只对符合企业优势的细分市场投入营销组合，使得金融企业避免进入那些没有把握的细分市场，为企业节省了大笔费用。企业可用最少的费用，取得最大的效益。

3. 凸显优势，战胜对手

金融企业在特定领域内具有某一方面优势，因而经市场细分后，就应该选择一个能充分发挥自身优势的细分市场来满足其需求，做到充分发挥自身的优势。

4. 为制定营销组合战略提供依据

金融企业经过市场细分后，根据市场细分所提供的目标市场状况，对金融产品质量、价格、服务、风险分担方式等进行相应的调整，而建立在调查研究基础上的市场细分则会对营销决策产生重要影响，企业应对同一个金融产品采用灵活的促销、分销渠道。

5. 为金融新产品的开发提供线索

市场细分建立在对不同客户群体消费需求的异同分析基础之上，因而市场细分可以为目标市场的新产品开发提供客户需求线索，为新产品营销奠定坚实的基础。

二、有效金融市场细分的原则

（一）可测量性

可测量性是指所细分的金融市场可以通过具体的量化指标反映市场规模、购买潜力等，即各个细分市场的金融产品、需求大小和交易规模可以通过测量而被掌握。测量这些细分市场特征要素的具体数据则要通过市场调查、专业咨询等途径获取。

（二）可进入性

可进入性是指金融企业有能力向某一细分市场提供其所需要的金融产品与服务，即该细分市场的开发易于操作、便于实施。

（三）可区分性

可区分性是指细分后的各子市场有明显的差异性，金融企业可以根据不同的细分市场的差异，提供适合的、个性化的产品或服务。

（四）可盈利性

可盈利性是指细分市场应该具有一定的规模，其规模至少要足以让金融企业在开发和提供差异化服务后，除去新产品开发、金融产品或服务项目的成本以及营销费用外，还能有一定的盈利。

三、金融市场细分的流程

金融市场细分的流程，如图 5-2 所示。

图 5-2　金融市场细分的流程

（一）识别细分市场

金融企业必须根据不同的细分标准，结合本企业的具体条件，识别和选择市场中存在的潜在细分市场。比如银行可以根据社会阶层和收入等要素，将个人贷款业务市场划分为房屋贷款、汽车贷款、商业贷款等细分市场。

（二）收集细分市场信息

金融企业细分市场后，对本企业感兴趣的细分市场进行深入研究，收集必要的信息，为之后选择进入哪些细分市场的决策提供依据。

（三）拟定综合评价标准

金融企业应该拟定综合评价标准回答谁是客户、选择什么金融产品、在哪里购买、为什么选择该金融产品及如何购买等问题。这些标准主要可以用于自我测试是否对细分市场有完整深入的了解。

（四）估计市场潜力

估计市场潜力是金融企业评估是否进入该细分市场并将其作为自己的目标市场进行营销活动的过程，通过对市场容量和潜力等方面的估计和预测，从而获得详细的市场信息。

（五）分析营销机会

分析营销机会是金融企业对总市场和细分子市场进行研究，对需求潜力进行评估后，确定对总市场和细分子市场的营销组合方案，测算出总市场和细分子市场的营销收入和费用，以估计潜在的利润，作为最后选定目标市场和制定营销策略的依据。

（六）确定营销策略

金融企业经过识别细分市场和分析营销机会等几步流程，对细分市场已有了较深入的了解，此时可以根据各个细分市场的盈利能力和金融企业的具体条件选择目标市场，并制定出相应的营销策略。

四、金融市场细分的标准

金融企业需要对整个市场进行细分，以满足不同客户的需求。金融市场按其客户类型可以分为个人客户市场和企业客户市场。个人客户市场细分通常以人口、地理、心理、行为等因素为标准；企业客户市场则通常从企业客户所处行业及其规模和资金等方面进行细分。

（一）个人客户市场细分标准

金融企业的个人客户市场正在日益壮大，且由于年龄、性别、收入、家庭人口、居住地区和生活习惯等因素的影响，不同的个人客户群体对金融产品和服务有着不同的需求和欲望。正因为他们需求和欲望的差异性，金融企业有必要对个人客户市场加以细分。对个人客户市场进行细分的标准如下：

1. 人口因素

按人口因素细分，就是按性别、年龄、家庭人口、民族、职业、教育、收入等变数，将市场划分为不同的群体。人口变数比其他变数更容易测量，且适用范围比较广，因而一直是细分消费者市场的重要依据。按人口因素细分具体内容如下：

（1）性别细分。

按性别可将市场划分为男性市场和女性市场。男性和女性在购买行为、购买动机等方面存在很大的差异，如女性比较看重金融产品的外形和相关的积分优惠，男性则注重金融产品的最大收益，对外观要求不高。

（2）年龄细分。

不同年龄段的客户，由于生理、性格、爱好、经济状况的不同，对金融产品的需求往往存在很大的差异。因此，可按年龄将金融市场细分为：

未成年人客户群。18 岁以下，经济上主要依靠父母资助，经济来源非常有限，对金融产品的需求一般为简便的储蓄账户。金融企业应视他们为潜在客户，有意识地培养其对金融的认同感与亲近感，使得他们成年后选择金融企业时具有较强实务指向性。

青年人客户群。年龄在 18～23 岁，他们接受高等教育或离开学校开始工作，收入水平较低，对金融产品的需求一般为现金转账业务、旅行贷款、投资和信贷、简便的储蓄账户。

年轻夫妇客户群。年龄在 24～28 岁，他们已结婚，双方都有工资收入，生活稳定，为家庭各项开支制订计划、准备储蓄，对金融产品的需求主要为共同基金、保险、预算贷款、旅行贷款、储蓄账户、消费信贷。

有子女家庭客户群。年龄在 29～45 岁，他们工资收入不断增加，已有子女或子女已成年，购买耐用品、住房和高价消费品，对金融产品的需求主要为共同基金、保险、抵押和住房贷款、为子女教育准备长期储蓄、为子女设立储蓄账户、消费信贷。

中老年人客户群。年龄在 46 岁至退休前，他们工资收入高，个人可支配收入增加，对金融产品的需求主要为储蓄和投资、非经常性贷款、重置抵押或更换住房贷款、财务和投资咨询服务。

退休老人客户群。退休后，他们有可观的银行储蓄、稳定的养老金收入，对金融产品的需求主要为现金收入管理、信托服务、财务咨询。

（3）职业细分。

不同职业的消费者，由于知识水平、工作条件和生活方式等不同，其消费需求存在很大的差异：

公务员客户群。在政府机关供职，有较稳定的经济收入，对金融企业及其产品和服务的选择较为严谨细致，不太喜欢冒险，有较多的出差机会，是信用卡消费的主要客户群。

自由职业客户。该类客户群一般具有较高的文化修养，对企业形象和信誉较为关注，能理智地选择金融企业及其所提供的金融产品。

企业高管客户。经济收入较高，工作的流动性大，阅历较为丰富，对各类金融产品的需求量大，易于接受新的金融产品，并能萌发新的金融需求。金融企业应该重视该类客户群。

企业生产人员客户。该类客户群较为庞大，他们以从事体力劳动为主，从众心理较强，易受暗示，有针对性的营销广告对他们选择金融企业以及金融产品具有较好的引导作用。

私营业主客户。该类客户群的人数逐年增加，对于信用卡、个人支票、个人理财、结算业务、小额抵押贷款等金融产品的需求较大，并且是储蓄的优质客户。

（4）收入细分。

收入的变化将直接影响客户的需求和支付模式。根据平均收入水平的高低，可将客户划分为高收入群体、中等收入群体、低收入群体，收入高的客户比收入低的客户会购买价值更高的产品。

高收入群体。主要是指具有较高经济收入和较多个人财产的社会群体，该群体人数占社会总人数的比重较少，但其所拥有的财富占社会总财富的比重较大。占我国存款人数10％的高收入人口，其存款额占到储蓄存款总额的一半以上。该群体已经成为各金融企业争夺最为激烈的客户群。

中等收入群体。主要是指以工资收入为主要经济来源的社会群体，该群体较为庞大，有较稳定的工资收入，经济状况介于温饱与小康之间，而大部分成员都会将自己的储蓄存入银行，他们是个人消费信贷的主要客户群。

低收入群体。主要是指缺乏稳定的经济收入来源、生活状况较差的社会群体。

（5）教育状况细分。

受教育程度不同的客户，在志趣、生活方式、文化素养、价值观念等方面都会有所不同，因而会影响他们的购买种类、购买行为、购买习惯。

（6）民族细分。

我国是一个多民族的大家庭，除汉族外，还有 55 个少数民族。这些民族都各有自己的传统习俗、生活方式，从而呈现出各种不同的商品需求，因此在促销时必须了解我国不同民族的相关习俗。

2. 地理因素

地理因素是指个人客户所在的地理位置和地理环境，包括地理区域、地形、人口密度、生产力布局和交通运输等。处在不同地理条件下的客户对于金融产品或服务有着不同的需求和偏好，且有一个相对稳定的静态标准。

（1）地理位置。

按地理位置可细分为内地客户群、沿海客户群、边远客户群。在不同地区，客户的需求显然存在较大差异。

（2）地理密度。

按地理密度可细分为城市客户群、市郊客户群、农村客户群。处在不同规模城镇的客户，在消费结构方面存在较大差异。城市客户需要多元化的金融产品和服务，城市银行经营网点密布，城市客户在选择金融产品时较为关注金融产品的价格、特色服务、优质服务的程度。市郊客户和农村客户，对于金融产品的需求比较单一，其选择主要是出于便利考虑，并对个人理财较为关注。

（3）国别。

按国别可以细分为国内客户群、国外客户群。国内客户群对金融产品的需求为本币化金融产品，国外客户群对金融产品的需求为外币化金融产品。金融企业对这两类客户群提供的服务方式和手段也有所差异，尤其是交流语言、金融产品载体上的文字以及办理有关业务时所必须履行的手续等。

还可以按气候条件、社会风俗、资源条件等因素进行细分。在这些不同的分类中，有些是可以互相渗透的，如按地理因素细分出东部、中部、西部市场，而西部市场处于相对落后的地区。因此，金融企业可以根据不同的标准进行多次细分，以明确最有利的市场位置。

3. 心理因素

（1）生活方式。

生活方式是个人或集团在工作、消费、娱乐上表现出的特定习惯和模式。不同的生活方式往往产生不同的消费需求和购买行为，生活方式是一个内涵十分丰富的概念，比如"传统型""新潮型""节俭型""奢侈型"等。生活方式与客户的收入、文化素养、社会地位、价值观念、职业等因素密切相关，这种细分方法能显示出不同客户群体对同种商品在心理需求方面的差异性。

（2）个性标准。

个性是指个人独特的心理特征，这种心理特征使个人对其所处的环境保持相对一致和持久的反应。每个人都有影响其购买行为的独特个性，并且特定的个性同产品或服务的选择之间存在很强的相关性。

客户的个性可以用外向与内向、乐观与悲观、自信、顺从、保守、激进等词来描述。根据这些个性特点的不同，可将客户分为保守型客户、冒险型客户。保守型客户在选择金融产品时会选择安全可靠、风险较小的金融产品，其闲置资金大多会存入银行，而不愿意进行高风险、高收益的金融投资；冒险型客户则多是风险偏好者，对新产品或服务感兴趣，敢于投资一些高风险、高收益的金融产品。

（3）偏好标准。

偏好是指金融客户偏向于某一方面产品或服务的喜好。偏好体现了金融产品的需求者个体对特定商品或服务的强烈认知和依赖。有的客户有强烈特殊的偏好，有的客户有中性的偏好，有的客户没有什么偏好。因此，金融企业要特别关注客户的一些偏好，以便在产品和服务上满足他们的需求。

（4）购买动机。

购买动机即按客户追求的利益来进行细分。客户对所购买产品追求的利益主要有求实、求廉、求新、求美、求名、求安等，这些都可以作为细分的变量。因此，企业可对市场按利益变数进行细分，确定目标市场。

4. 行为因素

按行为因素细分个人客户市场是指依据客户对特定的金融产品和服务的目的、态度以及金融产品和服务使用程度等，将个人客户分成不同的细分市场。

（1）行为目的。

追求利益。客户购买某种产品总是为了解决某类问题，满足某种需要。然而，产品提供的利益往往并不是单一的，而是多方面的。客户对这些利益的追求有侧重，如对办理不同档次的信用卡，有的追求经济实惠、方便快捷，有的追求提前消费，还有的则偏向于显示社会地位等不一而足。

获得方便。在购买金融产品时，客户很看重服务态度和服务质量，即是否快捷和方便很重要。

获得安全。购买金融产品时通常选择信誉好、实力强且经营稳健的金融企业，以减少潜在风险，确保其金融资产的安全。

体现身份。通过购买巨额寿险、理财产品以显示其身份和地位。

（2）忠诚程度。

根据客户对产品的忠诚度细分市场。

忠诚客户。对某一或若干金融品牌很信任，对金融企业所做的营销宣传、形象塑造以及营业网点的临柜人员具有较强的认同感和亲近感，一般不会喜新厌旧。

不坚定客户。对自己熟悉的金融企业有一定的感情，但当该企业出现困难并且面临其他利益诱惑时，其态度就会动摇。

变化客户。没有长期信任的金融企业，经常变换品牌，易于受利益诱惑和新产品的吸引，态度变化不定。

（3）使用程度。

使用程度是指客户在一定时期内对某种金融产品的使用频率。按使用程度可以将客户分为低度使用客户、中度使用客户、高度使用客户。

（4）使用数量。

使用数量是指根据客户使用某一产品的数量大小细分市场。通常可分为大量使用者、中度使用者和轻度使用者。大量使用者人数可能并不很多，但他们的消费量在全部消费量中占很大的比重。

（5）购买状况。

按照客户购买状况可以将客户细分为经常购买者、首次购买者、潜在购买者、非购买者。大公司往往注重将潜在使用者变为实际使用者，较小的公司则注重于保持现有使用者，并设法吸引使用竞争产品的客户转而使用本公司产品。

（二）企业客户市场细分标准

金融企业所服务的企事业单位、政府部门、社会团体等称为企业客户群。企业客户群是金融企业批发金融产品和服务的主要对象，是其利润的重要来源之一。优良的企业客户已成为各个金融企业竞相争夺的对象。因此，对企业客户进行市场细分是金融企业获取客户信息、争取优良客户以获得盈利的必要手段。影响企业客户对金融产品和服务的需求差异的因素，最主要的是企业的规模及其所处的行业。

1. 企业规模

按照企业规模因素可以细分为大型企业客户群、中型企业客户群、小型企业客户群，不同规模的企业对金融产品或服务的要求不同，对金融企业利润的贡献也不一样。大型企业是各金融企业竞争的重点，但随着市场竞争的加剧，很多商业银行也为中小企业设计符合其需求的产品，以争取这部分客户。

2. 行业因素

根据不同的行业特点，细分不同的企业客户市场。即使规模相当的企业，由于处在不同的行业，其对金融产品的需求在数量、种类等方面也可能存在巨大的差异，如资本密集型行业对资金的需求就远远大于劳动密集型行业。此外，不同行业的客户其风险承担能力是不同的，如网络公司这个行业和生产实物产品的行业相比存在不同的风险，金融企业在为其设计和提供金融产品和服务时，需要考虑这方面的因素。

3. 企业性质

在我国，企业属性上的差别更加明显，如国有企业、股份制企业、合伙企业、私人企业等。

4. 企业类型

企业按类型可以分为资本密集型企业、劳动密集型企业。资本密集型企业对资金的需求就远远大于劳动密集型企业。

案例分析

支持地方经济建设　助力中小企业发展

桂林银行以支持地方经济建设为己任，将信贷资源重点投向地方支柱产业和创新领域，如旅游、医药、科技、文化等领域，对接广西重大基础设施建设、民生工程、产业结构调整升级项目，通过供应链金融、资产证券化、产业基金、平滑基金、投资银行等创新业务，丰富企业融资渠道，降低企业融资成本，有力推动了广西经济和众多中小微企业的发展。到2016年年末，该行表内外资金投放906亿元，同比增长50.5%，其中贷款投放同比增量居广西商业银行首位。

2015年下半年，桂林银行推出供应链金融试点，通过对信息流、物流、资金流的有效整合，为核心企业及其上下游企业提供包括融资、理财、结算在内的综合回报高、融资成本低的一揽子金融服务。在此之后，桂林银行围绕供应链金融，大力支持广西百强企业、民营50强企业、当地纳税大户及其链属企业发展，针对不同行业、企业推出"一链一策"供应链金融服务方案，打造专业团队，提高业务办理效率，与桂林国际电线电缆集团公司（以下简称桂林国际线缆）、防城港澳加粮油工业有限公司（以下简称防城港澳加粮油）、东风柳州汽车有限公司、广西南南铝加工有限公司、广西玉柴机器集团有限公司、绿地控股（香港）广西公司等20多家知名企业开展了业务合作。其中，通过供应链金融，桂林银行不仅为桂林国际线缆提供全方位金融服务，还支持其为链属企业提供担保，银行对其链属企业提供融资服务，确保桂林国际线缆上游客户应收账款得到即时兑现，下游经销商获得资金支持，同时促进了桂林国际线缆的销售量。桂林银行还以供应链思维为防城港澳加粮油及其链属企业提供保税仓、保兑仓等创新产品服务，推动企业利润大幅增长，使企业获得广阔的发展前景。

桂林银行与小微企业相伴成长，通过"接易贷"实现中小微企业还款和续贷的"无缝对接"；探索"银政保"合作，满足无抵质押担保的小微企业的资金需求；参与"惠企贷"业务合作，将政府引导和市场规则有机结合；融入广西政策性再担保体系，构建符合当前实际、具有广西特色的小微金融服务；在桂林推出"高新区七星区中小企业信贷引导资金贷款"，助力科技型、创业型企业融资；基于供应链金融开发"微链贷"，在批量化支持小微企业方面实现再突破。2016年年末，该行被广西银行业协会授予"2016年度服务八桂小微贡献奖"，被银监会授予"全国银行业金融机构小微企业金融服务先进单位"。

思考：

阅读案例，分析说明桂林银行利用了哪些客户细分标准，并为细分后的客户群提供了哪些金融产品或服务。

实训活动

学生分组，选择某金融企业进行实地走访、调查、记录，分析该金融企业是如何对个人客户和企业客户进行市场细分的，以列表的形式呈现、分享。

任务二　目标市场选择

在金融市场上，经常存在"未被满足的市场需求"，但对金融企业而言，不是每一个"未被满足的市场需求"都是市场机会。金融企业因为自身资源的有限性，在开展营销活动时必须限定在一定范围内，所以金融企业要对金融市场进行细分，选择目标市场。

金融企业选择目标市场是在市场细分的基础上进行的，市场细分是目标市场选择的前提和基础，而选择目标市场则是市场细分的目的。

一、目标市场选择的含义

目标市场是指金融企业为满足现实或潜在的客户需求，在市场细分的基础上确定将要进入并重点开展营销活动的若干细分市场，也是金融企业在营销活动中所要满足的特定市场。

目标市场选择是金融企业在众多的细分市场中选择一个或几个准备进入的细分市场。金融企业在市场中选择一个或者几个特定的客户群，集中资源满足其金融需求，同样也带来企业自身的利润和成长潜力。

市场细分的目的在于为金融企业选择客户和研究开发金融产品提供市场导向，使企业根据市场细分的情况选择适合自己的目标市场，有效地动员和分配金融企业的经营资源，发挥经营特色，吸引客户和占领市场。

二、目标市场选择策略

目标市场选择策略是在金融市场细分的基础上，针对目标市场情况和金融机构产品营销的需要制定策略。金融企业在对不同细分市场评估后，就要对进入哪些市场和为多少个细分市场服务做出决策，其可以采用的目标市场策略主要有以下三种：

（一）无差异策略

无差异策略是指金融企业将整个市场作为企业的目标市场，认为所有客户对金融产品或服务有着共同的需求，不考虑客户需求的差异性，而用相同产品或服务满足各种客户群的需求，在所有的市场上开展相同业务，并运用单一的营销策略。

无差异策略的实质是不进行市场细分，把整个市场视为一个大的、同质的目标市场（见图5-3），这一策略着眼于市场需求的共性而忽略其差异性。在实施营销组合时，只提供单一产品和标准化服务。

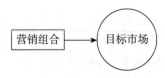

图5-3　无差异策略

无差异策略的优点是成本经济性，无须进行详细的生产细分，节省了调研费用，无须做差异化的广告，节省了促销费用。缺点是无法满足客户多样化需求，在竞争激烈的环境中，容易失去有利可图的市场机会，风险很大。该策略比较适于中小金融企业在进行目标市场选择时运用。

（二）差异性策略

差异性策略是指金融企业在市场细分的基础上，根据自身的条件和经营环境，同时在两个或多个细分市场上从事营销活动，并为每个目标市场设计不同的金融产品，同时在渠道、促销和定价方面都加以区别，以适应各个细分市场客户群的需求的营销策略。

差异性策略认为客户的需求是有差异的，相同的产品和服务无法满足客户多样化的需求，所以要根据不同的细分市场，为其提供不同的营销组合策略（见图 5-4）。

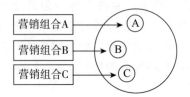

图 5-4　差异性策略

差异性策略的优点是金融企业能有效满足不同客户的需求，合理配置资源，通过采用有针对性的营销组合，提高客户对企业的信赖感和购买率，降低经营风险，提高竞争能力。缺点是企业需要进行深入的市场营销研究、产品销售分析、促销计划和渠道管理分析等，所以企业成本和营销成本过高。差异性策略适用于实力雄厚的金融企业。

（三）集中性策略

集中性策略是指金融企业集中所有力量选择一个或少数几个性质相似的细分市场作为目标市场，针对一部分特定目标客户的需求进行集中营销，将有限的资源集中于一个或几个细分市场的营销策略。

如果企业将有限的资源分散投入各个细分市场，效率可能会很低，不如将人力、物力和财力集中起来，投入一个或几个细分市场，在所选择的目标市场中获得具有绝对优势的市场占有率（见图 5-5）。

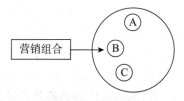

图 5-5　集中性策略

集中性策略的优点是金融产品适销对路，降低成本，提高金融企业和金融产品的知名度。缺点是有较大经营风险，目标市场范围小，一旦市场情况突然变坏，金融企业可能陷入困境。集中性策略适用于实力较弱的中小金融企业。

实训活动

1. 学生分为若干小组，通过网络查找与实地走访金融企业收集资料，讨论我国的中小银行与工农中建交这些大银行相比，应该如何选择目标市场。

2. 学生分为若干小组，通过网络查找与实地走访金融企业收集资料，辨析金融企业所采取的目标市场营销策略是哪种类型。

任务三 金融市场定位

金融企业一旦选择了目标市场，就要研究如何在目标市场上进行金融产品和服务的定位。目前我国金融企业往往都处于这样的处境中：无论是银行、证券公司还是保险公司，都想"做大"，只要有可能就想在所有的业务范围内取得最好的成绩。但这样的定位并不适合每一个金融企业。不同行业、规模的金融企业应该如何在金融市场上寻找到恰当的位置，是每个金融企业面临的重要问题。

一、金融市场定位的含义

金融市场定位是指金融企业根据其所选择的目标市场特点、客户需求特征以及市场竞争状况，确定所要提供的产品类型、价格、促销方式等，力求在客户心目中为自己的产品和企业树立起某种特定形象。

金融企业只有确立了自身的市场定位，才能推出企业的营销组合，即市场定位是营销组合战略的实施前提。

二、金融市场定位的流程

金融市场定位的流程是指在调查研究的基础上，金融企业明确潜在的竞争优势，选择本企业的竞争优势和定位战略以显示独特的竞争优势的方案策划的活动过程，其流程如图5-6所示：

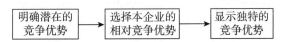

图5-6　金融市场定位的流程

（一）明确潜在的竞争优势

（1）明确竞争者的定位状况。在市场上客户最关心的是金融企业产品或服务的属性和价格。因此，金融企业首先要明确竞争者在目标市场上的定位，准确衡量竞争者的潜力，判断其有无潜在竞争优势，据此进行本企业的市场定位。

（2）了解目标客户对产品或服务的评价标准。要了解客户对其购买的金融企业产品或服务的最大偏好和愿望，以及他们对金融产品或服务优劣的评价标准，作为定位的依据。

（3）明确竞争的优势。竞争优势产生于金融企业为客户创造的价值，客户愿意购买的就是价值。竞争优势有两种类型：一是成本优势；二是产品差异化，能提供更多特色产品或服务以满足客户的特定需要。

（二）选择本企业的相对竞争优势

金融企业要善于发现并利用自身存在或创造出来的相对优势。相对竞争优势是企业能够比竞争者做出更好的工作业绩或在某方面胜过竞争者的能力，它可以是现有的也可以是潜在的。

（三）显示独特的竞争优势

金融企业选定的竞争优势不会自动地在市场上显示出来，金融企业应该通过理念识别系统、行为和视觉，向客户表明自己的市场定位。企业必须进行创新策划，强化本企业及其产品与其他企业及其产品的差异性。企业独特的竞争优势主要在于产品、服务、人力资源、企业形象等方面的创新。

三、金融市场定位的策略

金融企业市场定位的策略主要有以下几种：

(一) 市场领袖定位策略

在大市场或细分市场上，占有较大的市场份额，居于主导地位，影响和控制其他金融企业的行为，成为公认的市场领袖。

中国银行、中国工商银行、中国农业银行、中国建设银行等均属于此列，它们在多方面体现出市场领导者的形象和地位，具有资产规模大、经营品种多、产品创新迅速以及机构网点分布广泛等特点。

(二) 市场追随定位策略

在大市场或细分市场上，如果主导企业的力量十分强大和牢靠，最好的选择就是暂时放弃与之针锋相对，成为主导型企业的追随者；或者酌情定位于主要竞争对手，从侧翼蚕食其市场份额，不断壮大自己的力量。

区域性商业银行属于此列，如中信银行、浦发银行等，一般拥有中等资产规模，分支机构数量不多，无力向领导型国有商业银行发起强有力的冲击。

金融产品易于被模仿，因而领导型商业银行所运用的营销手段，如降低手续费、采用先进设备以及扩大营销费用支出等极易被追随型商业银行所效仿。

(三) 市场补缺定位策略

根据自己的条件，另辟蹊径，在一些领域取得相对优势，这是一种市场补缺式的营销策略。

地方性商业银行属于此列，如北京银行、桂林银行等，一般资产规模较少，所能提供的金融产品和服务种类不多，往往集中于一个或数个细分市场开展经营。

实训活动

学生分组，调查小额贷款公司对城市商业银行的业务有哪些冲击。

◎ 模块二　金融营销策略选择

金融营销策略选择是指金融企业以客户需求为出发点，根据客户需求量和购买力信息、商业界的期望值，有计划地组织各项经营活动，通过相互协调一致的产品策略、价格策略、渠道策略、促销策略，为客户提供满意的商品和服务而实现金融企业目标的过程。

知识拓展

营销策略

1967 年，菲利普·科特勒在《营销管理：分析、规划与控制》中进一步确认了以 4P

为核心的营销组合方法。

产品（product）：注重开发的功能，要求产品有独特的卖点，注重在质量、功能、款式、品牌、包装等方面设计产品。

价格（price）：根据不同的市场定位，制定不同的价格策略，产品的定价依据是企业的品牌战略；在产品不同的生命周期内，制定相应的价格。

渠道（place）：企业要培育经销商和建立销售网络，这是企业的销售渠道，企业与消费者的联系是通过分销商进行的。

促销（promotion）：企业利用销售行为的改变来刺激消费者，以短期的行为（让利、买一送一、打折）促成消费的增长，吸引其他品牌的消费者或利用提前消费来促进销售的增长。

1986 年，菲利普·科特勒提出大市场营销策略，在 4P 营销组合基础上增加了权力（power）和公共关系（public relations），简称 6P。

权力：依靠两个国家政府之间的谈判，打开另外一个国家市场的大门，依靠政府关系，打通各方面的关系。

公共关系：利用新闻媒体的力量，树立对企业有利的形象，消除或减少对企业不利的形象。

随后营销策略越来越受到重视，菲利普·科特勒在他的营销策略中又提出了人（people）、包装（packaging）、研究（probing）、划分（partitioning）、优先（prioritizing）、定位（positioning），营销组合由 6P 又演变成 12P。但最初的 4P 作为营销基础工具，依然发挥着非常重要的作用。

任务一　产品策略

产品策略是指金融企业从事产品开发、组合以及品牌等策略，是扩大业务品种、开拓市场机会的重要途径和具体方法，是开展营销活动的关键环节。

一、金融产品的开发策略

金融产品是金融营销的首要因素，金融产品策略又是整个营销组合策略的基础，因此，金融产品开发作为金融企业实施产品策略的基础，就成为营销成功的关键步骤，同时，也是金融企业创新的重要组成部分。

（一）金融产品开发的形式

1. 全新金融产品

全新金融产品是指金融机构采取新技术、新理念、新材料等制成的前所未有的新产品。

2. 部分新金融产品

部分新金融产品是指金融机构部分采取新技术、新理念、新材料等制成的前所未有的新产品，也称为换代新金融产品。

3. 改进新金融产品

改进新金融产品是指金融机构对现有产品的品质、特征、结构、款式、包装等做一定的改进或修正而形成的新产品。

4.仿制新金融产品

仿制新金融产品是指金融机构对现有的金融产品只做较小的改进或修正，以突出产品某一方面的特点。

（二）金融产品开发策略的类型

1.扩展型开发策略

扩展型开发策略是指金融机构在确立了市场位置、建立起一定的业务发展空间后，在提供传统业务或主要业务的同时，将其业务向广阔的市场推进，使业务类型、产品种类和服务向纵深发展，如"一站式""全能式"金融服务。

2.差异型开发策略

差异型开发策略是指金融机构根据细分市场进行特色产品开发以提高目标市场占有率的策略，如特色服务、特色宣传。

二、金融产品的品牌策略

（一）金融产品品牌的设计

1.品牌定位

品牌定位是指金融机构的品牌及相应的产品在客户心目中确定一个特定的位置，包括功能定位和情感定位。

2.品牌名称设计

品牌名称是品牌策略的核心，其目的是吸引客户、加深客户对企业的认知、树立企业的品牌形象，所以设计的品牌名称要容易记忆、便于传播、与企业有内在联系、有文化内涵、兼顾国际化适用。

3.品牌标志设计

品牌标志和品牌名称构成完整的品牌概念，品牌标志设计同样是品牌策略非常重要的组成，所以品牌标志的设计要简洁新颖、寓意准确、精致稳定，易于客户识别，扩大品牌知名度。

（二）金融产品品牌策略的类型

1.单一品牌策略

单一品牌策略是指金融机构对所有的产品都使用一个品牌。单一品牌策略的优点是可以整合整体优势和所有资源，用一个形象代替所有的形象，减少推广成本，在新产品推广初期，消费者容易接受。缺点是容易忽视市场的差异性，经营风险集中。

2.品牌延展策略

根据客户对已经成功品牌的偏好，金融机构可以将已成功的品牌挂在新产品上，以降低产品上市的成本和风险。

品牌延展策略最大的优点是新产品享有成功品牌的知名度和美誉度，营销成本低，企业形象统一，资金和技术集中。缺点是把握不准确的品牌延展反而会给企业带来麻烦。同一品牌延展长期使用，会使客户形成认同定式，模糊品牌形象，淡化品牌个性，企业可能遭受损失。

3.多品牌策略

多品牌策略是指金融机构根据目标市场的不同需求，分别使用不同品牌的策略。这种策略一是针对不同的目标市场使用不同的品牌；二是品牌的经营具有相对的独立性。多品牌策略的优点是金融企业可以用较低的风险，扩大市场份额。缺点是多品牌推广需要投入大量的资金，同时要费力处理好各个品牌的关系。

品牌要素

品牌是由文字、符号、标记、图案或设计等要素的组合构成的，包括品牌名称、品牌标志、品牌魅力。品牌名称即品牌中可用语言称呼的部分，包括字母、词语、数字等。品牌标志是易于记忆但不能用语言称呼的部分，由图案、符号或特殊的颜色等构成。品牌魅力即品牌包含的最吸引客户的那些特性和优势，以及客户对它的印象、评价等。

三、金融产品的组合策略

（一）金融产品组合的含义

金融产品组合是指金融企业经营的产品线和产品项目的组合或搭配。

产品线是指金融企业提供的具有同种功能或服务的一组产品。比如商业银行的贷款业务就是一组产品线，包括按揭贷款、商业贷款、政策贷款等产品。而产品项目是指金融产品线内各种不同品种、规格、质量和价格的特定产品。比如按揭贷款是贷款业务线内的产品项目，又包括不同金融起点或不同贷款期限的具体按揭贷款品种。

（二）金融产品组合策略的类型

金融产品组合策略是指金融机构根据市场需求和经营实力对产品组合的广度、深度、关联度加以合理选择的策略。金融产品组合策略受到金融法律法规的限制，还受到金融机构自身经营规模、竞争力、经营管理的能力及市场前景和市场发展方向的限制。现在的产品组合策略主要包括：

1. 全线全面型

全线全面型是指金融机构尽量向所有的细分市场提供一切产品或服务，不断扩大产品组合的广度和深度。如混业经营的商业银行采用的就是这种策略，其向客户提供包括存贷、融资、保险、租赁、咨询、房地产、证券及外汇买卖等全面的金融业务。

2. 市场专业型

市场专业型是指金融机构着眼于向某专业市场提供所需要的各种产品。这种策略强调的是产品组合的广度和相关性，产品组合的深度较小。

3. 产品专业型

产品专业型是指金融机构只提供同一种类的不同品种产品来满足市场需求，如贷款公司，专门经营信贷业务，并围绕信贷业务提供多种信贷产品。这种策略强调的是产品的深度和相关性，产品组合的广度较小。

营销组合的度量要素

产品组合广度是指金融机构提供的产品的数量，即产品大类的数量和服务的种类。产品组合深度是指金融机构经营的每一条产品线内所包含的产品项目的数量。产品组合相关性是指金融机构所有产品线在产品的功能、类别、服务方式、服务对象和营销方面的相关性、接近性和差异性。

四、金融产品的生命周期策略

（一）金融产品的生命周期及特征

金融产品生命周期是指金融产品从投放市场开始一直到退出市场所经历的整个过程，根据金融产品投入市场的销售额变化，划分为导入、成长、成熟、衰退四个阶段。

1. 金融产品导入期

金融产品导入期是指金融产品投入市场的最初阶段，其销售量少，成本高，利润低，风险大；同行业还来不及模仿，市场竞争不激烈。为了减少损失，提高效率，避免竞争者抢占市场，金融企业应尽力缩短导入期，及早进入成长期。

2. 金融产品成长期

金融产品成长期是指金融产品由少量试销转入批量销售阶段。金融产品基本定型，开发费用相应减少；客户对新产品已有所了解，广告费用会逐步下降，产品销量迅速上升，企业利润不断增加；当然，随着其他同类产品不断出现，市场竞争将会日趋激烈。

3. 金融产品成熟期

金融产品成熟期是指金融产品在市场上的销售已经达到了饱和状态，业务量增长趋缓且相对稳定的时期。这时期金融产品已被客户广泛接受，销售增长出现停滞，企业利润趋于稳定，市场竞争更加激烈。

4. 金融产品衰退期

金融产品衰退期是指金融产品滞销并趋于淘汰的时期。这时的金融市场上出现了大量替代产品，客户减少了对老产品的使用频率，产品销售急剧下滑，价格大幅下挫，企业利润日益减少。

（二）金融产品生命周期各阶段的营销策略

1. 金融产品导入期的营销策略

可采用双高策略，即高价格配合大量促销和推销广告，扩大新产品影响力，短时间内快速传达新产品信息。在市场潜在需求大、产品新颖、客户求新心理强烈的情况下，采用双高策略容易奏效。

可采用选择性渗透策略，以适当高价、低调促销推出新产品。适用于市场规模小、竞争威胁不大的企业。

可采用密集性渗透策略，以低价、高调促销来推出新产品，以最快的速度进行市场渗透、提高市场占有率。适用于市场规模大、客户对新产品完全不了解、竞争激烈的企业。

2. 金融产品成长期的营销策略

可不断提高产品质量，开拓产品品种和用途。巩固原有渠道，开拓新渠道、新市场，建立新网点扩大销售。为了吸引对价格敏感的客户，可以在适当的时候调整价格。

3. 金融产品成熟期的营销策略

可进行市场改革，寻求新的细分市场；寻求刺激客户增加使用率的方法；寻找有潜在客户的新市场，为市场重新定位。

可进行产品改革，在产品质量、为客户提供新的产品用途上进行改进，来满足客户的不同需求，吸引不同需求的客户。

可进行营销组合改革，改变定价和渠道及促销方式来加强服务，延长产品的成熟期，增强客户购买欲望，增加产品销售量。

4. 金融产品衰退期的营销策略

可采用收缩策略，金融企业可缩短营销战线、精减营销人员、降低营销费用，把人力、财力、物力集中于最有利可图的目标市场上，以获取最大收益。

可采用淘汰策略，金融企业用新产品完全取代老产品以维持或扩大市场占有率，增加产品销售量。

案例分析

落实"1234"工程　推动企业逆势上扬

战略是指引行动、实现全局目标的规划。桂林银行在加快发展的这些年，不断梳理符合自身实际的战略思想和具有自身内涵的发展理念。

"我们围绕'1234'战略，以创新发展为驱动，以特色化、差异化经营为路径，践行'三心'服务管理理念，实现了'弯道超车'、逆势上扬。"桂林银行董事长介绍说。

"1"即一个愿景——"好山水，好银行"。"2"即两个目标——实现上市，使桂林银行真正成为一家区域性股份制银行；实现资产规模超 5 000 亿元。"3"即"三个打造"——打造服务领先、最具创新力、最具竞争力的银行。"4"即"四大特色"——小微金融、社区金融、旅游金融、"三农"金融。

围绕"1234"战略，桂林银行提炼出"以客户为中心、以效益为核心、以服务为真心"的"三心"理念和"以客户需求为导向、以为客户创造价值为目标""您的烦恼，我帮解决""开放、分享"等发展理念。

"以客户需求为导向、以为客户创造价值为目标"，这是金融人的本能，也是桂林银行业务创新的出发点。桂林银行不仅有微笑服务，而且有洞悉市场、切入客户需求的专业服务。无论是成效凸显的供应链金融、互联网金融，还是"桂宝宝"、"商品储蓄"、"漓江储蓄"之月得利等产品，都是针对不同客户群打造的，力求满足细分群体的个性化需求。

"您的烦恼，我帮解决"，这是桂林银行开展跨行业合作的体现。近几年，桂林银行利用银行平台，围绕客户"医食住行玩"需求，整合社会资源，为客户提供金融服务和非金融服务，帮助客户解决问题。

"开放、分享"既疏通内部信息和资源的开放渠道，实现全行各部门、各条线的联动发展，又将渠道、平台面向社会和同业开放。桂林银行加强粤桂黔高铁经济带合作平台建设及与徽商银行、兰州银行的旅游金融联盟合作，建立、深化与政府、政策性银行、商业银行和证券、保险等金融业及行业龙头企业的战略合作，发挥协同效应，实现互利共赢。

思考：

阅读案例，分析说明桂林银行的产品策略，以及桂林银行在发展理念上的可取之处。

思政课堂

让中国品牌走向世界

改革开放带来了经济的高速发展与民族的伟大复兴，强大了我们的民族工业，也诞生了许多民族品牌，让中国人用上自己的产品，让中国品牌走向世界！

华为，让中国 5G 技术领跑全球！

华为创办于 1987 年，20 世纪 90 年代在国内代理香港程控交换机业务。国内电信市场快速发展，但市场一直由诺基亚、爱立信等国际品牌霸占着，华为下定决心要让中国人用上自己品牌的程控交换机。就这样，华为品牌的交换机诞生了，很快在国内市场发展壮大。从此，华为走上了民族品牌的强大之路。到目前为止，华为的电信业务服务全球，华为手机全球终端数量超过 10 亿台，华为的 5G 技术领先全球。

福耀，让中国人用上自己的汽车玻璃！

福耀玻璃成立于 1987 年，1993 年在国内 A 股市场成功上市。福耀玻璃生产的汽车玻璃占据国内 70% 的市场份额，还成功进军欧美市场，是宾利、奔驰、宝马、奥迪等知名车企的供应商。福耀玻璃在美国、俄罗斯等都设有工厂，是全球第二大汽车玻璃生产商。

比亚迪，让中国新能源汽车走向世界！

比亚迪公司创办于 1995 年，几年时间发展成为中国第一、世界第二的充电电池制造商。2003 年进入汽车行业，开创比亚迪汽车国产品牌。比亚迪拥有秦、唐、宋、元、汉等新能源汽车品牌，新能源公交巴士更是出口日本、欧洲市场，证明比亚迪新能源的核心技术足够强大。比亚迪的刀片电池技术，世界排名第一，代表中国的品牌实力。

思考：

民族品牌的崛起，对我们增强民族自信有什么重大意义？

实训活动

学生分组，到不同类型的商业银行、证券公司、保险公司调查该金融企业是如何制定金融产品策略的。

任务二　价格策略

价格策略是金融企业业务竞争中一项重要的营销策略。价格是为了得到某种商品或服务而做出的资金让渡，对企业而言是其获取利润的主要来源，而对客户来说，价格是其获得产品或服务的成本。所以，定价策略既要考虑到企业自身所定产品价格能否弥补成本，同时还要使产品价格为客户所接受。

一、金融营销价格策略的目标

金融营销价格策略的目标是指为企业所经营的金融产品和业务制定相应水平的价格，凭借这一价格所产生的效用而达到预期目的。

金融产品价格是指金融产品的货币价值形式。金融企业在制定产品价格时要考虑利率和费用两个因素。在实践中，让渡了资金使用权的金融产品与服务，其价格表现为利率；提供了专业服务的金融产品或服务，其价格表现为费用。利率和费用共同构成了金融产品与服务的价格。

金融营销价格策略目标受到金融企业内部环境差异及外部环境不同的影响，大体形成了以下几种形式：

（一）利润最大化

金融企业经营金融产品和金融服务，在一定时期内获取尽可能多的利润，是企业营销活动追求的目标，利润最大化还是企业生存和发展的前提条件。利润最大化具体包括长期利润最大化和短期利润最大化。

（二）扩大市场份额

市场份额是衡量金融企业经营状况与竞争能力的重要指标。金融企业增加利润的途径，一是增加产品差价，二是扩大销售规模，其中销售规模取决于市场份额的大小。金融企业可以选择降低产品价格来扩大市场份额，在价格需求弹性较大的情况下利润不会减少，反而还会增加。新成立的金融企业为了长期目标，在利润可能降低的情况下，仍然会以扩大市场份额为定价目标。

（三）适应同业价格竞争

价格竞争对于提供同类产品或服务的金融企业来说是不能回避的问题，金融企业应该对竞争者所提供的金融产品或服务，以及质量、价格进行分析，从有利于竞争的角度出发，制定本企业产品的价格。

（四）树立品牌形象

品牌形象是金融企业的无形资产，可以赢得客户的信赖。金融企业利用已经培养的特殊细分市场和专属知名度，营造品牌形象，使得品牌形象通过定价凸显出来。

二、金融营销的定价策略

（一）基本定价策略

1. 成本导向定价策略

成本导向定价策略是指金融机构将如何补偿和收回成本作为产品定价的主要依据。

2. 需求导向定价策略

需求导向定价策略是指金融机构以市场或客户对金融产品和业务的需求状况、接受程度等作为产品定价的主要依据。

3. 竞争导向定价策略

竞争导向定价策略是指金融机构将同类金融产品和业务的竞争者的价格，作为本金融机构进行产品定价的主要依据。

（二）派生定价策略

1. 撇脂定价策略

撇脂定价策略是指金融产品刚进入市场时，可利用较高的产品价格尽可能多地获取收益，而当市场竞争变得激烈时便适当降价以扩大销售量，这犹如从鲜奶中层层撇取奶油，故而得名。

2. 渗透定价策略

渗透定价策略是金融企业先以较低价格出售产品以迅速打开销路，扩大市场份额后再相应地提高产品价格，从而保持一定的盈利性。

3. 折扣定价策略

折扣定价策略是指金融企业为了调动客户的购买积极性而少收一定比例的产品货款或服务费用，从而降低客户的成本支出，提高产品的竞争力，扩大销售量，包括现金折扣、数量折扣、时间折扣。

学生分组，到不同类型的商业银行、证券公司、保险公司了解金融企业金融产品的价格情况。

任务三　渠道策略

金融营销渠道是指金融产品或服务从金融企业到金融消费者的转移过程中经过的路径。企业在制定金融营销渠道策略时，重点要研究的是分销渠道的类型、如何选择分销渠道、如何管理分销渠道。

一、金融产品分销渠道的类型

按照有无中间商参与，将金融产品分销渠道分为以下几类：

（一）直接渠道

直接渠道是指没有中间商参与，产品由金融企业直接销售给客户的渠道类型。具体形式包括金融机构自身网点或分支机构、点对点的销售服务、直接邮寄销售、电子网络渠道。

（二）间接渠道

间接渠道是指有一级或多级中间商参与，产品由一个或多个环节销售给客户的渠道类型。具体形式包括：

1. 银行的间接渠道

（1）销售终端渠道。POS是一种多功能终端，安装在信用卡的特约商户和受理网点中与计算机连成网络，实现电子资金自动转账，具有支持消费、预授权、余额查询和转账等功能。

（2）消费者贷款渠道。银行对消费者贷款通过商家完成，如汽车消费贷款、住房消费贷款等。

（3）中间业务渠道。银行向客户提供的代发工资、代收水电费、银证通等中间业务，需要就职单位、供电单位、证券公司的配合等。

2. 证券公司的间接渠道

在二级市场通过中间商来寻找投资者；以银行作为主承销商，借助其网点将股票、债券间接销售给投资者；基金公司在销售基金时，主要是利用银行的分销网络和客户基础。

3. 保险公司的间接渠道

保险公司的主要间接渠道方式是利用独立的保险经纪商。它是独立于保险公司的中介组织，能从客户的具体情况出发，向客户进行量体裁衣式的推荐。

此外还通过银行网点进行间接销售，也可以通过与银行、证券、基金公司联合经营的形式进行销售。

参与金融产品分销渠道的中间商

零售商是指最终向客户销售产品或提供服务的中间商，银行、证券公司、信托公司等都充当零售商的角色。如国家授权财政部发行国债，一般都委托或拍卖给各银行、证券公司、信托公司等金融机构来销售。

代理商是指接受金融产品生产者委托，从事销售业务，但不拥有产品所有权的中间商。如银行通常以酒店、机场、大型房地产商等作为代表销售银行的金融产品或某种服务。

经纪商是一种没有产品所有权，为买卖方牵线搭桥，提供中介服务，并依法收取佣金的中间商。代理商与经纪商的区别是：代理商是卖方的代表，经纪商是买方的代表。

二、金融企业分销渠道的类型

金融企业分销渠道主要有以下几种类型：

（一）密集性的分销渠道

金融企业在一个销售地区广泛设立分支机构，或直接动用尽可能多的中间商销售产品。一般适用于大规模标准化生产的、客户的选择性不强但要求能方便购买的金融产品的分销，如销售银行卡、储蓄存款等。

（二）选择性的分销渠道

金融企业在特定市场内只设立几个分支机构，或有选择地运用一部分中间商来推销自己的产品。这种策略适用于选择性强和同类替代品较多的金融产品的分销。

（三）专营性的分销渠道

金融企业在一定地区、一定时间只设立一家分支机构或只选择一家中间商销售自己的产品。这种策略适用于客户重视品牌和技术性强、服务要求高的产品销售，如一些特种险。

（四）复式的分销渠道

金融企业在同一个市场上同时使用两种或两种以上的渠道，并对每个渠道或至少一种渠道拥有较大的控制权。这种渠道形式可以有效地扩大市场覆盖面和增强竞争力。

实训活动

学生分组，到不同类型的商业银行、证券公司、保险公司调查该金融企业是如何制定渠道策略的。

任务四　促销策略

金融机构需要将其产品或服务介绍、宣传、推广到市场，让客户知晓、了解，产生兴趣，并最终产生购买行为。

一、金融产品促销的含义及影响因素

金融产品促销，是指金融企业通过适当的方式向客户进行报道、宣传和说明，以引起其注意和兴趣，激发客户购买欲望，最终促进消费活动的产生。

影响金融产品促销的因素很多，应充分考虑以下四方面因素的影响。

（一）消费需求

由于金融客户的购买需求各不相同，其对金融产品的功能要求也不尽相同，因而金融

企业应采取不同的促销策略。

（二）产品生命周期

金融产品从出现到消亡一般要经历四个阶段，在不同的阶段其促销策略也应不同，导入期的促销策略是广告促销；成长期的促销策略是从介绍产品功能向特色服务转变；成熟期的促销策略是减少广告促销，增加营业推广和公关促销，提高企业声誉；衰退期的促销策略是保持一定量的营业推广，辅以少量提示性广告。

（三）市场特点

由于不同市场的规模、类型以及客户数量等条件不同，因而金融企业应采取不同的促销策略。对于规模大、地域广阔的市场，宜采用广告宣传，以利于开发需求；对于规模小、地域狭窄的市场，则宜采用人员促销，以利于深入接触客户，促成交易。

（四）促销费用

各种促销形式的费用支出不同，金融企业在制定促销策略时应综合考虑，力求用尽可能少的促销费用，取得尽可能大的促销效果，提高金融产品的促销效益。企业具体可根据促销目的、自身财力、各种促销形式的费用以及效果等进行权衡，做出决策。

二、金融产品促销策略的组成

金融产品的促销策略是由人员促销、广告促销、营业推广和公共促销组成促销组合。促销组合是一种组织促销活动的策略思路，主张企业运用广告促销、人员促销、公共促销、营业推广等四种基本促销方式组合成一个策略系统，使企业的全部促销活动互相配合、协调一致，最大限度地发挥整体效果，从而顺利实现企业目标。

（一）人员促销

1. 人员促销的形式

人员促销是指金融企业派出推销人员或委托推销人员，直接与客户接触，向目标客户进行产品介绍、推广，促进销售的沟通活动。

金融企业凡是为销售产品或服务进行业务推广而与潜在客户或现有客户直接打交道的人员，均是推销人员。推销人员分为：固定人员，如店面人员、座席人员；流动人员，如业务推销员、客户经理、投资顾问、经纪人。

金融机构的人员促销有以下形式：

（1）上门推销，即金融企业派出推销人员上门与客户直接面谈金融业务，在面谈过程中向客户传递金融产品与服务信息。

（2）柜台推销，即由金融营业网点的销售人员向客户介绍金融产品与服务。

（3）会议推销，即由金融企业以其专业知识向客户宣传金融产品与服务。

2. 人员促销策略选择

（1）目标区域策略。把金融企业的目标市场划分为若干个区域，每个推销人员负责某个区域的全部推销业务。这样既有利于核查推销人员的工作业绩，激励其工作积极性，也有利于促进推销人员与其客户建立起良好关系，节约促销费用。

（2）产品分类策略。将金融产品与服务分成若干种类，每一个或几个推销人员结为一组，负责推销一种或几种金融产品，该策略尤其适用于种类多、技术性强的产品促销。

（3）客户细分策略。把目标客户按其产业特征、人口变量、职业状况加以分类，每一个推销人员负责向其中一类客户进行推销。

（4）综合组织策略。当产品类型多、目标客户分散时，金融企业应综合考虑地域、产品和客户等因素，并依据诸因素的重要程度以及关联情况，分别组成产品-地域、客户-地域、产品-客户等不同的综合组织形式，开展人员促销。

（二）广告促销

1. 广告促销的含义

广告促销是指企业按照一定的预算方式，支付一定数额的费用，通过不同的媒体对产品进行广泛宣传，促进产品销售的传播活动。

广告变得重要的主要原因：金融机构之间竞争越来越激烈；计算机技术带来的便利；零售业务变得日益重要；网点数量、价格和营业时间等竞争能力下降；ATM 网络和 POS 机广泛运用。

2. 广告促销策略实施步骤

一是明确广告目的；二是明确广告类型；三是广告策划。

广告策划考虑因素如下：

（1）确立主题。广告主题是以金融产品还是以企业形象为主要宣传内容，取决于金融企业目标及产品和服务的特点。

（2）明确对象。金融企业在设计广告创意和内容时，必须分析有兴趣购买产品的个人、家庭或组织的类型，并且要判定谁能做出购买决定。

（3）提出构思。金融广告的构思要具有说服力、富有创意，即创设一种现代化的标识、符号和图片；运用生动形象的画面，包括运用动画手段和聘请演员；运用可信的广告语，并根据时代特征加以改变。

（4）选择媒体。广告媒体是指信息传播的载体，包括电视、广播、广告牌、报刊等。

（5）评估预算。广告促销活动除了传播信息、吸引客户外，还必须关注广告宣传的成本和收益。

（三）营业推广

1. 营业推广的含义

营业推广（或销售促进）是指企业为刺激客户购买而进行的、由一系列具有短期诱导性的营业方法组成的沟通活动。金融企业向尚未接受金融服务的潜在客户促销；向接受其他金融机构同类产品的竞争者客户促销；向金融机构新推出的金融产品或服务的尝试者促销。

2. 营业推广的优缺点

（1）优点：促进交易机会。打破购买者倾向于某一特定商品服务的习惯，告诉那些潜在购买者只有这样一次"难得机会"购买某一特定产品。

（2）缺点：降低产品身份。经常使用促销方法，容易使潜在客户怀疑金融机构所提供的产品和服务其价格是否公道、是否安全可靠。

3. 营销推广的目标

吸引新客户开立往来和存款账户；增加存款账户中的存款余额；推出新产品和服务，如免费电话服务；吸引持卡人更多地使用信用卡签账消费。

4. 营销推广的主要方法

（1）赠送礼品。赠送礼品是企业运用较多的促销方法之一，如在吸收存款、办理信用卡以及新设分支机构开业典礼时赠送礼品，或是为了鼓励长期合作而向老客户赠送礼品等。

（2）赠品赠券。为了鼓励购买某种产品而附赠的另一种产品。如银行对办理存款、信用卡等业务的客户赠送小礼品。

（3）免费服务。当金融市场竞争加剧时，为了推广业务、招揽客户，金融企业往往会采取服务的促销方法，例如信用卡持有者免付会员费等。

（4）专有权利。对现有客户提供某种特殊的权利和便利。

（5）会议促销。通过开展各种形式的展销会、博览会、业务洽谈会，来宣传、推广产品，促进销售。

（四）公共促销

1. 公共促销的含义

公共促销是指企业通过开展公共关系活动或通过第三方在各种传播媒体上宣传企业形象，促进与内部员工、外部公众良好关系的沟通活动。

2. 公共促销的方法

（1）利用新闻媒体宣传企业形象。金融企业通过与新闻媒体建立良好关系，将有新闻价值的相关信息通过新闻媒体传播出去，以引起社会公众对金融产品与服务的关注。

（2）开展社会公益活动。社会公益活动是一种深入承担社会责任的活动，企业对公益事业的热情能赢得社会公众的普遍关注和高度赞誉，可以最大限度地增加营销机会，现已成为金融企业开展公共促销的主要方法之一。

（3）开展社交活动。金融企业应主动与客户保持沟通联系，通过如个别访谈、讲演、信息发布会、座谈会、通信、邮寄宣传品与贺卡等方法，促进客户对企业的了解，从而使企业形象能长期保留在客户的记忆中。

3. 公共促销策略实施步骤

（1）进行调查。调查是开展公共促销工作的基础和起点。通过调查了解和掌握社会公众对金融机构决策与行为的意见，可以基本确定企业的形象和地位，为企业监测环境提供判断依据，为企业制定合理决策提供依据。

（2）制订计划。合理的计划是公共促销策略有效落实的重要保证。以公关调查为前提，要依据一定的原则来确定公关工作的目标。

（3）具体实施。公关媒体应该依据公关目标、要求、对象和传播内容以及经济条件来选择。公关活动方式宜根据金融机构的自身特点、不同对象和不同的公关任务来选择。

（4）评估效果。依据公众的评价对公共促销工作进行评估。其常用指标为曝光频率、反响率、销售额和利润额。

三、金融产品促销组合比较

金融产品促销组合的特点、优缺点比较如表 5-1 所示。

表 5-1　金融产品促销组合的比较

促销方式	特点	优点	缺点
人员促销	直接对话，增进情感，灵活性高，针对性强，反应迅速，易激起客户的兴趣	方法直接灵活，可随机应变，易激发兴趣，易促进交易	接触面窄，费用大，占用人员多，优秀的推销人员较难寻找

续表

促销方式	特点	优点	缺点
广告促销	公开性，传递性，吸引性，渗透性，表现方式多样，稳定性强	触及面广，能将信息艺术化、动态化，并能反复多次使用，形象生动，节省人力	说服力较小，难以促成及时购买，对大宗产品和服务的促销力有限
营业推广	灵活多样，容易吸引客户，激发兴趣，短期效果明显	吸引力较大，直观，能促成客户及时购买	费用较大，使用次数不宜过多，有时可能会降低产品和服务的价值，引起客户反感
公共促销	长期目标，间接性，持久性较强，且效率比较高	影响大，覆盖面广，效率高且反应及时，容易使客户信任，提高产品和服务的质量，改善形象	自主性差，金融机构无法计划和控制

案例分析

某人寿承诺保险合同"额外"收益

2015年5月，江苏保监局12378投诉维权热线接到消费者投诉，称某人寿保险公司电话销售中心的销售人员向其推销人身保险产品，在通话过程中没有提到保险，宣传产品收益率为8%，使用"攒钱"的说法等。

经调查，该公司电销渠道存在隐瞒与保险合同有关重要情况、承诺给予投保人保险合同以外其他利益等问题。从检查获取的证据看，同类违规行为在该电销中心普遍存在。

针对上述问题，江苏保监局对该电销中心罚款40万元，对该中心副总经理予以警告并罚款5万元。

思考：

阅读案例，说明案例中的销售人员存在哪些不恰当的销售行为，以及损害了谁的利益。

实训活动

1. 学生分为若干小组，到商业银行观摩其是如何开展金融产品促销活动的。

2. 学生分为若干小组，对人员促销设置情景，用本项目所学的方法和技巧模拟金融企业促销。

项目小结

1. 金融营销战略制定一般包括市场细分、目标市场、产品定位三个环节。

2. 金融市场细分是指金融企业把整个金融市场的客户，按一种或若干种因素加以区分，使得区分后的客户需求在一个或若干个方面具有相同或者相近的特征，以便企业相应地采取特定的营销战略来满足这些客户群的需求，以期顺利完成企业的经营目标。

3. 目标市场选择是指金融企业在众多的细分市场中选择一个或几个准备进入的细分市场。

4. 金融市场定位是金融企业根据其所选择的目标市场特点、客户需求特征以及市场竞争状况，确定所要提供的产品类型、价格、促销方式等，力求在客户心目中为自己的产品和企业树立起某种特定形象。

5. 金融营销策略包括产品策略、价格策略、渠道策略、促销策略。金融企业在选择细分市场后，对所选择的细分市场采用不同的营销策略组合。

项目训练

一、单选题

1. 金融企业市场细分的主要依据是（　　）。

A. 企业的产品或服务性质　　　　　　B. 客户需求的差异性

C. 企业地理位置的限制　　　　　　　D. 金融企业的负责人需要

2. 将客户划分为经常购买者、首次购买者、潜在购买者、非购买者的依据是（　　）。

A. 人口因素　　　　B. 地理因素　　　　C. 心理因素　　　　D. 行为因素

3. 将客户划分为传统型、新潮型、节俭型、奢侈型的依据是（　　）。

A. 生活方式　　　　B. 性格　　　　　　C. 购买动机　　　　D. 性别

4. 金融企业将整个市场作为企业的目标市场，不考虑客户需求的差异性是（　　）。

A. 无差异策略　　　B. 差异性策略　　　C. 集中性策略　　　D. 单一性策略

5. 金融企业在市场细分的基础上同时在几个细分市场上从事营销活动是（　　）。

A. 无差异策略　　　B. 差异性策略　　　C. 集中性策略　　　D. 单一性策略

6. 金融企业集中所有力量选择一个细分市场作为目标市场的是（　　）。

A. 无差异策略　　　B. 差异性策略　　　C. 集中性策略　　　D. 单一性策略

7. 金融企业为适应市场需求而研究设计与原有产品有显著差异的产品，这是（　　）。

A. 产品策略　　　　B. 价格策略　　　　C. 渠道策略　　　　D. 促销策略

8. 金融企业通过适当的方式向客户宣传其产品，激发客户购买欲望的是（　　）。

A. 产品策略　　　　B. 价格策略　　　　C. 渠道策略　　　　D. 促销策略

9. 金融企业人员以促成销售为目的，与客户面谈，这是（　　）。

A. 人员促销　　　　B. 广告促销　　　　C. 营销推广　　　　D. 公共促销

二、多选题

1. 金融市场细分的客观基础是（　　）。

A. 客户需求的差异性　　　　　　　　B. 金融企业资源的有限性

C. 客户需求的相同性　　　　　　　　D. 金融企业资源的无限性

2. 有效金融市场细分的原则是（　　）。

A. 可测量性　　　　B. 可进入性　　　　C. 可区分性　　　　D. 可盈利性

3. 金融企业可以采用的目标市场策略主要有以下三种：（　　）。

A. 无差异策略　　　B. 差异性策略　　　C. 集中性策略　　　D. 单一性策略

4. 金融企业市场定位的策略主要有（　　）。

A. 市场领袖定位策略　　　　　　　　B. 市场追随定位策略

C. 市场补缺定位策略　　　　　　　　D. 市场集中定位策略

5. 金融产品品牌策略的类型有（　　）。

A. 单一品牌策略　　B. 品牌延展策略　　C. 多品牌策略　　　D. 独立品牌策略

6. 金融营销策略包括（　　）。

A. 产品策略　　　　B. 价格策略　　　　C. 渠道策略　　　　D. 促销策略

7. 金融产品的派生定价策略有（　　　）。

A. 撇脂定价　　　　B. 渗透定价　　　　C. 折扣定价　　　　D. 小数点定价

8. 金融企业分销渠道主要有（　　　）。

A. 密集性的分销渠道　　　　　　　　B. 选择性的分销渠道

C. 专营性的分销渠道　　　　　　　　D. 复式的分销渠道

9. 促销的主要策略有（　　　）。

A. 人员促销　　　　B. 广告促销　　　　C. 营销推广　　　　D. 公共促销

10. 营销推广的主要方法有（　　　）。

A. 赠送礼品　　　　B. 有奖销售　　　　C. 免费服务　　　　D. 陈列展示

三、名词解释

市场细分　目标市场选择　金融市场定位　差异性策略　人员促销

四、简答题

1. 金融市场细分的作用是什么?

2. 金融企业市场定位的策略主要有哪些?

3. 金融产品的促销策略有哪些?

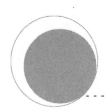

项目六
金融企业目标市场营销流程

知识目标

1. 理解目标客户挖掘和评估的方法与流程，掌握潜在客户转化技巧。
2. 熟悉引导客户需求和观察客户心理特征的基本方法。
3. 熟悉并掌握约访客户、与客户沟通和金融服务展示的流程与基本方法。
4. 熟悉客户拒绝的处理原则及策略，掌握促成交易的时机和基本策略。

能力目标

1. 会按照规定的步骤和方法对客户进行评估和引导。
2. 会写客户需求调研问卷和调研报告。
3. 会按照规定的流程与方法约访客户、进行电话交流和销售面谈。
4. 会撰写金融服务营销方案。
5. 能按照规定的流程和方法进行金融服务谈判。
6. 会草拟客户需求方案。

素养目标

1. 培养学生的团队合作意识和沟通协作能力，使其提升职业素养。
2. 培养学生形成爱岗敬业、认真负责、诚实守信等职业精神。
3. 帮助学生建立正确的竞争观念，培养学生的工匠精神。

案例导入

　　社区金融是未来银行业的重要发展方向之一，社区中存在大量潜在优质客户，所以深耕社区，为客户提供金融服务及非金融服务，可以推动金融业务的快速发展。下面是一段网店客户经理和社区物管负责人洽谈合作事宜的对话：

　　客户经理：陈总，您好！我是××银行的客户经理小王，今天冒昧打扰是因为有一项非常好的社区活动想与贵社区进行合作，这也能加强物业和业主间的联系。

物管负责人：是吗？您详细说一下。

客户经理：是这样的，为了回馈社会、客户，我们银行每年都会联合各大社区、电视台、社会团体举办大型客户节活动。您先看看我们关于客户节活动的宣传短片，之后我再给您详细地介绍。

（边看视频，边看物管负责人的反应）今年的活动已经启动，内容同样丰富多彩，有社区安全防护知识宣传巡展、少儿才艺大赛、少儿安全知识竞赛等系列活动。陈总是物业管理方面的专家，一听就知道这些活动都非常适合社区举办，社区居民也一定会有兴趣参加。

物管负责人：是吗？可是，具体的活动方式还是不太清楚。

客户经理：没关系，我把每个活动详细地给您说说。您看，这是我们的宣传彩页。这次客户节主要是联合社区举办三大活动：安全防护知识宣传巡展、少儿才艺大赛和少儿安全知识竞赛。关于安全防护知识宣传巡展，我们银行统一制作宣传展板，展示内容包括火灾、自然灾害、饮食、气象、疫病等方面的安全防护知识，展示位置可以在社区居民的休闲地。关于少儿才艺大赛，暑期马上就要到了，现在有才艺的小孩子很多，家长都想让孩子在舞台上展示自己，而社区是举办这种活动的最好地方，并且我们这次重点推出的是以小孩为中心的家庭团队参赛，这样，有利于社区文化经营及营造和睦的家庭氛围，为建设和谐社区出一份力。少儿安全知识竞赛也是针对安全防护知识组织的一次答题竞赛，彩页上有题目，您可以看看。另外，对于活动组织优秀的社区，我们银行还会奖励一场社区电影，而参赛获奖的选手还有机会免费参加我们银行专门为高端客户准备的夏令营活动。

物管负责人：这样啊，那举办起来会很复杂吗？

客户经理：这个非常简单，所有的活动我们都设计了详细的操作指引，保证会有条不紊地进行，让咱们物业在业主心目中留下更好的口碑。

物管负责人：你们银行全部承包了活动，那费用谁来承担呢？

客户经理：这都是一些公益活动，费用不会很多。活动过程中的小奖品也都由我们来统一负责，您只要大力支持我们的工作就可以了。

物管负责人：那怎样合作呢？

客户经理：这里有一份合作协议，您先填写相应的内容，然后加盖贵社区公章，我再向分行申请报备，就可以得到上级部门的支持，组织开展活动了。

物管负责人：好吧，那我们社区就先和你们合作一次。

客户经理：非常感谢陈总，也希望通过这次合作能与贵社区建立长期合作关系，为打造我们社区的文化活动品牌出一份力。

资料来源：陆家嘴财富管理培训中心. 零售金融效能提升术. 北京：中信出版集团，2017.

思考：

金融营销人员在寻找客户、挖掘客户的工作中，需要具备哪些能力？

提示：

1. 沟通能力。营销人员需要与客户进行频繁的交流，了解客户需求，向客户传递产品信息和解决方案。因此，良好的口头和书面沟通能力是至关重要的。

2. 技术能力。金融行业的产品和服务通常需要使用复杂的软件和系统。营销人员需要掌握这些工具和技术，以便向客户提供准确和专业的服务。

3. 客户服务能力。客户通常需要个性化和定制化的服务，营销人员需要积极主动地为客户解决问题，确保客户的需求得到满足。

◎ 模块一 目标客户开拓

任务一 目标客户开拓的流程

金融产品是一种特殊的商品，金融产品的无形性和不可分割性使其营销起来比普通商品更难。金融产品的营销人员所面临的真正挑战是怎样从茫茫人海中寻找大量的潜在客户，并且持续不断地去开拓和保持自己的准客户市场。

俗话说"巧妇难为无米之炊"，这句话用到金融产品销售工作同样非常恰当。要在芸芸众生中确定自己要走访的客户确实不是一件容易的工作，但走访客户是营销的第一步，也是关键的一步，是任何商品营销都必须做的。目标客户开拓的流程如图 6-1 所示。

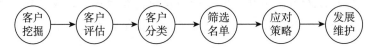

图 6-1 目标客户开拓的流程

一、目标客户挖掘

客户挖掘是客户识别的基础，应通过各种客户挖掘方法，列出潜在客户名单，客户识别才有了具体的对象。金融营销人员弄清楚把产品卖给谁，即谁是自己的推销目标，也就是找到自己的潜在客户，即客户挖掘。

（一）收集客户名单

通常金融营销人员可通过以下途径收集客户名单，取得相关准客户资料，具体挖掘准客户有四大方向：

1. 现有客户转介绍

一个忠诚老客户可以为你带来 250 个新客户，所以现有客户可以说是介绍其他准客户购买金融产品的最佳渠道。从现有客户着手，并请其推荐亲朋好友作为准客户的来源，这种转介绍的方法是金融产品营销中最常用的方法之一。

2. 工商名录

工商名录是系统的资讯来源之一，非常适合金融产品销售人员用于开发企业主准客户。对银行和证券公司而言，可以开发企业大客户；对保险公司而言，通过工商名录往往可以找到不少需要投保的企业主。工商名录中的中小企业，也是个远景看好且值得开发的市场，可以从中充分挖掘准客户。对于近几年才崛起的新兴行业，由于具有不容忽视的雄厚发展潜力，可以作为金融企业的开发重点。

3. 电视、报纸杂志

（1）曾被电视、报纸杂志宣传过的公司或个人。某保险公司的一位业务主任从电视上获知当地某人中了500万元大奖的消息后，觉得该获奖人是个可以开发的准客户。于是通过努力找到该位获奖人，并最终与该获奖人签了价值百万元的大单。

（2）电视、报纸杂志曾报道过的杰出风云人物，不仅值得金融企业去开发，也非常适合成为"影响力中心"的客户。

（3）报纸杂志专访过的人物，由于有基本资料可供参考，不妨在仔细研究后，列入准客户档案，并加以开发。

4. 人际关系网

通常，最容易接近的人来自销售人员的自然市场。自然市场是一群了解你、可以接受你并愿意给你机会的人，自然市场主要包括以下几个部分：

（1）同族——自己的直系亲属和亲戚。

（2）同乡——自己的家乡人。

（3）同事——曾经共过事的人。

（4）同学——小学、中学、大学的同学。

（5）同"好"——和自己有共同爱好和兴趣而聚集在一起的人。

（6）同"居"——同在一个社区或是街道的人。

通过这样一个准客户全面剖析不难发现，在生活的周围，存在着许多值得开发的准客户，只是他们常常被有意无意地忽略了。

（二）潜在客户的标准

潜在客户是指既有购买推销的产品或服务的欲望，又有支付能力的个人或组织。潜在客户应具备三个条件：

（1）有购买某种产品或服务的需要。

（2）有购买能力。

（3）有购买决策权。

寻找潜在客户，营销人员需要根据潜在客户的基本条件，通过可能的线索和渠道，拟出一份潜在客户的名单，采取适当的方法进行客户资格审查，确定入选的合格准客户，并做出客户分类，建立客户档案，妥善保管。

二、目标客户的评估

由于不同的客户具有不同的特征，因此需要对每一个客户进行综合评估，区分出客户对金融服务需求的差异性，进而有针对性地进行服务营销。营销人员应该掌握以下金融客户评估的基本方法：

（一）金融客户评估的依据

金融客户评估，可从自身环境、社会环境两个方面进行。

（1）自身环境评估。客户自身环境主要包括客户的职业、家庭、性别、年龄、文化教育水平等，从上述几方面对客户进行全面评估。

（2）社会环境评估。一是从社会阶层，如人们的收入、社会地位、政治权利等因素进行评估；二是从相关群体，如影响力中心的"示范效应"来进行评估。

（二）设计客户等级评估表

根据对金融客户评估的依据以及客户挖掘的基本方法，结合每一位客户的实际情况，可以编制客户等级评估表。

（三）金融客户的分类级别及相应对策

根据客户等级评估表中每个客户的实际得分，可以将金融客户分为VIP、A、B、C四个不同的级别，据此制定相应的对策。

三、目标客户的分类

依据客户评估的结果对客户进行划分，从而确定对不同类别的客户所采用的营销策略。如可以按VIP、A、B、C四种不同的级别来分类。

（一）按客户性质主要划分为企业客户和个人客户

这是一种重要和基础的划分，几乎所有的金融企业的业务组织架构都划分为"企业业务"和"个人业务"。

（二）按客户规模主要划分为大客户和小客户

需要说明的是，不同行业因为业务不同，对于客户规模的评判标准也不同，对客户规模主要是按资产和收入等标准来划分，以此再确定客户的购买能力。

（三）按客户行业划分

这主要是针对企事业单位客户的划分方法，比如按行业划分为电力、交通、教育、政府等。

（四）按客户性别、年龄、收入水平、偏好、性格等划分

这主要针对个人客户或家庭客户。

四、筛选客户名单

筛选，就是运用一定方法甄别真正购买商品的客户的过程。确定筛选标准，即应具备购买欲望、购买决策权，以及购买能力三个要素。筛选客户的目的是找到价值客户。

名单收集好后，要按准客户的轮廓和要求在准客户卡上筛选出可能购买的客户记录，并罗列出要约访的名单，做好约访计划。一般来说，客户可以分为有明显购买意图并且有购买能力、有一定程度的购买可能、对是否会购买尚有疑问三类。挑选出重点推销对象，会使销售活动效果明显增强。总体来说，重点应放在前两类上。不要让不可能成为你客户的人影响你的判断力，例如，根本见不到的人和根本没有资金的人，需要果断地舍去。

五、确定应对策略

整理分析准客户资料，名单筛选后，先找一类客户，也就是既有购买意图又有购买能力的客户作为主攻对象。根据资料轻松掌握准客户的生活详情，分析该类客户的需求点和购买点，然后再有计划性地为准客户做准备，对症下药，整理出计划书，为约访做准备。

六、客户发展与维护

（一）取得联系，培养关系

做好相应的准备后，与准客户取得联系，了解客户的生活习惯和爱好等，建立从陌生到认知的关系。

（二）决定最佳的拜访时机和方法

根据准客户的习惯和需求选择恰当的拜访时间、拜访方式、拜访话题，精心为准客户准备一份详细的计划，并做好拜访过程中相应的应对措施。

（三）维护更新准客户资料卡

要不断增加和经常更新准客户资料卡，只有不断扩大准客户的数量和提高准客户的质量才能满足不断变化的金融市场需求。

案例分析

如何寻找客户

某销售代表反映：到某工地多次拜访却一直未能见到具体负责的李总，也无法收集到有用的信息。

我就随同他一起去拜访该客户，到了客户办公室见到一个年轻小伙子，我问李总在吗，他说不在。我问他李总到哪里去了，他说在工地。我说："我们来了很多次，一直未能见到他，他在工地也很难找，能告诉一下他的联系方式吗？"我一边说一边用目光搜寻，在他说不方便的同时，我已经看到在办公室内的两门口中间的墙上粘贴着一张通讯录。我说："那不是通讯录吗？看一下。"说的同时我就招呼销售代表上前去看，那小伙子也没有阻拦。

从办公室出来后，我告诉销售代表电话这就有了，我们到工地去找李总。到了工地后，我问了几个看似管事的人几个问题：是否看见李总？李总年龄有多大？身材如何？发型是怎样的？是否戴有眼镜？穿什么衣服？除了穿的衣服不能确定外，其他的他们都给予了答复。由于不知李总究竟在哪一座楼的哪一楼层视察，所以我选择在楼下等候，过了十几分钟，一行五人从楼上下来，我看了一眼告诉销售代表，那位穿蓝色衬衫的就是。销售代表问为什么，我说："老板不瘦，不戴眼镜，不会夹带图纸，剩下的那个派头、气色都没有这个好。"我上前打招呼："您好，李总吧？我是……"我们开始了沟通。

思考：

金融营销人员在陌生拜访时，应该具备哪些技能和素质？

实训活动

学生分为若干小组，模拟怎样寻找目标客户，以熟悉寻找客户的步骤及技巧。

任务二　目标客户的挖掘方法

搜寻客户的关键在于如何确定目标客户的范围，即如何挖掘客户、收集客户的名单，掌握客户挖掘的方法。

一、缘故法

缘故法是指运用身边熟悉的人及人际关系进行客户开拓，这些都是自己所认识的或有密切关系的人，对自己关心且有信心，是发展客户群的基础。

（一）缘故法的对象

1. 已经认识的客户

（1）亲戚：自己及配偶双方的亲戚；

（2）邻居：左邻右舍、房东、房客、社区熟人；

（3）师生关系：小学、中学、大学的同学，校友，老师；

（4）旧同事：以前的老板、上司、同事；

（5）消费关系：商店、健身中心、美容院、医院等地；

（6）老客户：曾经的客户。

2. 有共同的兴趣爱好的客户

文学、音乐、美术、健身、运动等休闲娱乐方面有共同爱好的群体。

3. 所属同一团体的客户

在同学会、同乡会、家长会等民间组织活动中所结识的人。

（二）缘故法的优缺点

运用缘故法挖掘客户的优点是：准客户的资料容易收集；被拒绝的机会较少；成功的机会较大，可以直接切入正题，是新入职的金融营销人员打开营销之门的第一把"金钥匙"。但不足之处是用得不好会让对方觉得被你利用了。

（三）使用缘故法扫除障碍的原则

（1）以专业的形象出现，取得信任。

（2）用诚意打动对方，扫除偏见。

（3）让准客户切实感觉到你很关心他。

二、转介绍法

客户转介绍是通过已有客户或其他人脉资源，寻找并接触新的客户。该方法具有耗时少、成功率高、成本低等优点，是比较简单易行的营销方式。

（一）转介绍法的特点

有影响力的人的推荐将在很大程度上消除准客户的疑虑，被介绍的准客户容易接受；同时，转介绍法的目的明确，可开门见山。

（二）转介绍法可用的人脉资源

转介绍法可用的人脉资源包括：（1）缘故法认识的人；（2）现有客户；（3）准客户；（4）街头访问、咨询而获取的准客户。

金融营销人员可以通过优质的服务与一个或多个社会资源较多的人建立良好的关系，即建立一个影响力中心，从而利用他人的影响力，去挖掘新的客户，建立口碑。

三、直冲法

直冲法也叫陌生拜访法，就是直接寻找素不相识的人做面谈，可以随机地、顺路地拜访，也可以选择自己有兴趣的单位或个人做拜访。此法比较适合社会关系少的员工。在采用这种方法时，销售人员不应抱有太高期望，而应把它当作对自己能力的测试，反而可能有意外收获。

（一）直冲法的优点

市场无限大，客户无限多；可以立即进入营销面谈阶段；无得失心，以量取胜；极好的推销技巧的锻炼机会；更能有效磨炼自己的销售心态，尤其是强化处理拒绝问题的能力。

（二）直冲法的缺点

销售人员会遭到很多拒绝，成交率较低，会产生较大的挫折感；需要更大的勇气和不屈不挠的精神；需要长时间与客户建立关系。

四、社团开拓法

社团开拓法即参加各种社团组织，如俱乐部、沙龙、旅行团等活动，认识不同的人或组织，或是选择一家少则数十人，多则数百人，而且人员相对稳定的企事业单位作为展业基地，并定点、定人、定时对这些组织或单位进行服务和销售活动。

社团开拓法的优点是比较容易进行多方面、多层次的销售行为，接触的人或组织有较强的参与力和购买力，能产生良好的连锁效应。需要注意的是，社团一旦选定就必须花时间并派专人长期驻守。一般每个开拓好的社团都有固定的营销服务人员进行长期的服务和营销。例如，银行的企业业务部和保险公司的团险业务部都是专门为开拓社团而设立的。

五、信函开拓法

信函开拓法，就是通过邮政途径，根据商务信息和广告内容的适用范围，分门别类地制作商业信函，选择有针对性的目标客户寄发函件广告。它具有针对性强、寄递范围广、费用低、人情味浓、保密性强、广告效果好等特点。

案例分析

转介绍

不断地增加新贵宾客户一直都是银行努力的目标，营销人员走出去、请进来，举办各种活动去开发新客户，非常辛苦。可是如果让客户介绍，就能节省很多时间和精力，特别是在节日这种旺季营销时期，借着回馈感谢客户的时机，开展客户转介绍活动。那么，针对客户转介绍，客户经理应该怎样把握时机呢？

客户经理：蒋小姐，新年好！

客户：新年好。

客户经理：我这里先给您拜个早年，祝您事事顺心，财源广进！

客户：谢谢。

客户经理：今天请您过来是给您准备了一份新年礼物，感谢您一直对我们银行的支持。

客户：谢谢啊。

客户经理：不客气。另外我们银行在春节期间推出了新增贵宾客户送礼的活动，而且推荐人还能获得相应的积分奖励，我多留几张名片给您，要是您身边有需要的朋友可以让他们直接过来找我。

客户：嗯，好的。

客户经理：那就先谢谢您啦。

资料来源：《零售银行》编辑部. 银行网点四季营销指南. 广州：广东旅游出版社，2017.

思考：

在什么情况下可以让客户进行转介绍？

提示：

案例是在年关的时候，银行针对客户的送礼活动是必不可少的。特别是针对一些重要的贵宾客户，客户经理往往会直接登门送礼答谢，由于是相对熟悉的关系，在礼物送出时客户经理可以直接开口让客户进行转介绍。

实训活动

学生每 6 人分为 1 小组，讨论不同的客户开拓方法的优缺点，并针对其中一种开拓方法进行演练。

◎ 模块二　目标客户面谈接触

任务一　客户约访

约访是指销售人员与客户协商确定访问对象、访问时间和访问地点的过程。约访在推销过程中起着非常重要的作用，它是推销准备过程的延伸，又是实质性接触客户的开始。

一、约访的原则

（一）确定访问对象原则

确定访问对象即确定与对方哪个人或哪几个人接触。

（1）尽量设法直接约见购买决策人。

（2）尊重接待人员。为了顺利地约见目标客户，必须取得接待人员的支持与合作。

（3）做好约见前的各项准备工作。如必要的介绍信、名片，要刻意修饰一下自己，准备好"态度与微笑"。

（二）确定访问事由原则

任何推销访问的最终目的都是销售产品，但为了使客户易于接受，销售人员应仔细考虑每次访问的理由。比如，认识新朋友、市场调查、正式推销、提供服务、联络感情、签订合同、收取贷款、慕名求见、当面请教、礼仪拜访、带口信等。

（三）确定访问时间原则

（1）尽量为客户着想，最好由客户来确定时间。

（2）应根据客户的特点确定见面时间。注意客户的生活作息时间与上下班规律，避免在客户最繁忙的时间约见客户。

（3）应根据推销产品与服务的特点确定洽谈的时间，以能展示产品及服务的时间为最好。

（4）应根据不同的访问事由选择日期与时间。

（5）约定时间时应考虑交通、地点、路线、天气、安全等因素。

（6）应讲究信用，守时。

（7）合理利用访问时间，提高推销访问效率。如时间安排上，在同一区域内的客户安排在一天访问，并合理利用访问间隙做与销售有关的工作。

（四）确定访问地点原则

（1）应照顾客户的要求。

（2）最经常使用，也是最主要的约见地点是办公室。

（3）客户的居住地也是销售人员选择的约见地点之一。

（4）可以选择一些公共场所。

（5）公共娱乐场所也是销售人员选择的地点之一。

二、约访的方法

（一）信函约访

信函是比电话更为有效的媒体。虽然随着时代的进步出现了许多新的传媒，但多数人始终认为信函比电话显得更尊重人。因此，使用信函来约见访问，所受的拒绝比电话要少。另外，运用信件还可将广告、商品目录、广告小册子等一起寄上，以增加客户对此的关注。有些行业甚至只使用广告信件来做生意。这种方法有效与否，在于使用方法是否得当。

通常情况下，信件的内容包括问候、寄信的宗旨、拟拜访的时间，同时附上广告小册子。一般信件的写法如下：

王先生：

您好！我是××保险公司的张三，和您的同学李四是好朋友。从他那里得知，您在事业上取得了非凡的成就，恭喜您！

我非常想向您讨教成功之道，同时也让我能有机会给您推荐一份新的理财计划，许多与您一样成功的人士对其都很认同，相信对您一定也会有帮助。我将在近日拜访您，恳请接见。

祝商祺！

××呈上

20××年×月×日

使用信函应注意：如果对方的职业或居所不适宜收信，那么使用信件约见的方法极可能失败。如果对收信人对该商品是否会注意、收信人的职位是总经理还是其他、寄达的地方是办公室还是私人住宅等问题均未加考虑，而盲目地将信件寄出，可能会被客户当成垃圾信件处理掉。

（二）访问约见

访问约见，是通过访问客户来和客户商定面谈时间。访问约见会占用时间，交通成本也较高，但有助于通过观察客户的家庭环境、工作环境等来了解客户。

（三）电话约访

电话约访，就是利用通信手段与客户约见。电话约访的时间、交通成本很低，可以用于信函约访的跟进，也可以用于普通客户的约访。电话约访使用非常广泛，是目前最常用的约访准客户的方法之一。

电话约访的理由是建立在之前已经和这位客户有过几次电话沟通和面谈的基础之上的，首先要对客户的产品购买取向和投资取向有一个大致的了解，再依据客户的类型设计不同的约访由头。电话约访的唯一目的是创造和客户在网点面谈的机会,从而提高产品营销的成功率,所以电话约访的重点就是尽量不要在电话中直接介绍产品的收益,适当的时候可以介绍产品的卖点,其重点在于寻找与客户面谈的理由,并且记得一旦客户同意面谈一定要敲定见面的时间。

电话约访要注意三个要素:并非在电话中卖产品;要有足够的由头;需要敲定邀约见面的时间。

综上所述,电话约访是针对有过沟通基础的客户,在了解客户产品取向的基础上,设计电话约访的理由,并在电话中尽量敲定见面的时间。

电话约访开场范例1:

营销员:"温先生,您好,我是××保险公司的保险顾问刘××,是您的朋友王××先生介绍我打电话给您的,王先生是我们公司的老客户,他认为我们的产品很符合您的需求,所以让我打电话跟您聊一聊。"

(利用第三者介绍法开场)

客户:"哦?我怎么没听他说过呢?"

营销员:"是吗?那真不好意思,估计是王先生最近忙,还没来得及给您说吧。您看我真是心急,冒冒失失地就给您打电话了。"

客户:"没关系。"

营销员:"温先生,我给您简单介绍一下我们的保险产品吧……"

电话约访开场范例2:

营销员:"温先生,您好,我是××保险公司的保险顾问刘××,是这样的,您上个月给我们公司打过咨询电话,我当时给您提供了一份资料。这次打电话给您,是想了解一下您对资料有哪些不明白的地方,我可以给您做个解释说明。"

(利用巧借东风法开场)

客户:"有,里面有一条……是什么意思啊?"

营销员:"哦,这条的意思是……"

案例分析

电话约访陌生客户

营销员:"梁先生,您好,我是××保险公司的销售员小周。"(自报家门)

客户:"你好,找我有什么事啊?"

营销员:"请问您此前购买过保险吗?"(探询客户的保险需求状况)

客户:"没有。"

营销员:"嗯,现代社会竞争压力大,生活节奏快,很多人都没空考虑这方面的事情。不过我还是建议您在百忙之中拿出一点时间,为自己和家人做一个家庭财政方面的规划,这对家人的生活,尤其是孩子将来的教育有很大的好处,您说呢?"(向客户介绍保险的意义和价值,试探客户对保险的态度)

客户:"嗯,我听说买保险挺麻烦的,要不你先给我发份资料过来吧。"

营销员："好的，请问您的邮箱/微信是？"

客户："我的邮箱是……"

（几天后）

营销员："梁先生您好，我是××保险公司的小周，前几天给您打过电话，还给您发过一份资料，请问资料您看完了吗？"

客户："看完了，不过里面讲的东西有点复杂。"

营销员："那这样吧，您看您是明天上午有空，还是下午有空？我过去给您解释一下。"

（用"二选一法"提高邀约的成功率）

客户："不用了，我不见得买。"

营销员："梁先生，您不必担心，我只是想向您解释一下相关的问题，至于买不买，完全由您自己决定。您看我什么时候过去合适呢？"

（用"解释一下相关的问题，买不买没关系"解除客户的顾虑）

客户："那明天下午吧。"

营销员："谢谢您，梁先生。那咱们明天下午见。"

（向客户表示感谢，以便给客户留下一个好印象）

思考：

如何有效地电话约访陌生客户？

实训活动

学生分为若干小组，演练金融营销人员电话约访客户的技巧。

任务二　客户沟通

当经过约访成功地走近客户的时候，需要掌握一些与客户接触的方法和技巧，这样才能和客户接触成功，进而有更多的交流机会，最终实现自己的销售目的。

一、接触客户的步骤

步骤1：称呼、打招呼。

步骤2：自我介绍、递名片。

步骤3：感谢对方的接见，诚恳地感谢对方能抽出时间接见自己。

步骤4：寒暄。

步骤5：表达拜访的理由。

步骤6：赞美及询问。每个人都希望被赞美，在被赞美后，客户的情绪会很好地被调动起来，接着以询问的方式引起客户的注意或者引导客户的需求。

选择赞美法要注意：

一是选择适当的赞美目标。必须选择适当的目标加以赞美。就个人购买者来说，个人的长相、衣着、举止谈吐、风度气质、才华成就、家庭环境、亲戚朋友等，都可以给予赞美；就组织购买者来说，除了上述赞美目标之外，企业名称、规模、产品质量、服务态度、经营业绩等，也可以作为赞美对象。如果信口开河，胡吹乱捧，则必将弄巧成拙。

二是选择适当的赞美方式。赞美客户，一定要诚心诚意，要把握分寸。不合实际的赞美，虚情假意的赞美，只会使客户感到难堪，甚至导致客户对营销人员产生不好的印象。对于不同类型的客户，赞美的方式也应不同。对于严肃型的客户，赞美语言应自然朴实，点到为止；对于虚荣型客户，则可以尽量发挥赞美的作用。对于年老的客户，应该多用间接、委婉的赞美语言；对于年轻的客户，则可以使用比较直接、热情的赞美语言。

步骤7：收集客户资料。

收集准客户资料是营销人员接触准客户时的工作目标，是开发客户的一个关键点。收集准客户资料，有助于金融产品销售人员把握客户的潜在需求。在这个环节，要多问问题，并且学会倾听。

收集客户资料有以下两种方式：

（1）多问准客户一些感兴趣的问题，如爱好、工作、家庭、孩子教育等，与客户进行情感交流，获取客户信息，寻找突破口，寻找卖点。

提问有两种方法：一种是开放式提问，即问题没有固定答案，可以让准客户畅所欲言，了解准客户的真实需求；另一种是封闭式提问，即将客户的回答限定在"是"与"否"的选择中，这样有助于营销人员掌控局面，在与准客户谈话过程中将谈话内容向自己想表达的方向引导。营销人员在不同的场合选用不同的提问方式，做到有的放矢，才能得到满意的效果。

（2）学会倾听。倾听需要面部表情、肢体语言、口头语言的配合。倾听是一种情感交流，也是销售人员尊重客户的表现。经验证明，倾听者更能获得客户的好感，一个彬彬有礼的倾听者是不容易被拒绝的。

在倾听过程中，要重点把握以下六个方面：

一是永远都不要打断客户的谈话。无意识的打断是可以接受的，有意识的打断是不礼貌的表现。

二是清楚地听出对方的谈话重点。在与准客户的沟通中，销售人员需要清楚听出对方想表达的意思。很多准客户有时不愿意直接表达自己的真实意愿和需求，而是通过间接的方式表达，这就需要销售人员听清楚准客户真正在说什么。能清楚地听出对方的谈话重点，也是一种能力。

三是适时地表达自己的意见。谈话必须有来有往，销售人员在不打断客户说话的前提下，应适时地表达自己的意见。这样做可以让客户感受到销售人员始终都在注意听，而且听明白了，还可以避免走神或疲惫。

四是肯定对方的谈话价值。在谈话时，销售人员要适时地肯定客户的谈话价值。这样，客户会很高兴，对肯定他的人也会产生好感。

五是配合表情和恰当的肢体语言。与人交谈时对对方说话内容的关心与否直接反映在你的脸上，所以你无异于他说话时的一面镜子。所以销售人员说话时还必须配合恰当的表情和肢体语言。当然，要牢记切不可动作夸张，如过于丰富的面部表情、手舞足蹈、拍大腿、拍桌子等。

六是避免虚假的反应。在客户没有表达完自己的意见和观点之前，销售人员不要做出比如"好！我知道了""我明白了""我清楚了"等反应。这样空洞的答复只会妨碍你倾听准客户的讲话或阻止准客户进一步解释。在准客户看来，这种反应等于在说"行了，别再啰唆了"。如果你恰好在客户要表达关键意思前打断了他，会使客户不愉快。

同时，在接触的过程中，不可过于表现自我，出尽风头，而应做有效的沟通。

二、建立信任

（一）良好的第一印象

第一印象是客户与营销人员第一次接触后形成的印象。心理学研究表明，人们在7秒钟之内的第一印象可以保持7年，给客户留下的第一印象一旦形成，就很难改变。良好的第一印象，60%来自表情、服饰、姿态、仪表、谈吐、眼神等方面；40%来自声音、说话内容。研究表明，80%的购买是因为客户信任营销人员，而不是产品和价格。因此，在先入为主的心理影响下，第一印象往往能对人的认识产生关键作用。

建立良好第一印象的技巧如下：

（1）标准的职业形象。当客户刚开始不了解对面的营销人员究竟具备什么能力的时候，他通常是通过其外在的形象来判断他是否专业，所以营销人员的着装要专业、整洁、有气质。外在的形式能够约束人们的内心精神，专业的着装对营销人员的内心有一定的约束。

（2）热情积极的态度。营销人员在销售过程中要始终保持热情积极的态度。微笑是一种态度，微笑中有宽容、有安慰、有自信。微笑可以向客户呈现出一个积极的形象，表现你的友善，同时它也是与人沟通的催化剂。

自然微笑法要注意三点结合：微笑与眼睛的结合、微笑与语言的结合、微笑与身体的结合。

（3）有吸引力的开场白。第一句话的印象是营销人员成败的关键，开场白的传达方式、真诚与创意会影响整个约谈的气氛，也会影响客户的聆听态度，营销人员是否能够打动客户的心，取决于对开场白技巧的掌握。

（二）以客户为中心

以客户为中心，就是要求营销人员做到先解决客户的问题，充分了解客户需求，并为客户提供满意服务，让客户真切体会到产品带来的价值、营销人员的真诚和专业性，这对与客户建立信任关系非常重要。

以客户为中心需要做到以下几点：

（1）第一时间解决客户的问题，是重要的建立信任关系的方法。

（2）关注客户需求，通过提问获知客户的信息。

（3）用良好的服务体现以客户为中心。

（三）真诚的赞美

在和客户交往的过程中，巧妙地赞美客户，往往能够拉近与客户的距离。人是有感情的，人人都喜欢听赞美自己的话，往往一句简单的赞美也会令对方感到无比的温馨，自然而然就可以化解与客户之间的生疏感，进而与客户打成一片。同时还要学会真诚、自然地赞美客户。

（四）建立同理心

"同理心"指能设身处地理解他人的情绪，体会身边人的处境及感受，并可恰当地回应其需要。在金融产品销售中，"同理心"就是站在客户的立场上，同情、理解、关怀客户，接受客户的内在需求，并尽量予以满足，从而最大限度地满足客户的需求，使客户感到营销人员是和自己站在一起的。

合理地运用"同理心"能够让营销人员在判断客户决策路径的过程中，充分地认识客户的情绪、感受及需要，最终形成以客户需求为导向的销售模式。

建立深层次的"同理心"要做到以下几点：

（1）站在客户的角度，将心比心，把自己放在客户的位置，体验客户的处境。

（2）专心倾听客户讲话。专心地倾听客户的谈话，不时加以回应，可以让对方觉得被尊重。

（3）正确辨识客户的情绪。营销人员要善于观察客户的非语言性动作，从中可以解读客户心底深处的想法。

（4）正确解读客户说话的含义，从客户的话语和表情中理解客户真实的想法。

（五）真诚的态度

营销人员刚与客户接触时，客户都会怀有戒备的心理，出于安全考虑，客户往往会将自己的真实情感隐藏起来。营销人员只有真诚地对待客户，才能使客户放下戒备心，对营销人员敞开心扉，营销人员才能从客户那里获得真实的信息，才有机会挖掘客户的需求，客户才会放心购买其销售的产品。

（六）良好的专业能力

客户购买产品，也希望得到专业的服务，金融产品专业性较强，营销人员具备卓越的专业能力不仅能够为客户提供良好的服务，也能赢得客户信任。营销人员所必须具备的专业能力包括对自己的产品、服务和企业状况，竞争对手的产品、服务和企业状况以及行业状况有清晰的认识和了解。

营销人员对于自己所销售的金融产品，不仅应当非常了解、熟悉，知悉其相对于竞争对手的优势，同时一定要很清楚自己的产品在客户那里是如何被使用、如何帮助客户创造价值的，这样才能帮助客户做决策，提高客户运用自己的产品解决问题的能力。树立起专业形象更容易赢得客户的信任。

专业能力获得的途径包括以下四个方面：

（1）通过接受公司的岗前培训获得。如今很多金融企业都为员工提供了完善的培训，员工可以通过培训提高自己的专业能力。

（2）通过阅读获得。如阅览公司的网站，阅读产品说明、公司内刊、媒体的相关报道等。

（3）通过与同事、同行沟通获得。

（4）通过亲身体验、亲自使用获得。

（七）常见的营销误区

下面列举了金融销售人员常见的销售误区，营销人员在展业过程中应尽量避免。

（1）过于功利，急于求成。

（2）"海阔天空"，忘记正题。

（3）话太多，说个不停。

（4）提问技巧不足，事前无准备。

（5）不能专心倾听，喜欢表现自己。

（6）太老实，无法开口赞美。

（7）喜欢探究对方隐私。

（8）不注意观察，忽略肢体语言。

案例分析

营销人员了解客户是否有购买决策权

营销员："邓先生，关于买保险的事情，您还需要参考家人的意见吗？"

（试探客户有无购买决策权）

客户："当然需要了，买保险主要是给我太太和孩子提供保障用的，当然得征求他们的意见啦！"

营销员："您这么为家人着想，真是一位体贴的好老公、好父亲！您太太有没有说对保险有什么具体要求吗？比如保障额度、保费预算、保障项目等方面。您说出来我好为您推荐一些条件相当的保险产品。"

（通过赞美赢得客户好感，同时了解决策人的购买需求）

客户："哦，她希望……"

营销员："哦，那这几款保障计划挺合适的，要不等改天您和您太太都在家时，咱们再一起聊一聊。"（邀请客户及其家人一起聊一聊）

思考：

知道客户有决策权后，如何有效地推荐保险产品？

实训活动

学生每3人为1组，其中1人扮演客户，1人扮演销售人员，1人做观察员，演练接触探询客户的步骤，重点演练如何赞美与寒暄。

任务三　金融产品展示说明

展示和说明是指切入主题，向客户展示和说明有关商品的行为与过程。推销的目的是把商品卖出去。但是，人们在对商品的利益、功能没有了解清楚之前，是不会愿意购买的，必须就销售的金融产品向客户做一个全面、清晰的说明和展示，使客户认同销售人员说明的内容，从而唤起客户的购买需求。所以展示和说明的目的就是通过展示公司实力与个人能力，激发准客户的兴趣，根据准客户风险承受能力，介绍适合的投资产品，引导客户促成缔约。

知识拓展

2021世界数字经济大会，交行展示数字金融成果

10月15日，2021世界数字经济大会暨第十一届智慧城市与智能经济博览会在宁波开幕。大会支持单位交通银行携最新金融科技创新应用成果亮相展厅。

本次大会，交行展厅开辟了"交银e办事"品牌展示区、数字人民币宣传服务区、沉

浸式金融服务体验区三大展区，集中展出交行运用人工智能、大数据等金融科技，为赋能城市数字化转型打造的系列金融产品。

金融科技助力智慧城市建设

"交银e办事"品牌紧紧围绕民生需求，通过数字化手段，结合银行金融服务属性，有效协助政府提升服务小微企业、服务市民的能力。交行展区内，观众既能看到"惠民就医""交银养老""信用付"等惠民产品，也能看到"抵押直联""便捷开户""普惠e贷""e关通""跨境e金融"等服务于实体经济的金融产品，充分体现交行"让数据多走路，让客户少跑路"的产品设计理念。

其中，"惠民就医"是交行为医保客户定制的专属数字金融产品，全线上完成申请，即签即用。依托金融科技重塑医疗付费流程，让市民享受安全、便捷、免排队的医疗支付体验。目前交行"惠民就医"服务已在上海、宁波等十多个城市上线。

"抵押直联"是交行与当地不动产登记机关系统进行互联，通过数据共享模式，提升业务办理效率。客户在办理贷款时无须多次往返于银行与登记机关，实现"最多跑一次"。目前，交行宁波分行已与宁波市自然资源与规划局不动产登记系统数据互联，有支持公积金贷款抵押、支持跨省通办等诸多亮点。

"普惠e贷"产品依托互联网技术，整合税务、征信、工商、结算等数据，通过"大数据"模型，快速评估企业经营情况，在线向小微企业发放贷款。小微企业融资，不跑腿、不排队，随时随地在线申请，智能秒批。

数字人民币创新消费体验

数字人民币是由人民银行发行的数字形式的法定货币，交行作为试点运营机构之一，不断拓展场景建设，支持数字人民币在民生消费领域的应用。在交行展区，市民可以通过移动支付场景，体验扫码支付购咖啡、刷脸支付购物等服务，感受数字人民币带来的安全和便捷。

XR技术助阵沉浸式互动

XR技术是AR的升级，可以实现虚拟世界与现实世界之间无缝转换的"沉浸感"体验。进入体验区内，观众可感受到采用此技术呈现的交行百年历史、信用卡业务等内容。

大会期间，交行举办了以"金融科技，让城市更智慧"为主题的数字金融发展高层论坛，聚焦"十四五"新时期金融科技赋能城市治理新方向，搭建交流互动平台，为长三角地区，尤其是宁波市全面实施数字化改革、推动数字经济高质量发展提供有力支撑。

资料来源：2021世界数字经济大会，交行展示数字金融成果.同花顺财经，2022-02-14.

一、展示与说明的要点

(1)建立专业的形象。正式的着装是一个销售人员必须注意的细节，好的职业形象会给客户留下良好的印象，增加客户信任。另外，配备完整的展业工具和展业资料，如手提电脑、公司的简介、公司研究报告等，能体现专业形象。

(2)充实的专业知识。金融销售人员是靠专业知识和优质服务取信于客户的，在准客户面前充分展示专业能力是此环节的关键点。所以，金融销售人员必须加强学习，充实自己的专业知识，提高自己的专业素养和能力。

(3)把握说明时机。在进入面谈的过程中，要了解客户购买金融产品的欲望有多强烈，如果客户没有购买金融产品的打算就不要进行说明或展示建议书。

（4）商品说明导入。若客户有购买金融产品的需求，则应马上导入说明。说明的时机一定要把握住，不可延误时机。例如，小张是某银行信用卡销售人员，学识丰富，人缘极佳，拜访客户时常天南地北大聊特聊，一连几个小时过去了，本来客户还挺有兴趣，但由于小张没有很好地控制局面，主题没有恰当切入而失去了说明的机会。

（5）导入面谈话术。例如："张先生，根据您刚才所说的情况，我觉得我们公司最近推出的××金融产品比较适合您……"导入商品说明后，通常采用以下三种方法说明：口谈、笔算、建议书说明。第一种方法一般是初次接触时客户认同后采用的方法；第二种和第三种方法是了解了客户资料并已进行初次接触后使用的方法。

二、展示与说明的步骤

向客户做展示和说明，主要是为了激发客户的兴趣，此过程可分为三个步骤进行：

第一步，描述金融产品的功能和具有的意义。比如讲述保险产品的功用，讲述投资股票或基金成功者的故事。

第二步，建立购买点及展示资料，资料包括理财产品的收益率、信用卡的透支额度、股票交易的手续费、保险的保险金额等。比如将各种投资进行比较，突出自己公司和产品的优势。

第三步，金融产品或建议书说明，这一步说明主要是确认购买点，描述商品特征，说明购买利益、所需费用及商品优点。对新的销售人员而言，由于专业知识少，很难直接切入商品说明过程，可先通过金融产品的意义与功能的描述以及借助各种展示资料，建立客户购买点，最后转入对金融产品的说明。对金融产品的说明是整个展示过程的重点。可利用自己成功推荐股票、基金或保险的案例，利用投资的品种或建议书等激发客户的兴趣。

首先，确认客户购买点。例如，在营销中可以这样切入："陈先生，您是为将来孩子上学的费用担忧，是吗？""王先生，您是担心将来您年老退休之后的生活不如现在，是吗？"

其次，用简明扼要的语言将商品的特征介绍给客户，以引起客户的兴趣。

最后，向客户介绍他购买的利益。介绍时，应注意使用形象化的语言。例如，"保险就像您的一个听话的仆人，什么时候用，什么时候来""保险就像一个灭火器，也许您平时不怎么用得上，但是关键时刻却必不可少"。

购买金融产品所需要的费用也是客户关心的事情，在说明的时候，应给客户一个可以接受的费用，并让客户明白，这个费用是可以根据他的情况而变化的。

在金融产品的展示和说明过程中，为了突出金融产品的优点，可以向客户提供一些有利的证明，如已购买金融产品的客户资料、产品发票复印件、客户档案卡等，让客户明白很多人都已购买过这种金融产品。

案例分析

营销人员打算向客户推介少儿保险产品

营销员："梁先生，这是您孩子平时练字用的笔墨吧？"

（抓住客户的"软肋"，以孩子开启话题）

客户："是的，我们家孩子非常喜欢写字，已经学了快一年了。"

营销员："您真是一位有远见的好父亲，一个优秀的孩子背后肯定有一对有远见的父母。"（赞美客户有远见）

客户："呵呵，做父母的都一样。"

营销员："对了，梁先生，您家孩子既要上学，又要学习书法，一个月的花费应该不少吧?"（探询孩子的教育开销情况）

客户："是啊，每个月3 000多元呢!"

营销员："真是可怜天下父母心啊，难怪您家孩子这么上进。对了，您有没有预算过，您孩子从现在到大学毕业大概需要多少教育费用呢?"

（引导客户对孩子未来的教育支出做预算）

客户："这个我倒没有认真算过，不过我每个月都会存一笔钱，专门用于他将来读书的。"

营销员："您真是有远见啊。您孩子现在6岁，到他23岁左右大学毕业，还有十七八年的时间，依您估计，每年孩子的教育开销得需要多少呢?"

（继续引导客户对孩子未来的教育支出做预算）

客户："平均得3万元左右吧。"

营销员："那十七八年下来得50多万元啊!"

客户："嗯，这数目惊人啊。没办法，只能努力挣钱、攒钱呗。"

营销员："梁先生，不知您是否想过? 如果有一天，您和您太太的收入减少了，或者中断了，这巨额的50万元教育费用谁来为您孩子支付呢? 您留下的积蓄够他十几年的教育费吗?"（向客户分析缺乏教育基金可能带来的风险与后果）

客户："这……"

营销员："梁先生，如果让您每天从收入中省出20元，您觉得困难吗?"

客户："这个应该没什么问题。"

营销员："如果每天省出的这20元不仅能支付您孩子将来的教育费用，还能获得重大疾病的保障，您觉得这20元值吗?"

（抓住时机切入少儿险的产品推介）

客户："你说的应该就是保险吧?"

营销员："对，我给您详细说说吧……"

（向客户详细介绍）

思考：

如何步步深入，达到向客户介绍产品的目的?

实训活动

学生每3人为1组，其中1人扮演客户，1人扮演销售人员，1人做观察员，演练展示和说明金融产品的步骤，重点演练导入话术。

模块三 客户拒绝的处理

任务一 客户异议处理概述

客户拒绝处理技巧，也称客户异议处理或抱怨处理技巧，是营销技巧中非常重要的一部分。拒绝处理贯穿金融产品专业化营销流程中的所有营销环节，但"异议代表商机"，提出异议表示客户在听你说话，他可能希望了解更多的资讯；妥善处理客户拒绝可增强专业形象，并促成交易。

一、拒绝处理的原则

（一）拥有正面的心理素质

在金融产品的销售过程中，在客户分析、销售技巧的应用、领导统驭、管理等各个方面，心理素质都是最重要的。心理素质好了，销售技术可以完全地发挥出来。所以，业务人员要能够接受拒绝的正面价值，面对客户的拒绝时，业务人员的态度要谦虚、诚恳，要反省被拒绝的原因，主动承担责任，争取机会完成再次推销。这时，客户的拒绝就产生了正面价值，是要求我们表现得更好。拒绝是告诉我们还没有充分了解客户的需求，所以应该重新布局，展开推销。客户拒绝并不代表永远不购买你的产品。

（二）保持积极的心态

面对客户拒绝，业务人员不要总是抱着灰色的、负面的想法，而应当抱有正面的想法。比如，当客户拒绝你的时候，可能你讲了十点内容，他只是拒绝了其中两点而已，如果这两点能够解决，也就能让客户百分之百地满意了。那么，可以针对这两点与客户合作，解决问题。要解决问题，一定要让对方参与进来共同思考，共同分工合作。所以，在面对拒绝时，业务人员的心态应该乐观积极，应检查自己的布局有什么错误，进行及时调整，然后重新展开销售策略。

（三）探讨客户为什么拒绝

客户拒绝的原因有很多，既有人为因素，也有产品、竞争性以及服务等的因素。例如，客户情绪处于低潮时，没有心情进行商谈，容易提出异议；客户的意愿没有被激发出来，没能引起他的注意及兴趣；客户的需要不能充分被满足，因而无法认同你提供的商品；客户预算不足会产生价格上的异议。

（四）设法破解有关秘密异议

购买异议有公开和秘密之分。公开异议是指客户用各种方式直接向销售人员提出的各类购买异议。秘密异议则是隐藏在客户内心深处的有关购买异议。由于某些特定的原因，客户对销售产品与销售行为的反对意见不愿外露，不愿轻易向销售人员表达出来，这实际上加大了销售人员处理客户异议的难度。在实际销售工作中，有些客户一方面提出种种无关异议或借口，另一方面又隐藏真实的异议，声东击西，妨碍成交。对于客户的秘密异议，销售人员的首要工作就是设法破解，通过各种手段把这些秘密异议转化为公开异议，在此基础上找出异议的真实根源，运用适当的技巧，妥善处理那些异议才是根本之道。

(五)谨防卷入各种无关异议

在销售过程中，客户有可能提出一些与销售活动毫不相关的无关异议，对此，销售人员应尽量回避。所谓无关异议，是指客户在销售过程中所提出的与销售活动本身没有直接联系的各种反对意见。销售人员的主要任务是说服客户，达成交易，而不应抓住客户提出的无关异议大做文章。无关异议的根源十分复杂，销售人员完全没有必要去理那些与销售不大相干的问题，应该尽量回避各种与购买无关的异议。销售人员的兴趣应当在于客户对买卖的看法，而不在于客户对任何其他事情的观点。如果销售人员卷入无关异议，就会浪费销售时间，甚至失去成交机会，有百害而无一利。

上述是金融产品销售人员应对拒绝处理的一般原则，依据这些原则，销售人员可以更好地把握处理各种异议的界限和分寸。当然，在实际运用中要注意具体情况具体对待。处理客户异议，既要讲究原则，更要讲究方法，只有灵活运用最恰当、最有效的处理方法，才能成功处理好客户的各类异议。

思政课堂

客户报复：99元分成99次存

99元钱分成99次，每次只存入1元钱。李先生以此来"报复"一家银行。李先生称，银行总排长队，让自己等得太久，还存在其他一些不合理的现象。他找银行一位值班经理反映情况，结果该经理扔下一句"不可能"，转身离开。他是"以其人之道还治其人之身"，"报复"时间长达3个半小时，直至银行经理道歉方罢手。

李先生为了报复银行，"霸占"银行窗口3个半小时。这样的报复不仅过激，而且影响了别人办理业务。对他的做法，大家并不赞成。但从这件事情上，更应该吸取教训的是银行。

客户为什么要报复银行？归根到底还是银行的服务不能让人满意。排长队本来已经够让人郁闷了，如果再遇上银行人员的态度不佳，客户郁积的不满难免爆发，生出报复的念头。

银行和客户，本应是互惠互利的关系，为何有时竟出现剑拔弩张的局面？特别是银行，本来是靠客户吃饭的，应该把客户看成是衣食父母才对。可有些银行，只重视大客户、贵宾客户，对普通客户重视不够。其实，虽然普通客户在银行的业务量不大，但由于人数众多，其为银行所做的贡献也不小，银行完全没有理由予以轻视。同时，作为服务部门，理应对所有的客户一视同仁，提供同样优质的服务。

从银行角度思考这个案例，客户的报复是银行的耻辱。银行应反思一下，自己为什么会被客户报复，采取怎样的措施，才能提升临柜服务质量和效率。对于我们每一位未来金融从业人员，在日常的客户满意和客户忠诚维护中，要关注产品和服务的质量，沟通及关怀客户。出现客户抱怨和客户投诉时，应不逃避，不推诿，勇于承担责任，真诚对待客户。

思考：

如何提升金融企业员工的服务意识以避免与客户发生冲突？面对客户的异议该如何处理？

二、异议的处理方法

异议的处理技巧很多，下面重点介绍三种：

异议处理方法1：客户异议——产品异议。

客户："我觉得买保险不如投资股票，股票收益要比保险高得多。"

营销员："张先生，您说的很对，说起收益，股票的确大大高于保险，但是保险的功能却是股票不具备的。"

（对客户的看法表示赞同）

客户："哦？什么功能啊？"

营销员："保险最主要的功能是保障，而不是投资。所以它没有股票那么高的收益。"

客户："我就说嘛。"

营销员："张先生，我想请教您一下，有没有稳赚不赔的股票？"

（围绕客户的兴趣话题，向客户抛出诱导性问题）

客户："哪有这样的股票啊！"

营销员："那您买股票时不担心吗？您是家庭的顶梁柱，万一股市行情不好，炒股赔了，您整个家庭的生活就失去了保障，到时候怎么办？我们再假设一种情况，万一您不幸生病或出现什么意外，您投资股票的钱足够支撑您家人今后的生活吗？我想，您肯定会有这样的担忧吧。"

（引导客户认识到股票的劣势和保险的优势，激发客户潜在的保险需求）

客户："有时候会有吧。"

营销员："嗯，经济专家一再告诫我们，投资要以安全为首要原则。炒股具有投机性，有赚大钱的时候，也有血本无归的时候。为了确保安全，不如先用保险给自己织一张经济安全网，然后再去股市拼杀。这样既可以为炒股保驾护航，又能为家庭提供一份保障，一举两得，何乐而不为呢？"

（向客户分析保险的意义和价值）

客户："可是买了股票，哪还有钱买保险啊？"

营销员："张先生，您认为用5万元和4.5万元投资股票，有什么区别吗？"（向客户抛出诱导性问题）

客户："就差5 000元，区别不大。"

营销员："那您何不用这5 000元来投资保险，为您和家人的生活提供一份保障，然后再用剩下的钱放心大胆地去炒股呢？没有了后顾之忧，您炒股时肯定会更轻松、更自信、更理性，肯定赚得也会更多，您说呢？"

（向客户强调保险和炒股并不冲突，反而相得益彰）

异议处理方法2：客户异议——需求异议。

客户："单位已经给我入了社保，养老、医疗什么的都有，不需要再买你们的保险了。"

营销员："尹先生，您说得很对，社保的确给我们的生活带来了一些保障和福利。但是，光有社保是远远不够的。"

（对客户的想法表示理解，然后及时转换话锋）

客户："哦？怎么说？"

营销员:"尹先生,咱们暂且抛开保险不谈,我请教您一个生活上的问题吧。您看,您家里现在用的是大屏幕的等离子电视,如果让您把它卖掉,再换成20世纪的小黑白电视机,您愿意吗?"

(向客户抛出诱导性问题)

客户:"不愿意,现在谁还看黑白电视啊!"

营销员:"对啊。我相信您一定希望自己的生活水平越来越高,而不是越来越倒退。您看,现在您每个月的生活费是3 000元,而将来靠社保养老的话,按咱们这个地区的平均水平来说,也就2 000元左右,您现在的月生活费是3 000元,晚年却缩减到2 000元,这就如同看惯了等离子电视再去看黑白电视一样,您能适应吗?"

(用形象生动的生活化比喻激发客户对商业保险的兴趣和需求)

客户:"这……"

营销员:"其实商业保险和社保并不矛盾。就拿医保来说吧,它只能提供最基本的医疗保障,一旦遇到重大疾病,就帮不上什么忙了,而且医保采取的是按比例报销的形式,一次住院的医疗费用报销60%~70%就很不错了,更甭说其他杂七杂八的费用都得自己掏腰包了。所以说,虽然我们有社保,但是养老和医疗依然很不轻松啊!只有在社保的基础上加上商业保险,我们的生活才能有更牢靠、更坚实的保障。您说呢?"

(引导客户认识社保的缺陷和不足,以及商业保险的补充功能)

异议处理方法3:客户异议——信用异议。

客户:"保险公司就是拿老百姓的血汗钱去赚钱,我才不会那么傻呢,钱还是放在自己手里好!"

营销员:"罗先生,我想请教您一个问题,请问您去买衣服,卖衣服的商家赚钱吗?"

(向客户抛出诱导性问题)

客户:"当然赚钱啊。"

营销员:"就是嘛,其实买保险和买衣服是一个道理,都是花钱买自己所需,而钱都被商家赚走了。买一件衣服,商家至少要挣您20%到30%的利润,难道就因为这一点,您以后就不买衣服了吗?"

(用买衣服和买保险做类比,指出客户观点的片面性)

客户:"当然不会。"

营销员:"就是嘛。我们是基于自己的需求才去买一样东西,而不是首先想到商家从我们手里赚取了多少利润。现代社会,保险是人人都需要的特殊商品,我们保险公司也属于特殊商家,赚取利润是合情、合理、合法的。而且只有赚钱了,客户发生风险需要理赔时,保险公司才能从利润中拿出钱来赔给客户。如果保险公司连年亏损,资不抵债,您还敢买它的保险吗?"

(向客户分析保险公司赚钱的合情、合理、合法性)

客户:"照你这么说,保险公司赚钱对我们客户是件好事呗!"

营销员:"没错,保险公司是有经营风险的企业,属于负债经营,也就是说,保险公司一旦收了客户的钱,就等于欠了客户的保险保障,即理赔款和保险金给付。说得通俗一点,经营好客户的风险是保险公司的职责,保险公司只有小心翼翼地把客户的风险经营好，它才能赚到钱，也才有能力向客户给付理赔金和保险金。反过来说，保险公司赚钱了，通常说明它把客户的风险经营得很好，客户可以放心地在它这里投保，而不用担心所缴的保费打了水漂！"

（向客户解释保险公司的盈亏与客户利益的关系）

客户："哦，你这么一说，我就明白了。"

实训活动

学生分为若干小组，分别扮演客户、销售人员，演练处理客户异议的技巧，重点演练处理异议的话术。

任务二　客户异议的处理策略

金融产品推销的业务人员在进行产品销售时的应变技巧至关重要，主要有以下方法可供选择，在实际的应用中不能只用一种方法，而应当将各种方法整合，灵活运用，这样才能取得最佳效果。

一、耐心聆听，不要打断

对于客户的异议我们应耐心倾听。如中途打断客户的谈话，给客户的感觉是：A. 客户的异议是明显的错误；B. 客户的异议是微不足道的；C. 营销人员认为没有必要听客户说话。事实上，一次好的营销面谈并不是营销人员说得多，而是让客户多说一些，整个面谈过程中，如能让客户讲的时间占到 60%～70%，而营销人员说的时间占 30%～40%，那么，营销成功的机会就大。

二、重复客户的异议与提问

听完客户的异议后，第一件要做的事是对客户异议的主要观点进行重复，使自己确实了解客户关注的问题，便于接下来处理客户异议；通过带有提问意味的异议复述，要求客户给予肯定或否定的回答；对比较模糊或笼统的异议，营销人员要提问使异议具体化，便于解决问题。

三、忽视法

所谓"忽视法"，就是当客户提出一些反对意见，并不是真的想解决或讨论时，客户的异议与眼前的交易没有直接关系。忽视法常使用的方法是微笑点头，顺应客户，表示"同意"或表示"听了您的话"。比如："您真幽默。""嗯，真是高见。"下面举个具体的例子：

潜在客户："你们对 VIP 客户能够提供××服务就更好了。"

营销人员：（面带微笑）"您说得很对，我会向上级转达您的建议。"

四、补偿法

客户异议有事实依据时，应该承认并欣然接受，强力否认事实是不理智的举动。但记得要给客户一些补偿，让他取得心理平衡，要让他产生两种感觉：产品的价格与售价一致；产品的优点对客户是重要的，产品没有的优点对客户而言是比较不重要的。举例如下：

潜在客户："你们的产品收益率太低了。"

营销人员："这是一款保本产品，它的收益的确不高，但风险很小，无论如何都不会损失本金。"

五、太极法

太极法取自太极拳的借力使力，用在销售上的基本做法是，当客户提出某种不购买异议时，营销人员能立即回复说："这正是你要购买的理由，不是吗？"也就是营销人员立即将客户的异议转换为客户必须购买的理由。如：

潜在客户："收入少，没有钱买保险。"

营销人员："就是收入少，才更需要购买保险，以获得保障。"

六、反问法

反问法，是客户提出异议后，营销人员就提出的异议反问客户，让客户重新审视自己提出的异议的合理性。如：

潜在客户："你们要再下降5个点。"

营销人员："您一定希望得到百分之百的服务，难道您希望得到的服务也打折扣吗？"

七、以退为进法

客户的意见被当面反驳时，心里很可能不痛快，营销人员最好不要直接提出反对意见，而是先对客户的观点表示理解，或同意客户的部分观点，再表达另外的观点。如：

潜在客户："理财产品的起点金额太高了，不是我马上能支付的。"

营销人员："是的，大多数人都和您一样不容易立即支付，但您可以采用分期付款的方式，让您支付起来一点儿也不费力。"

八、直接反驳法

当客户引用资料不正确时，可以采用直接反驳法，在这种情况下，营销人员应该引用正确的资料佐证以指正客户不正确的观点，客户容易接受，反而对你更信任。如：

潜在客户："我朋友说你们的保险产品理赔很困难。"

营销人员："您的朋友肯定是误解了，他是在什么情况下申请理赔的？我们的理赔程序是……在×个工作日内就可以完成。"

九、品位法

业务人员在销售过程中遇到要求很高的客户抱怨时，可以用品位法适度解决。品位法就是通过赞美、肯定对方，使得客户趋向认同一个条件更高的产品。

你的赞美应当从客户的实际情况出发，对金融产品要求高的客户一般都是事业非常成功的人士，可以从这方面入手肯定对方，你可以这样向客户表述："我看您开的车子这么高档，您的财力和理财方法肯定都高人一筹，这个产品有它的价值，虽然利率高了一点，但是我相信您是付得起的。"这样的话，客户就很难拒绝，因为他很要面子，而且你已经发现了他的经济条件非常好，很适合这个产品，这就是品位法。

在具体的使用中，应把握以下几个说服原则：高贵不贵、值得不贵、需要不贵、想要不贵。在金融产品的销售过程中，业务人员应当先营销价值，然后再利用上述原则说服客户接受产品的价格。

案例分析

案例1：

某日，刘先生来银行存款，存款金额为5万元，当柜员点钞时，发现其中有一张面额为 100 元的假钞。

　　柜员："您的存款中有一张假币，按照规定我们要收缴处理的。"

　　刘先生："你怎么能说是假的呢，给我看一下。"

　　柜员："这一看就知道是假的，按照规定，假币没收后就不能再给客户了。"

　　刘先生："你把钱还给我，我不存了。"

　　柜员："您不存了，发现了假币我们还是要没收的。"

　　刘先生想要回假币未果，情绪非常激动。

　　柜员不加理会，继续按章办事。

　　客户异议处理建议：银行制度是铁制度，但制度无情人却有情，在处理问题的过程中要细致妥帖，做到客户的心理和业务处理兼顾，真正站在客户的角度，表达对客户心情的理解和服务的真诚。当客户提出对假币存在怀疑时，应有两位柜员当场进行验证是否为假币，同时耐心地向客户解释说："很抱歉，为了防止假币的传播，人民银行有规定，假币必须没收，我会给您开具假币收缴凭证，您可以向付款人追讨。"在客户坚持要拿回假币的时候，应安抚客户情绪："非常抱歉，真的不能给您，今天您是假币的受害者，您一定不想其他人再受这张假币的危害吧！我可以告诉您识别假币的几种方法，可以帮助您避免再收到假币。"

案例 2：

　　银行储蓄窗口前，一名客户倚坐在椅子上，拿出 10 元钱递给银行柜员，让柜员存到他的银行卡内。10 元钱存完后，客户又拿出 10 元钱，要求柜员用同样的存款方式存钱。在客户身后，来银行窗口办理业务的客户因男子的拖延而排起了长队，有的客户因此发起了牢骚……原来这位客户来银行办理取款业务，需要取 20 万元。但按照银行方面的规定，超过 10 万元的大额取款，客户需要提前一天预约，客户预约后，银行才能提前在库存里为客户准备次日要取的存款。"你来取 20 万元，库存根本就没有那么多，今天又是星期六，没有预约就办不了！"柜员对客户说。于是客户就生气了，占着一个储蓄窗口，开始让柜员帮他存钱。

　　客户异议处理建议：柜员不应当以控制库存为由，拒绝为客户办理业务，柜员未站在客户的角度帮助客户解决问题，又因为沟通能力不强、处理事情不够灵活导致了矛盾的激化。柜员可以换位思考与客户沟通："取款 10 万元以上是需要提前和我们预约的，这样我们会根据您的需要把钱先准备好，现在我们这儿没有那么多的库存，您看这样行不行，我先给您取一部分钱，再帮您联系其他的营业网点看看有没有现金。"详细、耐心地向客户做好解释工作，说明由于周末库存少给客户造成麻烦，同时请求客户的谅解。

案例 3：

　　某日早上刚开门营业，一位大娘就急匆匆地跑进网点，生气地说："我昨天在这里取的 1 万元钱，今天早上一数怎么就不对了，整整少了 1 000 元，你们银行怎么这样，居然少给我钱，你们赶紧给我补回来。"大堂经理看着大娘很激动的样子，诚恳地说："大娘，您千万别着急，这钱一定少不了。"为避免影响其他客户，看着客户情绪稳定一些，大堂经理便顺势将客户引领到贵宾室，并给她沏上热茶，请她详细介绍当时的过程。随后又找出当时的录像回放，让她亲自确认当班柜员清点和付款过程，再让大娘仔细回想，自己或者家人是否有用过这笔钱。大娘在大堂经理的劝慰下，仔细回想，并打电话询问家人，原来大娘的儿子昨晚有急用，情急之下拿了大娘的钱忘记告知了，才导致了这场误会。

客户异议处理建议：客户碰到长短款的问题在柜面常有发生，其中不乏客户自身的问题，但处理这样的事情首先要有耐心，先认真听取客户的讲述，设身处地地为客户着想，并细心寻找问题所在，再给予恰当处理，真正用心为客户服务。

实训活动

学生每3人为1组，其中1人扮演客户，1人扮演销售人员，1人做观察员，选择一种拒绝处理方法进行演练。

模块四　如何促成交易

任务一　促成交易的时机

促成交易是业务人员的一种功力，就像踢足球的临门一脚一样，你可能很会踢球，能盘带、短传、长传、快攻等，却无法破门，这样是不可能取得胜利的，最重要的还是要射门得分。在缔约部分，促成交易的技巧很重要，就是要不断地刺激客户，从不同的侧面去说服客户，帮助及鼓励客户做出购买决定，并协助其完成相关购买手续。只有销售人员完成了促成交易的动作，才达到了金融产品营销的目的。

一、促成交易的信号

到底什么时候应该开口促成交易？促成交易是否也有所谓的时机呢？答案是肯定的。当客户心想"就买下吧"，这个时候就是促成交易的时机了。促成交易的时机在任何一个阶段都可能出现，不论是接触阶段还是展示说明阶段。任何人在做出决定时，心理上都会有所变化，这种变化也会反映在行为举止或言语上，只要销售人员利用细致的观察去发现和把握，就可以捕捉到促成交易的最佳时机。以下是促成交易的最佳时机的信号。

（一）语言信号

客户通过询问使用方法、价格、售后服务、支付方式、新旧产品比较、竞争对手的产品及市场评价，说出"喜欢"和"的确能解决我的这个困扰"等表露出来的购买信号。以下几种情况都属于购买的语言信号：

（1）客户对产品或者营销人员的服务给予一定的肯定或称赞。

（2）询问产品的细节，如缴费方式、收益情况、对账单的寄送等。

（3）表示自己有支付能力。

（4）对某一种金融产品特别感兴趣，并再三关心它的优点和缺点。

（5）征询家人的意见或与家人低声商量。

（6）真心认同营销人员的观点。

（7）询问优惠政策或进行讨价还价。

（二）行为信号

通过客户的行为我们可以发现许多客户发出的购买信号，因此作为一位营销人员应尽力使你的客户成为一位参与者，而不是一位旁观者。在这种情况下，营销人员通过细心观察，就会很容易发现购买信号。

（1）反复、仔细地翻看产品资料。

（2）关注营销人员的话语或动作并不住点头。

（3）排除干扰（如把电视机声音调小）以认真倾听营销人员讲话。

（4）坐着的姿态由前倾转为后仰，身体和话语都变得轻松。

（5）时而看着营销人员，时而看着产品资料。

（6）从滔滔不绝变得沉默不语。

（7）不再提问，而是开始思考。

（三）表情信号

表情信号是从客户的表情和体态中所表现出来的一种购买信号，主要有：

（1）皱着眉头，好像很难做出选择似的。

（2）表情由冷漠、深沉转为自然、亲切、随和。

（3）眼睛转动由慢变快，眼神发亮而有神采。

（4）由若有所思变得明朗轻松。

（5）抿紧的嘴唇放松并直视营销人员。

（6）听介绍时眼睛发亮。

二、促成交易的时机

把握成交时机，要求营销人员具备一定的直觉判断与职业敏感。一般而言，下列几种情况可视为促成交易的较好时机：

（1）当客户表示对产品非常有兴趣时。

（2）当营销人员对客户的问题做了答复时。

（3）营销人员向客户介绍了推销品的主要优点之后。

（4）营销人员恰当地处理客户异议之后。

（5）客户对某一推销要点表示赞许之后。

（6）在客户仔细研究产品、产品说明、报价单、合同等情况下。

案例分析

及时发出成交请求的技巧

营销员："程先生，您对这份保险产品还有什么疑问吗？如果有，可以提出来，我给您解释一下。"

客户："嗯，我再仔细看看保单（客户开始低头研究保单，几分钟后，客户抬起头），我想知道里面的第×条所说的……是什么意思。"

（客户研究保单，并就保单条款进行询问，是明显的购买信号）

营销员："程先生，第×条的意思是说，按照这个计划投保，您可以获得……"（针对

客户的疑问进行解释说明)

客户:"嗯,那办理理赔大概需要多长时间?"

(客户询问理赔情况,是明显的购买信号)

营销员:"如果在交费期内出现……情况,您需要……"

(向客户说明理赔的办理情况)

客户:"保费方面能不能再优惠一些?"

(客户发出议价请求,是明显的购买信号)

营销员:"实在抱歉,程先生,您也知道,保险是一种特殊产品,它不同于其他产品……"(向客户说明不能议价的理由)

客户:"好的,我再考虑考虑。"

(说完,客户一边翻阅保险计划书,一边沉思,又是一个购买信号)

营销员:(耐心等待几分钟后,主动出击)"程先生,这份保障计划是根据您的情况为您量身定制的,不但保额高,而且可以给您带来全方位的保障,您就别再犹豫了,如果没有其他疑问,我就帮您填保单了。"

(及时发出成交请求)

思考:

从这个案例中,可以总结出关于发出成交请求的哪些技巧?

实训活动

学生分为若干小组,设计金融营销场景,训练促成交易的技巧。

任务二　促成交易的基本策略

一、假定成交法

假定成交法是指营销人员假定客户已经接受推销建议而直接要求客户购买推销产品的一种成交方法。采用这种方法要求营销人员始终要有这样的信念:潜在客户将要购买,而且也一定会购买。在接触环节,营销人员已经了解到客户有购买需求、购买能力、购买决策权力,密切关注客户所发出的购买信号,及时提出成交假定,客户不反对,成交就容易达成。如:潜在客户发出购买信号后……

营销人员:"这款基金产品非常适合您的情况,我来帮您开个户。"

营销人员:"麻烦您把身份证给我一下,我帮您填写好保单,您就可以尽早拥有一份保障了。"

二、选择成交法

选择成交法是指营销人员向准客户提供两种或两种以上购买选择方案,并要求其迅速做出决策的成交方法。这种方法是在假定成交法的基础上,向客户提出成交决策的比较方案,先假定成交,后选择成交。如:当潜在客户在一些问题上举棋不定时……

营销人员:"每年的红利是寄到您家里,还是寄到您的办公室?"

营销人员:"关于这份保单的保费您是选择20年缴还是10年缴?"

三、请求成交法

请求成交法也称直接成交法，是指营销人员直接要求客户购买其推销品的一种成交方法。如：潜在客户对产品有兴趣……

营销人员："既然您对这款理财产品的收益率这么满意，现在手里有闲钱，可以多买一些。"

四、从众成交法

从众成交法是指营销人员利用客户的从众心理来促使客户立即购买推销品的一种成交方法。如：与潜在客户同单位的员工也买了这款产品……

营销人员："王先生，这种理财产品非常适合您这样的高级白领，你们公司好多人已经购买了。"

五、优惠成交法

优惠成交法是指营销人员通过提供优惠条件来促使客户立即购买推销品的一种成交方法。如：

营销人员："我们的产品可以再降 1 个点的折扣。"

六、小点成交法

小点成交法是指营销人员通过次要的、小一点的问题的解决来促成交易的一种成交方法。如：

营销人员："受益人是您的妻子，好吗？"

七、最后机会法

最后机会法是指营销人员直接向客户提示最后成交机会而促使客户立即购买推销品的一种成交方法。利用客户面临稍纵即逝的机会时，心理上产生的"机会效应"，使成交压力变成成交动力，促使客户成交。如：

营销人员："这款基金产品的费率将在下周恢复原价。"

八、激将成交法

当客户出现购买信号，但又犹豫不决的时候，营销人员不是直接从正面鼓励他购买，而是从反面用某种语言和语气暗示对方缺乏某种成交的主观或客观条件，让对方为了维护自尊而立即下决心拍板成交。争强好胜是人的本性，营销人员如果善于把握这一特点，在适当的时候使用激励的语言，激发客户的购买意愿，促使客户下定决心，也是促成签单的重要方法之一。但是，在使用该方法时，要注意分寸，不能伤害客户的自尊心。如：

营销人员："赵先生，这个计划书是根据您的财务状况制定的，以您的实力，这点钱肯定不成问题，而且像您这么顾家的人，相信也不会因为钱的问题而放弃对家人的保障吧。"

九、保证成交法

保证成交法是指营销人员直接向客户提出成交保证，使客户立即成交的一种方法。所谓成交保证，就是指营销人员对客户允诺担负交易后的某种责任，让客户感觉你是直接参与的。如：

营销人员："您放心，您这个服务完全由我负责，我在银行工作已经有 3 年的时间了。我们有很多客户，他们都是接受我的服务。"

案例分析

从客户的现实与利益出发

客户："这个保险很不错，不过也不急于这一时，我想再考虑考虑。"

营销员："刘先生，您的意思是说这个保险方案您很认同，只是想考虑考虑，过段时间再买，是吗?"

(委婉地跟客户确认异议)

客户："是啊。"

营销员："您这样想我很理解，买保险一买就是几十年的保障，慎重一些是应该的。而且，保险并不是什么时候都适合买的。"

(先对客户的想法表示理解，然后设置悬念，激发客户的好奇心)

客户："哦，是吗?那你说说，什么时候买保险最合适啊。"

营销员："刘先生，您的生日是11月份，所以12月份不适合买保险，因为年龄大一岁每年的保费要多交好几百块，20年下来就是1万多元;1月、2月也不太合适，因为临近年关，花钱比较多，要预留一大笔开销;3月、9月也不合适，因为这段时间孩子上学需要交各种费用;5月、10月也不合适，因为赶上旅游高峰，出去旅游需要花不少钱。"

客户："那什么时候买比较合适啊?"

营销员："年中比较合适，不会给家庭正常支出增加太大压力，又正好赶在您生日之前，核算下来能省下一两万元的保费呢!"

思考:

案例中哪些地方体现出营销员从客户的现实与利益出发推销产品?

实训活动

学生每3人为1组，其中1人扮演客户，1人扮演销售人员，1人做观察员，选择一种促成交易的方法进行演练。

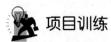 项目小结

1. 金融营销面谈技巧用于正式与客户建立关系的环节，实际上是销售流程的具体实施和运用，即客户开拓—接触面谈—展示说明—异议处理—促成交易。

2. 金融营销人员在与客户接触面谈环节中，还要掌握与人沟通的技巧，也就是金融营销人员要会运用微笑、赞美、提问、倾听、复述等沟通技巧来帮助完成营销任务。

项目训练

一、单选题

1. 运用身边熟悉的人及人际关系进行客户开拓的方法是(　　)。

A. 缘故法　　　　B. 陌生拜访法　　　C. 转介绍法　　　　D. 信函开拓法

2. 通过参加俱乐部、沙龙、旅行团等活动开拓客户的方法是(　　)。

A. 缘故法　　　　B. 陌生拜访法　　　C. 社团开拓法　　　D. 信函开拓法

3. 时间、交通成本较高的约访方法是（　　　）。

A. 信函约访　　　　B. 访问约访　　　　C. 电话约访　　　　D. 陌生拜访

4. 时间、交通成本较低的约访方法是（　　　）。

A. 信函约访　　　　B. 访问约访　　　　C. 电话约访　　　　D. 陌生拜访

5. 营销人员说："这款基金产品的费率将在下周恢复原价。"这是（　　　）。

A. 小点成交法　　　B. 最后机会法　　　C. 请求成交法　　　D. 激将成交法

二、多选题

1. 接触客户的步骤包括（　　　）。

A. 称呼、打招呼　　　　　　　　　　B. 自我介绍、递名片

C. 感谢对方的接见　　　　　　　　　D. 寒暄

E. 开场白

2. 客户异议根据内容划分为（　　　）。

A. 需求异议　　　　B. 财力异议　　　　C. 权力异议　　　　D. 产品异议

E. 价格异议

3. 挖掘客户需求要做到的是（　　　）。

A. 正确提问　　　　B. 有效倾听　　　　C. 感谢接见　　　　D. 寒暄提问

4. 有效的倾听是指（　　　）。

A. 倾听问题　　　　B. 倾听内容　　　　C. 倾听事实　　　　D. 倾听情感

5. 挖掘客户需求的提问方式有（　　　）。

A. 正确提问　　　　B. 开放式提问　　　C. 封闭式提问　　　D. 寒暄提问

6. 促成交易的方法有（　　　）。

A. 假定成交法　　　B. 选择成交法　　　C. 请求成交法　　　D. 小点成交法

7. 客户异议根据性质划分为（　　　）。

A. 真实异议　　　　B. 虚假异议　　　　C. 隐藏异议　　　　D. 其他异议

8. 客户异议处理的方法有（　　　）。

A. 忽视法　　　　　B. 太极法　　　　　C. 以退为进法　　　　D. 直接反驳法

9. 促成交易的语言信号是（　　　）。

A. 表示自己有支付能力　　　　　　　B. 真心认同营销人员的观点

C. 反复仔细地翻看产品资料　　　　　D. 听介绍时眼睛发亮

三、名词解释

缘故法　直冲法　小点成交法

四、简答题

1. 确定访问时间的原则是什么？

2. 在与客户接触的环节中，营销人员应该具备怎样的专业能力？专业能力获得途径有哪些？

3. 什么是同理心？建立同理心要做到哪几点？

4. 有效倾听的技巧有哪些？

项目七
银行服务营销

知识目标

1. 了解银行工作人员的基本构成。

2. 熟悉银行客户经理、银行大堂经理、银行柜员、银行理财经理的工作内容、岗位职责。

3. 掌握银行营销人员的服务营销技巧。

能力目标

1. 掌握银行公司金融业务和个人业务营销技巧。

2. 能够以银行客户经理、银行大堂经理、银行柜员、银行理财经理的角色完成各自的岗位职责。

3. 能够运用营销技巧完成银行存款、融资、票据等公司金融业务和储蓄结算、银行卡、个人贷款、个人理财、电子银行、私人银行等个人金融业务。

素养目标

1. 培养学生成为具有社会责任感和法律意识的高素质技能人才。

2. 培养学生做一行爱一行、爱岗敬业的职业道德。

3. 培养学生养成设身处地为客户着想的职业素养。

案例导入

银行客户经理 看似光鲜的工作

朱琳大学就读的是信息专业,在当地某家股份制银行工作一年多后,她放弃了银行这份工作。辞职的她非常迷茫,通过网络向职业咨询公司咨询。

职业规划师与她沟通,已经基本了解她在工作中的困扰是在银行工作一年,虽进步不小,但是没有继续奋斗下去的信心与动力。压力是付出努力却看不到回报。朱琳找工作需要先考虑自己适合做什么职业。刚参加工作不久的新人，大多数都经历过职业迷茫期，尽快探索并找到合适的工作才是重中之重，不然很有可能工作三五年，甚至八年、十年后，还处在迷茫与困惑中。

职业规划师与她谈起，不少银行都已经是股份制，市场经济下银行需要关注营销，多数的银行人员包括朱琳所做的对公客户经理，其实就涉及营销。与客户的良好沟通非常重要，而朱琳的性格过于直爽，面对不同的客户，年轻又缺乏经验的她很难有业务成交，这份工作对她来说很具有挑战性。既然已经辞职，不妨去找份企业的工作，可选择与所学专业信息管理相关的岗位，毕竟具备相关的经验和知识。如果跨专业，可考虑会计财务类，因为她在银行工作期间有一定的积累，自身在数理逻辑方面也不错。

思考：

金融企业员工面对职场中的各种工作压力，如何调整心态？

提示：

职场中面对竞争压力，试试这几个方法：

1. 培养自身宽广的胸襟，适当收敛自己的个性，同要合作的人有一个良性互动和竞争。

2. 随时与合作伙伴进行资源共享，越是肯分享自己资源和信息的人，竞争压力会越小，而越是封闭自己的人，竞争压力会越大。

3. 摆正心态，共同进步，在与人合作的时候一定要调整好自己的思维，以"一荣俱荣，一损俱损"的心态对待竞争与合作。

◎ 模块一　银行营销人员的服务营销

任务一　银行营销人员的构成

银行营销人员的构成如图7-1所示：

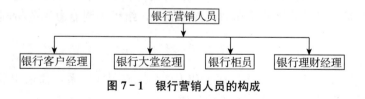

图7-1　银行营销人员的构成

一、银行客户经理

银行客户经理是指在银行内从事市场分析、客户关系管理、营销服务方案策划与实施，并直接服务于客户的专业技术人员。工作主要是以客户为中心，处理客户存贷款及其他中间业务，并负责维护客户关系。

（一）岗位职责

（1）负责拓展销售渠道，开发新客户，销售银行发行或代销的金融理财产品。

（2）负责把证券公司的金融产品和服务方面的信息传递给现有的及潜在的客户。

（3）负责为客户提供金融理财的合理化建议，为客户实现资产保值增值。

（4）负责组织并策划高级营销活动，开发高端市场。

（二）职业要求

该岗位的服务对象的行业具有多样性，客户对信贷、结算、理财等方面的多种需求导致客户经理所要掌握的营销手段和职业技能的多样性、综合性。客户经理要做好经济、金融、财务、法律、税收、市场营销、公关、心理等多方面的知识储备才能做好客户管理和服务工作。

（三）薪资行情

银行客户经理制已被西方商业银行证明是能够带来巨大管理效应的金融创新，它的一个重要作用在于能有效控制银行的经营风险。银行客户经理的薪资一般由"底薪＋提成（股票佣金提成＋基金佣金提成）＋年底利润分红"构成。

二、银行大堂经理

银行大堂经理是指在银行营业网点内，以流动形式，采用主动引导方式来分流客户，为客户提供咨询指引、金融服务并进行营销宣传的银行工作人员。

（一）岗位职责

（1）协助管理和督导银行事务，纠正违反规范化服务标准的现象。

（2）微笑迎送客户，并识别、分流、引导客户至服务专属区。

（3）熟悉银行业务，推介银行产品，提供产品和服务咨询。

（4）根据客户需求，积极介绍并引导客户使用网上银行等电子银行业务。

（5）维护网点秩序，运用同理心调适客户情绪、调解争议，处理并报告突发事件。

（6）管理大堂服务资源和环境，及时整理、更新宣传资料，保证硬件、软件、机具设备等资源的正常运行，并确保产品信息的时效性、准确性。

（7）收集市场信息和客户信息，充分挖掘重点客户资源，记录客户服务信息，用适当的方式与重点客户建立长期稳定的关系。

（8）倾听客户意见，反馈客户建议。

（二）职业要求

经济、金融等专业本科以上学历；3年以上银行相关工作经验，熟悉各类金融产品，了解相关金融政策；具备较好的亲和力，沟通能力，组织协调能力和分析问题、解决问题的能力。

（三）薪资行情

一般年薪范围在6万～15万元。薪水和工作情况有很大关系，如果能很好地掌握客户情况，做出合理的引导，可以得到不错的提成。

（四）职业发展路径

银行大堂经理一般是由银行的综合柜员在积累一定的工作经验后发展而来，其未来的发展方向可以是支行行长，也可以向一些专门的业务经理发展。

三、银行柜员

银行柜员一般指在银行分行柜台里直接跟客户接触的银行员工。银行柜员在最前线工作，负责柜面基本业务操作，提供查询和咨询等业务。

（一）综合柜员的岗位职责

（1）领发、登记和保管储蓄所的有价单证和重要空白凭证，办理各柜员的领用、上交。

（2）负责各柜员营业用现金的内部调剂和储蓄所现金的领用、上缴，并做好登记。

（3）处理与管辖银行会计部门的内部往来业务。

（4）监督柜员办理储蓄挂失、查询、托收、冻结与没收等特殊业务，并办理储蓄所年度结息。

（5）监督柜员工作班轧账。

（6）银行科技风险识别与控制。

（7）办理储蓄所结账、对账，编制凭证整理单和科目日结单；打印储蓄所流水账，定期打印总账、明细账、存款科目分户日记账、表外科目登记簿；备份数据及打印、装订、保管账、表、簿等会计资料，负责将原始凭证、账、表和备份盘交事后监督。

（8）编制营业日、月、季、年度报表。

（二）柜员的岗位职责

（1）对外办理存取款、计息业务，包括输入电脑记账、打印凭证、存折、存单，收付现金等。

（2）办理营业用现金的领取、保管，登记柜员现金登记簿。

（3）办理营业用存单、存折等重要空白凭证和有价单证的领用与保管，登记重要空白凭证和有价单证登记簿。

（4）掌管本柜台各种业务用章和个人名章。

（5）办理柜台轧账，打印轧账单，清理、核对当班库存现金和结存重要空白凭证和有价单证，收检业务用章，在综合柜员的监督下，共同封箱，办理交接班手续，凭证等会计资料交综合柜员。

（三）职业要求

金融、经济等相关专业全日制本科学历；3年以上银行相关工作经验；熟悉各类金融产品，了解相关金融政策；具备较好的亲和力，沟通能力，组织协调能力和分析问题、解决问题的能力。

（四）薪资行情

银行柜员薪酬基本包括三部分：基本工资＋绩效工资（或称奖金）＋业务提成（银行根据柜员每月的业务笔数、营业额、代销理财产品等的提成）。各银行的基本工资通常在3 000～5 000元，每个人会因为其技术级别、工龄、学历等的区别而拿到不同的薪酬。

四、银行理财经理

银行理财经理是指银行内具备相应任职资格和能力，从事银行个人客户关系管理、营销方案的策划和实施，为个人客户提供各种财务分析、规划和投资建议，进行个人金融产品营销、提供金融咨询和理财服务的营销人员。

（一）岗位职责

（1）负责银行个人金融产品营销或个人理财等相关工作。

（2）开发和维护个人客户，促进银行个人存贷款及理财业务发展。

（3）开拓新市场，发展新客户，提高部门的销售业绩。

（4）围绕分支机构零售业务发展经营计划，积极开展客户营销活动，完成储蓄存款等各项任务指标。

（5）负责理财流程（售前、售中、售后）管理和理财风险控制。

（6）负责客户的分层次服务，根据客户的个性化需要介绍和推介银行的各项理财产品，提供专业化的理财建议，满足客户的个性化需求。

（二）职业要求

金融、经济、管理等相关专业全日制本科学历，具有 CFP（注册理财规划师）和 AFP（金融理财师）等资格证书者优选；具有良好的职业操守和营销、理财意识；按程序办事，风险意识强；具有良好的职业形象。

（三）薪资行情

银行理财经理的薪资一般包括四部分：基本工资＋绩效工资＋提成＋年终奖。

实训活动

学生分组讨论，银行客户经理、银行大堂经理、银行柜员、银行理财经理需要承担哪些工作职责。

任务二　银行营销人员的服务营销流程

一、银行客户经理的服务营销流程

银行客户经理的服务营销流程如图 7-2 所示：

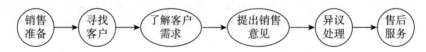

销售准备 → 寻找客户 → 了解客户需求 → 提出销售意见 → 异议处理 → 售后服务

图 7-2　银行客户经理的服务营销流程

（一）销售准备

银行客户经理应熟知自身的体能与技术特点、仪态仪表，把身心调整到最佳状态。

1. 深入了解产品

银行客户经理在销售产品前，应该深入地了解、研究银行的个金产品（即个人金融业务），以便向客户提供专业、细致的产品介绍。

（1）熟悉产品功能。

客户经理必须深入了解银行各个产品的功能和特点。优秀的客户经理要在第一时间解决客户的任何一个疑虑，让客户感觉到他面前不仅是一名推销员，更是一位银行的专家。

（2）了解目标客户。

客户经理必须了解产品所针对的目标群体，了解它最能满足哪一类客户的需求，然后有针对性地进行销售。

（3）了解同类产品。

客户经理必须懂得："为什么客户要购买我行的产品，而不是竞争对手的？"现在银行产品同质化很严重，只有在同其他银行的同类产品进行深入分析比较后，才能发现自己产品的优势所在，才能在销售过程中处于主动地位。

（4）相信自己的产品。

经验证明，营销人员对产品的态度可以影响客户的选择。客户经理要提高销售成功率，就要对自己的产品充满信心，坚信自己的产品会给客户带来收益，能够满足客户的需求，营销人员的行动会无形中影响到客户。

2. 注重销售礼仪

随着银行竞争的日益激烈，在销售过程中具有最终选择与决定权的是客户。客户的金融需求和个性各有不同，因此银行营销人员在销售过程中要提供人性化、个性化的优质服务，最重要的就是体现礼仪。首先，礼仪是客户经理文化修养和工作效率的外在表现。在与客户的交流中，你的一言一行、一举一动都体现着银行的素质与水平。其次，客户经理得体恰当的礼仪不仅有利于与客户的沟通和协调，得到客户信任和依赖，更能塑造良好的个人形象和银行形象。恰当得体的销售礼仪必须做到以下五点：

（1）穿着得体。

在与客户接触时，客户经理的穿着是客户注意的焦点，客户都希望为自己服务的经理看上去赏心悦目，这样才会有兴趣与之沟通交流。

此外，银行营销人员不仅会在工作场所和客户见面，还会在闲暇时间或下班后等非正式场合会见客户，因此着装既要符合身份，又要符合行业规范。

（2）保持亲切友善。

亲切友善的态度不仅可以拉近与客户间的距离，更有助于塑造自身良好的第一印象。印象是好的、正面的，对话就能顺利地持续。

知识拓展

银行客户经理销售礼仪

第一，保持微笑。微笑是能打动人心弦的最美好的表情，特别在与客户的初次接触中，微笑具有天然的吸引力，能使人相悦、相亲、相近。

微笑要发自内心，笑出感情，才能亲切、甜美，它是愉快心情的反映，也是礼貌和涵养的表现。

微笑也是自信的象征，在销售交流中真诚大方的微笑能让客户感觉到你的信心，从而增加对你所介绍产品和服务的信任度。

第二，注重眼神的交流。与客户交谈，要敢于和善于同客户进行目光接触，这既是一种礼貌，又能帮助维持联系，使谈话在频频的目光交接中不断持续。

在与客户的交流中，切忌低着头或者"顾左右而言他"。谈话中不愿进行目光接触者，往往令人觉得在企图掩饰什么或心中隐藏着什么事；眼神闪烁不定则显得精神上不稳定或性格上不诚实；如果几乎不看对方，那是怯懦和缺乏自信心的表现。

客户经理在介绍产品或服务时，要善于发挥眼神的价值，善于利用眼神交流，让客户从我们流露出的明快而亲切的目光中，产生对产品和服务的信任。

第三，有共鸣的谈话。在与客户的谈话中，要及时发现客户兴趣点，与客户就共同话题展开交谈，以此建立感情，获得好感。

客户有不同的兴趣爱好，如喜欢时尚、运动、美食或旅游，这些都可以成为与客户间的共同话题。初次与客户打交道，对客户的了解有限，那么就要求做一个"有心人"，注意观察，发现客户的兴趣点。当你对客户的谈话内容不是很了解或不是很赞同时，做一个聆听者也不失为拉近距离的好办法，客户往往很愿意向别人讲述他喜爱的东西。

第四，有适当的身体语言。我们的举手投足都具有传情达意的功能，通过肢体语言更能显示内涵，展现服务的标准化和专业化。

站姿：标准的站姿应该是直立、头端、肩平、挺胸、收腹、收下颌。切忌双腿交叉，手插在腰间或衣袋里，东张西望。

走姿：客户经理在行走时应该动作敏捷、稳重利落，这样可以体现出气质和自信。男士在行走时应抬头挺胸，步履稳健；女士在行走时应挺直背脊，双脚平行前进，步履轻柔自然。在引导客户行走时，要与客户保持合适的距离。

坐姿：一般而言，坐时应腰背挺直、手臂放松、双腿并拢、目视于人。可向客户微微前倾身体，以表示对客户所谈话题的重视和感兴趣。

手势：手势可以帮助表达我们想要表达的信息，在与客户的交谈中，手势不宜过多，幅度不宜过大。

握手：握手时手要保持洁净，力度要适中。

身体距离：与客户站着交流时，要保持合适的距离。

（3）真诚尊重客户。

在销售过程中要发自内心地尊重客户，做到欣赏、接受、肯定客户。

欣赏：要善于发现客户的优点，从内心欣赏客户的优点并尊重客户。

接受：切忌用自己的价值观去指责或评断对方的想法和观点。不是涉及银行业务原则性的问题，千万不要和客户争辩，只需做到认真倾听就可以了。

肯定：在与客户的交流中，要多给予客户肯定，批评性的话绝不能运用。

（4）适当运用赞美。

赞美也有一定的技巧，要懂得四大原则：一要真诚感人；二要有根有据；三要切中要害；四要适可而止。

（5）倾听寻找机会。

通过倾听可以了解对方的问题所在与真正需求，这也是成功销售的前提。通常，顶尖的销售人士花60%～70%的时间在倾听上。要带着兴趣听，适当发问，理清头绪，切忌打断客户；要把握机会，留意购买信号。

（二）寻找客户

银行拥有大量的个人客户，客户经理怎样从海量的客户中缩小范围，准确地找到目标客户并获取客户信息呢？我们可以通过以下这些有效的方法获取：

1. 通过业务系统

客户经理可以通过系统自动识别并获取客户信息。客户经理应该充分运用 ACRM（分析型客户关系管理）系统电子化手段，明确客户群。

2. 通过业务联动

业务间的联动是一种有意识地从存量客户中获取目标客户的方式，包括高低柜业务的互动、公私业务的联动、信贷业务客户的挖掘等。通过这个渠道，营销人员可以从客户的自然属性或行为，判断出其成为目标客户的可能性，成功概率较高。业务联动主要有以下方法：

（1）高低柜联动获取目标客户。

高低柜联动是指高柜人员在为客户办理业务的过程中发现潜在的高价值客户时，及时将客户介绍给营业网点的客户经理。

（2）公私联动获取目标客户。

公私联动是指公司客户经理在与公司客户办理业务的过程中，获取公司客户的个人理财需求，并把有潜力的客户介绍给个金客户经理。个金客户经理从现有的客户群体中发掘到有潜力的公司客户时也向公司客户经理介绍，以达到互惠互利双赢的局面。

3. 通过其他渠道

除了已有客户，还存在着大量可待挖掘的具有较高价值的潜在客户，客户经理可通过其他渠道获得这些客户的信息。

（1）与保险公司、基金公司、零售产品商等合作伙伴共同组织活动，如理财讲座、沙龙活动。

（2）市场活动，如理财博览会。

（3）市场调查问卷。

（4）已有客户的推荐。

（5）网上银行。

（6）行内员工推荐等。

4. 初步判断接近

在获得客户的初步信息后，应根据客户的基本信息如年龄、收入、职业、社会地位、兴趣爱好、家庭成员情况、客户的投资理财情况、对未来的投资期望、客户对我行的认知程度等，做出初步判断。

准客户应具备的条件：（1）客户目前是否有购买欲望；（2）客户目前是否有购买能力；（3）客户是否有购买决策权。

做出初步判断：（1）客户是否有潜在价值；（2）客户有无维护的必要。

通过这些判断，营销人员可以确定客户是否是我行的潜在客户，是否可进行产品销售。在与客户面对面沟通时，客户经理要善于观察客户，客户的某些动作能够直接表露客户信息。

5. 建立业务关系

客户经理通过收集客户信息、初步判断，确定客户后，就要与客户建立业务关系。客户经理应及时制订沟通计划，与客户保持联系，取得客户的信任，了解客户需求，然后开展销售。

（三）了解客户需求

客户的体能、气质、风格，甚至表情，都会影响客户对银行的判断。所以只有深入客户内心，随顺客户性情，才能达成默契。

客户需要什么，这是营销人员最关心的问题，如果我们的产品很好，但是客户并不需要，那么再优秀的营销人员也无法完成销售任务。因此，在我们寻找到潜在客户后，就要认真分析客户的需求。

1. 了解客户性格

了解客户的性格是营销人员实现有效沟通、提高交易额、实现成功销售的前提。

2. 分析风险态度

客户经理在销售产品时，要充分考虑到客户的风险承受能力和实际需求，以减少实际销售过程中的误解，既能最大限度地让客户满意，又能提高营销成功率。

3. 评估承受能力

客户一般都不太清楚自己的风险承受能力或风险厌恶程度，因此营销人员要帮助客户把握自己的风险承受水平。常见的评估方法如下：

（1）定性与定量方法的比较。

（2）从客户的投资目的分析。

（3）对投资产品的偏好分析。

（4）对资产结构的负债与资产占比的分析。

（5）风险态度的自我评估。

4. 掌握购买心理

了解客户的购买心理有助于在沟通过程中投其所好、把握成交机会，客户一般有以下购买心理：

（1）利益追求心理：客户以"收益"为第一目标，在意产品的收益情况及使用期限。对这些客户介绍时，如产品收益不高，则要向客户重点突出售后服务工作。

（2）追求品牌的心理：很多客户在选购银行产品时十分关注品牌，客户经理可利用产品这方面的特点或一些名人的广告效应等。

（3）猎奇心理：这些客户喜欢关注银行的新产品，会主动寻求新的产品信息。面对这样的客户，营销人员要尽可能地展示产品的新卖点。

（4）从众心理：有些客户更容易受到周围人的影响，产生从众心理，与这些客户打交道时，最好向他做出"这期产品很好卖，请您尽快考虑……"等暗示。

5. 注意沟通策略

在沟通过程中，有些客户会表现得模棱两可，不给予明确的回答，这表示他们内心还有一定的疑虑。面对这样的客户，要明确他们是否有购买需求并及时找出他们比较敏感的问题，如价格、期限、利率等，然后分析他们疑虑的原因，并运用合适的方法消除疑虑，提出销售建议。

6. 抓住购买信号

在了解客户需求的同时，要善于抓住客户流露出的购买信号，在第一时间内促成销售。

营销人员要注意掌握以下信号：

（1）言语信号：详细询问售后服务、对于介绍表示积极的肯定、询问优惠、询问购买的时间和起点金额等。

（2）神态信号：神态从冷漠、怀疑、深沉转到自然。

（3）动作信号：拿起宣传折页仔细阅读。

（四）提出销售意见

充分了解了客户的需求后，客户经理自信、细心、稳妥、优雅地引导客户，挖掘彼此潜能，做出出色表现至关重要。

1. 客户立场思考

站在客户立场设想问题，销售的产品才能满足客户真正需要。

2. 相信银行产品

在了解客户需求、分析客户风险承受能力后，就要及时向客户提出销售意见，并且对自己的产品充满信心。因为客户经理在言谈中所表现出来的这份自信，会影响客户的最终选择。

3. 耐心说服客户

(1) 针对不同客户的实际情况，有针对性地说服客户购买产品。

(2) 做好充分准备，善于利用一些历史数据或者具体案例来说服客户。

(3) 与同行同类产品比较、分析，突出自己产品的优势来说服客户。

4. 杜绝错误营销

在销售过程中，切忌犯以下错误：

(1) 只谈产品特色而不说产品给客户带来的利益，后者才是客户真正更关心的。

(2) 不会控制情绪，与客户争辩，为一时之争而错过客户。

(3) 不懂察言观色，错失促成交易的最佳时机。

(4) 不能把握销售时间进程，啰唆的销售经理会让客户失去兴趣，感到厌烦。

(5) 偏离销售主题，销售的目标是推销自己的产品，切勿把客户说得心服口服却不购买产品。

5. 其他提示

当客户表现出购买意向时，也不可大意，还要注意以下细节：

(1) 提供后备的产品供客户选择，避免销售陷入僵局。

(2) 不要随意向客户许诺。银行产品具有自身的特殊性，销售时无法明确最终的收益，因此切勿承诺客户最终收益。

(3) 察言观色，抓住销售最佳时机。

(4) 善于控制销售时间，不要在一个客户身上耽误太久。

(5) 不诋毁同事和竞争者。

(6) 面对拒绝，不要轻言放弃。拒绝是销售的开始，不要怕客户拒绝你，坚持下去，就可能赢得机会。

特别指出，处理客户异议的谈话技巧，一般步骤是：重复＋应和＋赞美＋建议＋反问。

重复：重复客户的话，让他们知道我们留意且尊重他们。

应和：目的是缓和讲话的气氛，如：那没关系、是这样子的、那是对的、那很好。

赞美：赞美客户的优点，拉近客户的心。

建议：提出继续销售的方案，建议客户行动。

反问：抓紧机会，预定再见面或联系的时间，争取第二次销售机会。

6. 交叉、持续销售

与客户建立了业务关系后，就要与这位客户保持联系，了解客户的生命周期和他的家庭的需求，推荐适合该客户的其他产品。

（五）异议处理

1. 异议的含义

异议是指在销售过程中客户对你的不赞同、质疑或拒绝。

2. 异议的分类

（1）需求异议：客户自以为不需要推销的产品。

"不需要"——引导客户的需求。

（2）财力异议：客户自以为无钱购买推销的产品。

"买不起"——"省一杯咖啡，就能买得起了。"

（3）权力异议：指客户自以为无权购买推销品。

"说了不算"——"这种事您可以做决定。"

（4）产品异议：指客户自以为不应该购买此种推销品。

"不感兴趣"——叙述产品对客户的好处。

（5）价格异议：指客户自以为推销品价格过高。

"太贵了"——"但我们的服务很好。"

3. 客户异议处理技巧

（1）忽视法：客户的异议与眼前的交易没有直接关系。

微笑点头。——顺应客户。

（2）补偿法：客户的异议有事实依据，应承认并欣然接受。

给客户一些补偿。——取得心理平衡。

（3）太极法：不购买异议。

借力使力。——转换为客户必须购买的理由。

（4）反问法：提出类似"再降5个点"的异议。

服务打折吗？——重新审视异议的合理性。

（5）以退为进法：金额起点太高的异议。

为客户提出解决方案。——分期付款。

（6）直接反驳法：引用资料不正确时。

以正确的资料佐证。——客户容易接受，反而对你更信任。

（六）售后服务

产品和售后服务是密不可分的，周密而尽心的售后服务，不但能够给我们的客户送去银行产品，还能送去真诚和温暖，从而把客户变成忠实客户。真正的销售永远不会结束，它是一个循环，成交并不是销售的终点。做好持续销售工作，需要注重以下技巧：

1. 客户转介绍

通过客户介绍是取得客户源的一个最便捷、稳当的途径。一传十，十传百，客户队伍不断壮大。售后服务的好坏决定着客户是否愿意为你作转介绍，一个善于与客户交朋友、深得客户信任的营销人员，转介绍的客户会源源不断。

售后服务中转介绍的技巧：

（1）直接询问请求。

"您对我已经比较了解和熟悉了，请介绍几位像您这样风趣、善良的朋友吧，我将一如既往像为您服务一样为您的朋友服务。"

（2）巧妙套取的方式。

"刚才和您说话的那位先生很有风度，想必是您的好朋友吧？"

（3）触景生情的联想。

客户新买了电脑，你可以顺口询问："您有朋友也买了电脑？您跟他们有 E-mail 联系吗？可以告诉我吗？"

（4）明确指定目标。

"能不能介绍几位您最要好的朋友与我认识，使他们也能够享受到跟您一样的服务？"

客户经理要发挥自己的创造性，只要不让客户觉得勉强，并且能拿到转介绍名单，怎样做都可以。没有推销成功的客户，也可以请求他们作转介绍。

通过转介绍取得新客户之后，要将他们纳入自己的联络图，因为这些新客户的亲戚、朋友、同学、同事，都有可能成为新的潜在客户。

必须切记：售后服务是你取得转介绍客户名单的极其重要一环。

2. 建立长期联系

产品销售结束后，应定期与客户保持联系，看看客户有什么需要，从而让客户感觉到我们对他的关心，提供持续销售的机会。可以为客户送一点小礼物，以表感谢与友好之意，比如一盒巧克力、一束花，也可以是一起吃顿饭、看一场节目，或者定期礼节性回访，与客户进行沟通与交流。

3. 培育忠诚客户

在销售过程中，发展新客户比维系老客户要难得多，因此，当前客户是销售成绩的最好来源，可以通过以下一些小方法来培养客户的忠诚度：

（1）将有私交关系的客户分出优先次序。

把最忠诚的 10 个客户的电话号码存入电话的单键拨号功能内，并随时与之保持联系，了解他们有什么新需求。

（2）时时刻刻惦记着你的客户。

如果在报纸、杂志上看到客户感兴趣的东西（包括业内新闻或客户业余爱好方面的东西），随时给他们邮寄过去。

（3）定期向他们寄信，介绍最新的产品信息。

（4）树立一个问题解决者的好名声。

（5）了解客户的业务范围，想尽办法帮助他们。

（6）在任何方面都尽可能帮助你的客户，不管是否与你的销售有关。

4. 利用电子邮件

利用电子邮件，可以大大提高服务的效率：

（1）方便客户随时与我们取得联系。

（2）及时答复客户的问题，满足客户需求。

（3）降低"事必躬亲"的管理成本，可以将常规的问题事先输入电脑，届时传给客户。

（4）避免在不适宜的时间打扰客户。

（5）保证信息的完整性和连贯性。

（6）减少信纸、邮费的浪费。

5. 积极处理投诉

客户的投诉一方面说明服务和产品出现了问题，但另一方面对客户投诉的处理常常能够化危机为机会，最后达到提升客户满意度的效果。要积极面对客户的投诉，对他们心怀感恩，因为他们为银行产品和服务的改进提供了建议。

及时处理客户投诉，坚持"投诉不过夜，当天投诉，当天解决"。在处理投诉时，要考虑到银行的经济利益、社会效益和企业形象。不仅要以理服人，做到有理有据有节，还应当设身处地为客户考虑，做到以情感人、以情动人、以情服人。

6. 客户服务补救

服务补救直接关系到客户满意度和忠诚度。面对客户的不满，营销人员随即采取的服务补救会给他们留下深刻的印象。

当首次服务使客户产生不满时，营销人员应该明确这些客户仍是对银行抱有期望的忠诚客户，并及时做出服务补救，以重建客户满意和忠诚。

实训活动

学生分组，演练银行客户经理服务营销基本操作流程。每组 8~10 人，选定角色，完成销售准备、寻找客户、了解客户需求、提出销售意见、异议处理、售后服务的营销流程。

二、银行大堂经理的服务营销流程

银行大堂经理的服务营销流程如图 7-3 所示：

工作准备 → 迎接客户 → 引导分流 → 业务营销 → 投诉处理 → 跟踪维护

图 7-3　银行大堂经理的服务营销流程

（一）工作准备

1. 自身工作准备

大堂经理要求统一着装，举止得体，仪态大方；熟悉银行产品或服务的相关知识，掌握各项业务的操作流程；确认文件夹里的各种凭条、客户信息采集卡、名片、银行产品或服务的宣传资料等准备充分。

2. 网点工作准备

大堂经理要确保营业网点内部环境清洁，物品摆放符合规范；测试大堂内各服务系统运行情况，如电子显示屏、自助服务设备、叫号机、网银终端机等，确保各服务系统处于正常可操作状态。客户填写台的各种凭条申请表准备齐全、充足；客户等候区的宣传材料供应齐全、数量充足等，做好准备笑迎第一位光临的客户。

（二）迎接客户

1. 客户迎接

大堂经理要保持恰当的站位，营业开门时应站立营业厅入门处醒目位置；对进入营业网点的客户面带微笑，主动打招呼，并第一时间上前询问。如客户较多，不能问候每一位客户，也要尽量与客户有目光接触并点头致意。发现熟悉的客户，能正确称呼，如"李女士您好，欢迎光临。请问您需要办理什么业务?"

2. 客户咨询

大堂经理要耐心、细致地为客户提供咨询服务，注意语气和措辞。同时，要注意效率，争取做到一次性指导完成，以免浪费客户时间。如"先生，办理该业务需要填写这张表格，您先填写，有不明白的地方，可以随时找我，请您不要涂改。"

（三）引导分流

1. 客户识别

客户进门时：根据客户的衣着、气质、谈吐等进行观察，但切忌以貌取人；询问客户要办理的业务；判断客户属于普通客户、贵宾客户还是潜在客户。

客户咨询时：客户直接咨询某种产品购买流程、某种业务办理程序、关注业务凭单上的内容等，大堂经理应主动开展服务营销。

客户等候时：客户关注理财产品信息，专注地看利率信息，浏览或关注外汇牌价等，大堂经理应主动开展服务营销。

2. 客户分流

（1）普通客户。

一是有办理小额存取款业务的，应将客户引导到自助服务区域或相应的柜台办理；二是有办理转账或汇款普通业务的，应先指导客户填写好相关凭条，再分流到柜台办理；三是有办理缴费业务的，在进行分流前，应先确定客户所缴纳的费用属于哪一类型，以确定在网点内采取哪种缴费渠道比较便捷等。

（2）贵宾客户。

大堂经理应在不引起其他客户不满的情况下，保证贵宾客户能优先接受服务。一是如已预约，将客户直接引领至贵宾服务区，由客户经理或理财经理负责进行业务处理；二是没有预约，将客户引领至贵宾等候区域，先确定客户经理或理财经理是否有时间，再安排贵宾客户办理业务。

（3）潜在客户。

一是客户需要进一步了解情况，先确认客户经理或理财经理是否有时间，如果有，则直接将客户分流到客户经理或理财经理处，如果没有，则先安排客户到贵宾服务区域休息等候；二是客户没有时间，可请客户填写客户信息采集卡；三是客户不愿填写客户信息采集卡，则可给客户提供相关产品或服务的宣传资料、客户经理或理财经理的名片，争取留下客户的联系方式。

（四）业务营销

1. 信息发布区域

大堂经理通过问候、询问，识别客户类型，了解客户金融需求，向其营销银行产品或服务。但切忌强行向客户推荐产品或服务，以免引起客户不满。

2. 客户等候区域

大堂经理通过问候、安抚、再次询问，了解客户需求，进行二次开发，营销银行产品或服务。

（五）投诉处理

1. 调整自我心态

大堂经理要始终保持冷静，能够用大度、友善和热情调整自我心态，耐心聆听客户投诉,不要阻止客户发泄不满情绪。

2. 另选地点处理

大堂经理要迅速、果断地将投诉客户引导离开事发区域,到一个相对独立和安静的区域进行处理,以避免其他在场客户由于不了解事情的缘由而误解,并适时安排主管人员接洽,以示对客户的重视。

3. 安抚客户情绪

大堂经理要想方设法安抚客户情绪,如请客户坐下或为客户端来茶水等。称呼客户尽可能使用尊称,以示对客户的尊重。

4. 倾听客户抱怨

大堂经理要用真诚的态度倾听客户抱怨,详细记录客户抱怨投诉的内容,以示对客户的重视,取得客户认同,同时,还要立即与当事的银行工作人员联系,了解投诉产生的来龙去脉。

5. 分析投诉原因

大堂经理要对不能满足客户的需求和产生的误会表示歉意,以减少客户怨气。同时,还要能冷静分析投诉原因。

6. 客户投诉处理

在了解客户的意图后,大堂经理要通过合理的方法尽快帮助客户解决麻烦,并让客户随时了解投诉处理的进展情况。但是不能让客户参与银行内部的客户投诉处理过程,只需将银行的解决方案告知客户,并详细地解释说明。

7. 客户保留管理

大堂经理在与客户沟通协商过程中,要使客户充分感受银行的态度和诚意,以取得客户的谅解和支持,防止客户资源流失,但是要谨记,千万不能向客户承诺做不到的事情。

(六)跟踪维护

大堂经理要与客户保持密切联系,定期向客户发放客户满意度调查表,不失时机地向客户发放银行产品或服务的宣传资料,抓住有利时机向客户进行业务营销,以开发客户资源,提升营销业绩。

实训活动

学生分组,每组 8~10 人,模拟演练银行大堂经理服务营销流程。

三、银行柜员的服务营销流程

银行柜员的服务营销流程如图 7-4 所示:

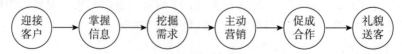

图 7-4 银行柜员的服务营销流程

(一)迎接客户

柜员对办理业务的客户要做到礼貌热情地接待,主动打招呼,微笑迎接。如遇到熟悉的客户,还要主动以姓氏称呼,如:"张先生,您好,您需要办理什么业务?"

（二）掌握信息

柜员通过对客户年龄、衣着打扮和言谈举止等的观察，以及与客户聊天时掌握的基本信息、理财能力和意愿，结合客户提交的相关证件和银行卡信息，掌握客户的基本财务状况。

（三）挖掘需求

1. 把握机会

当客户有大额活期存款、提取大笔资金或定期转存、观看宣传资料主动询问时，柜员要把握时机，主动开展营销活动。

2. 挖掘需求

由于柜员单笔作业时间和客户在网点逗留时间有限，这就需要柜员通过精练、简洁的提问，请客户回答，以了解客户心理，发掘金融需求。主要包括开放式和封闭式提问。

（四）主动营销

1. 营销方法

主要包括：

（1）产品法。如："王女士，您是不是经常要转账，您是否愿意足不出户就能转账、交电费、购买基金存定期、转活期和网上购物？这些都可以在网上银行做到，很多人都在用，方便、快捷，安全、高效，需要现在为您开通吗？"

（2）理财法。如："张先生，您这样存定期就像杯子底裂个缝，越存越少，刚好我行有一款产品可以把这个缝补上，且收益较高，还有一份高额保障，我请理财经理为您做详细介绍，您看可以吗？"

（3）情感法。主要适用于客户对产品法和理财法都没有明显意愿，资产又较多的情况。柜员与客户熟悉后，利用适当时机，如客户生日等，上门公关和营销，利用情感达到营销目的，这是柜面营销的延续和深入。

2. 营销技巧

（1）营销方式。分两种情况：对于对银行产品或服务不了解的客户，柜员应具体解释产品或服务的特点和优点，重点介绍与客户当前办理的业务相比能给客户带来的利益和便捷性；对于对银行产品或服务了解但心存疑虑的客户，柜员要了解客户的疑虑，重点帮客户解决疑虑，进行有针对性的宣传和推广，营销产品或服务。

（2）营销内容。

银行柜员针对不同年龄层次的客户，采取不同的营销内容：

20～30 岁的年轻人群，客户容易接受新事物，营销内容可以是网上银行、电话银行和手机银行。

31～45 岁的中年人群，客户有一定的经济基础，理财观念较为稳重，营销内容可以是国债、组合储蓄、理财产品。

46～60 岁的老年人群，客户观念保守，营销内容可以是基本储蓄、养老储蓄等。

（五）促成合作

1. 促成合作的时机

（1）客户对银行产品或服务介绍较为满意时。

（2）客户了解其他客户购买情况时。

(3) 客户了解办理业务所需的相关细节时。

2. 促成合作的方法

(1) 主动出击法。如："王女士，您这次存进来的资金最近有用吗？如果没有急用的话，您可以存定期，这样比单存活期划算多了，我行定期有三个月、半年和一年期等，只要有身份证就可以办理，现在给您办，可以吗？"

(2) 二择一法。如："张先生，我行针对您这样的高端客户，推出了这款理财产品，结算方便、快捷，您如果把资金集中放到我行，会让您感到非常省时、省心、省力。这么好的产品不用犹豫了，您是买 5 万元还是 8 万元？"

(3) 引导法。例如：

柜员：现在的孩子可真幸福，都是父母的掌上明珠！

客户：是啊！

柜员：父母对孩子的关爱，除了每天生活上的照顾，还要考虑未来的教育基金，您现在一定在为孩子储备未来求学费用吧？

客户：是啊。

柜员：但是，是不是存到一定程度，就因为想装修房子、旅游等原因挪作他用，又要重新开始存钱，始终没法达到目标？

客户：唉，是啊！

柜员：您可以考虑买一份少儿保险，这样就有了一个明确的教育计划，保险公司会定期提醒您按时缴费，这其实也是一种强制储蓄，最近，像您这样有孩子的人很多都买了，您看怎样？

(4) 利益法。如："孙女士，您存定期吗？现在银行利率很低，如果您的资金三五年不用，购买我行的××产品比较合适，不仅有保底收益，年终还有分红，很适合做中长期投资，您看如何？"

3. 异议处理的方法

柜员要仔细聆听客户的要求，适时提问，以正确把握客户的意图，同时，运用恰当的方法安抚客户情绪，通过主动引导，启发客户思考，化解异议，待异议处理完成后，尝试再次促成交易，以达到营销目的。例如：

"女士，您这么说，我能理解您的感受。"(理解认同)

"这款产品如果在安全且保障全面的情况下回报还是不错的。"(问题解答)

"您只需每年投资 1 万元，就可以拥有一个稳定的理财和保障账户，现在就帮您办理，您看可以吗？"(再次促成)

(六) 礼貌送客

柜员办理完业务后，将证件、单据双手递交客户，礼貌道别。同时，还要能及时抓住最后的有利时机，向客户营销满足其金融需求的银行产品或服务。如："先生，这是您的卡和现金，请查收，您还有其他业务需要办理吗？"

实训活动

学生分组，每组 8～10 人，模拟演练银行柜员服务营销流程。

四、银行理财经理对目标优质客户的服务营销流程

银行理财经理对目标优质客户的服务营销流程如图7-5所示：

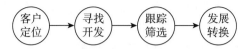

图7-5　银行理财经理对目标优质客户的服务营销流程

（一）客户定位

这里的目标优质客户一般指具有较稳定的职业，拥有较高学历和收入的人群，即通常所说的金领、白领。如外企管理层、公务员、医生和律师等。

（二）寻找开发

1. 寻找开发途径

如理财经理个人现有关系网、银行内部相关部门已开发的客户资源、与银行有合作关系或业务往来的单位以及其客户转介绍等。

2. 寻找开发时机

如银行推出新产品或服务时或市场发生重大变动时，如利率变动、股票市场大跌和基金市场猛涨等。

3. 寻找开发方法

可通过电话、短信等形式向客户推介银行产品或服务，还可通过邀请客户参加新产品或服务的发布会、理财讲座等向客户进行面对面营销。如"王女士，您好！我是××银行××支行理财经理××。从6月8日开始，央行将下调人民币存贷款基准利率0.25％，这势必会影响您的存款收益，您是否有兴趣知道如何避免因此次利率下调而造成的收益减少呢？我的电话是×××××××，随时欢迎您来电或到支行咨询"。

（三）跟踪筛选

理财经理通过多种渠道和方式收集客户信息，并及时对信息进行分析整理，根据客户对银行的贡献程度和客户自身的发展潜力筛选出准优质客户，尽可能多地了解准优质客户的金融需求，为客户开发找准切入点。

（四）发展转换

理财经理通过各种方式对准优质客户开展服务营销工作，加深客户对银行产品或服务的认识和了解，取得客户认同，获得客户信任，为使准优质客户向潜在优质客户或现有优质客户的发展打下基础。

五、银行理财经理对现有优质客户的服务营销流程

银行理财经理对现有优质客户的服务营销流程如图7-6所示：

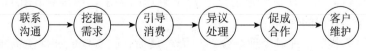

图7-6　银行理财经理对现有优质客户的服务营销流程

（一）联系沟通

1. 营销准备

首先，明确本次营销目的。理财经理要力争做到第一时间引起客户关注，充分调动客

户兴趣。同时，还要能合理安排和把握好与客户见面的时间和地点。如："李先生，您是我行的优质客户，近期，我行有一款仅针对优质客户销售的理财产品，预期收益率达××％，风险较为稳健，很适合您，您是亲自到我行了解，还是您定好时间我们见面时向您进行介绍呢？"

其次，详细了解客户信息。理财经理要及时掌握客户的财务状况和金融需求，根据客户具体情况，制定销售策略，并设计好相关开场白和所需用到的问题。

最后，充分掌握产品知识。理财经理不仅要能熟练掌握本行产品或服务的知识，同时，还要了解其他银行相关产品或服务的知识，能将本行产品或服务与他行相关产品或服务进行对比，分析优缺点，以期为客户提供专业的咨询和指导。

2. 沟通交流

理财经理要能做到态度诚恳、体现尊重、找准话题、避免直接，还要能避免禁忌、赢得好感。

3. 产品推介

如何推介：第一种情况，可以假设对方感兴趣，以避免被客户直接拒绝。如："王先生，您也许想问这份'望子成龙'教育基金项目是如何保障您孩子健康成长的，是吧？"第二种情况，可以营造热销的现象，以激发客户购买欲望。

(二) 挖掘需求

1. 善于倾听

要集中注意力，耐心地听，认真思考，挖掘客户需求。

2. 善于发问

如何发问：首先，针对客户现状或背景问题提问，以进一步了解客户信息，确定与客户谈话方向。如："宋女士，您在单位属于：高层管理人员/中层管理人员/基层员工？"其次，针对客户存在的问题或困难提问，以引出产品或服务主题，寻找银行产品或服务能解决的问题，发掘客户需求。如："邵先生，您这么一大笔资金如存成活期，利息收益非常低，您为何不考虑一下三个月的定期存款或通知存款呢，这样的利息收入比活期存款高出很多。"最后，将隐藏的需求明朗化，以进一步强化客户的需求，帮助客户进行决策，为接下来的产品介绍打下基础。如："李女士，您刚才提到有一笔大额定期存款即将到期，这笔资金怎么安排，您打算好了吗？"

(三) 引导消费

1. 理财规划

(1) 收集客户信息：理财经理通过各种渠道和方式对掌握的客户信息不断进行丰富和完善，更新和整理。

(2) 把握理财需求：理财经理协助客户了解理财需求，明确客户在现金、消费、教育、投资和养老等方面的规划。

(3) 分析财务状况：理财经理结合客户资产负债、收支构成和保险需求等方面内容，找准理财规划方向。

(4) 提出理财规划：理财经理根据客户理财需求，结合银行产品或服务向客户提出理财规划方案，完成销售过程。

(5) 监控方案执行：理财经理根据客户情况发展变化和方案执行的变动，适时提出改进措施，做好售后服务工作。

2. 产品定制

（1）判别需求：理财经理根据所掌握的客户信息及自身的观察判别客户的类型和需求偏好，为下一步银行产品或服务的选择提供依据。

（2）选择产品：理财经理根据分析结果为客户选择合适的或相关联的银行产品或服务，寻找销售机会。

（3）介绍产品：理财经理向客户进行产品或服务的介绍。

3. 介绍技巧

理财经理要能说清银行产品或服务给客户带来的利益，这种利益必须是具体的、明确的，可用比拟或对比方式，将利益直观表示出来。如："吴先生，您可以算一下，您每月只需缴纳 120 元保费，每天只需 4 元，您就可以获得一份最高赔付达 85 万元的意外伤害保险，外加 10 万元医疗保险，如一年内没有赔付记录，还将获得 3 个月的保费返还……"

（四）异议处理

理财经理要能根据异议性质、商谈进展状况等选择恰当时机灵活回答客户提问。通过妥善处理客户异议，发现新需求，把握新的销售机会。如："杨女士，您当时选择这款理财产品是非常有远见的，今年它的红利一直在稳健增长，特别是近来随着资金运用管理力度加强，红利水平也在逐渐增高。虽然收益略低于××银行刚推出的××产品，但这款产品是一只绩优股，如果您投资的股票正在增值，您会舍得抛掉吗？"

（五）促成合作

促成合作的流程：识别购买信号→提出成交建议→进行业务办理。

银行理财经理针对不同类型客户，提出不同的成交建议：

（1）客户类型为理智稳健型，成交建议提供事实依据，层层推进。

（2）客户类型为优柔寡断型，成交建议善加引导，切忌操之过急。

（3）客户类型为自高自大型，成交建议满足其虚荣心，进行合理建议。

（六）客户维护

理财经理主动与客户保持密切联系，对客户的理财规划进行定期分析，提供合理建议，在市场发生变化和有新产品或服务推出时，能及时与客户进行沟通交流。根据客户的金融需求和关注焦点，邀请客户参加财经研讨会、理财沙龙等活动，增进彼此间的交流和互动。通过向上营销、交叉营销和重复营销等方式，引导客户消费，销售更多的银行产品或服务，提高客户的贡献度，形成更加稳定的客户关系。

思政课堂

银行业金融机构的社会责任

1. 银行业金融机构应承担消费者教育的责任，积极开展金融知识普及教育活动，引导和培育社会公众的金融意识和风险意识，为提高社会公众财产性收入贡献力量。

2. 银行业金融机构应主动承担信用体系建设的责任，积极开展诚实守信的社会宣传，引导和培育社会公众的信用意识。努力促进行业间的协调和合作，加强银行业信用信息的整合和共享，稳步推进我国银行业信用体系建设。

3. 银行业金融机构应提倡以人为本，重视员工健康和安全，关心员工生活，改善人力资源管理；加强员工培训，提高员工职业素质，提升员工职业价值；激发员工工作积极性、主动性和创造性，培养金融人才，创建健康发展、积极和谐的职业环境。

4. 银行业金融机构应支持社区经济发展，为社区提供金融服务便利，积极开展金融教育宣传等内容丰富、形式多样的社区服务活动，努力为社区建设贡献力量。

5. 银行业金融机构应关心社会发展，热心慈善捐赠、志愿者活动，积极投身社会公益活动，通过发挥金融杠杆的作用，努力构建社会和谐，促进社会进步。

6. 银行业金融机构应重视客户的权益保障，有效提示风险，恰当披露信息，公平对待客户，加强客户投诉管理，完善客户信息保密制度，提升服务质量，为客户创造价值。

思考：

银行金融企业在整个国家经济发展中需要承担哪些社会责任？我国各商业银行有没有承担起对国家经济发展所肩负的社会责任？

实训活动

学生分组，模拟演练银行理财经理服务营销基本操作流程。每组 8～10 人，选定角色，完成联系沟通、挖掘需求、引导消费、异议处理、促成合作等营销服务流程。

◎ 模块二　银行服务营销训练

任务一　银行公司业务营销

银行公司业务营销流程，如图 7-7 所示：

图 7-7　银行公司业务营销流程

一、选择客户

（一）公司目标客户应具备的条件

银行在进行公司业务营销时，应选择能为银行带来较大收益、能发展较为稳定的业务关系、成长性好的企业。

（二）寻找公司目标客户的来源

（1）目标客户的宣传资料。

（2）政府主管部门。

（3）行业协会或学会。

（4）传播媒介或公开出版物、网站等。

（5）中介机构。

（6）与目标客户关系密切的其他客户等。

二、掌握信息

（一）公司目标客户信息

（1）主要决策管理人员的基本情况，如姓名、性别、年龄、文化程度、家庭情况、个人偏好和联系方式等。

（2）生产经营情况、市场占有情况、资金运作情况、目前遇到的问题等。

（3）关联企业的基本情况。

（4）在银行的业务开展情况。

（5）所在行业的历史、现状以及与行业相关的知识。

（6）与其他金融企业的合作情况以及下一步对银行可能的业务需求。

（二）公司目标客户的价值判断

对公司目标客户进行价值判断，如表 7-1 所示。

表 7-1　公司目标客户开发价值初步评价表

评价内容	正（＋）		负（－）	
1. 客户资产规模	大	☐	小	☐
2. 客户原料供应/产品销售区域	全省或全国	☐	本地	☐
3. 市场占有量/市场影响	大/知名品牌	☐	小/一般产品	☐
4. 资金流量	大	☐	小	☐
5. 与其他银行的竞争态势	激烈	☐	不激烈	☐
6. 是否为上市公司	是	☐	不是	☐
7. 行业情况	发展中或成熟行业	☐	萌芽或衰退行业	☐
8 目前对银行产品或服务的需求	金融意识强，急于获得支持	☐	困难时需要银行支持	☐
评价说明：按上述评价内容，如果两项以上得正分，则表明该客户具有开发价值				

资料来源：伏琳娜，满玉华. 商业银行客户经理. 北京：中国金融出版社，2010.

三、前期沟通

（一）制订拜访计划

经过筛选获取潜在目标客户资料后，客户经理将客户相关信息记录并列成表格以便于查找。在访问和开发客户的过程中，要对信息资料及时更新，以保证客户信息记录的详细、准确、连续、及时，尤其是避免信息记录错误，以免造成工作的失误和障碍，影响工作效果。

客户经理要对目标客户的信息进行分析，制订客户培育计划、确定拜访的具体步骤，按照计划进行客户培育活动，并能根据情况的变化对培育计划进行适当调整。客户开发计划和拜访计划，如表 7-2、表 7-3 所示。

表 7 - 2　客户开发计划表

时间	工作安排		工作进度	
1 月	工作目标	具体策略	计划进度	实际进度
2 月				
3 月				
……				

表 7 - 3　客户拜访计划表

客户名称	拜访时间	拜访地点	出行方式	拜访级别
		□客户会谈室 □其他地点	□飞机□火车□客车 □自备交通工具	□高层访问 □中层访问 □一般访问
客户情况				
客户长处或短处	长处			
	短处			
竞争对手的情况	竞争对手一的情况			
	竞争对手二的情况			
拜访目的	□建立联系 □增进感情 □达成初步合作意向 □合作取得明显进展 □收集整理信息 □了解客户需求 □商讨产品合作			
会谈主题				
客户可能需要的服务				
银行准备提供的产品				
拟向客户介绍的情况 及提供的宣传资料				
需要进一步了解的情况				
拜访开始的策略				
客户可能提出的问题 及如何回答	可能提出的问题		回答	
可能出现的异议和处理方法	可能出现的异议		处理方法	
客户合作态度 不明确时的策略				

续表

客户拒绝时的策略			
如果是联合拜访，应该再关注以下问题：			
带队客户经理姓名		负责介绍客户经理姓名	
小组成员及职务			
集体讨论可能遇到的 问题及解决办法			

（二）进行拜访预约

在拜访前，客户经理要做好拜访的预约工作。一般情况下，至少提前 3 天向客户进行预约，以给客户留出充分的时间准备，切忌临时仓促预约。如果拜访的是非常重要的客户，至少应提前 1 个月预约。在正式拜访的前一天，最好与客户进行再次确认，约见的内容取决于面谈的需要和客户的具体情况。

四、正式接触

（一）拜访客户

客户经理运用专业知识和营销技巧，合理使用语言、表情和动作，结合银行的社会形象以及产品或服务，分阶段循序渐进，有步骤地和客户接触交流，与客户建立联系，沟通情感，进而有机会打动客户，争取客户的合作。拜访结束后，及时填写拜访总结表，总结经验。对重要客户，还要尽快撰写拜访报告，就目标客户的基本情况和应采取的对策提出建议。拜访总结，如表 7-4 所示。

表 7-4　拜访总结表

被拜访客户名称		我方参加人员	
本次拜访是第几次拜访		对方接待人员	
拟达到的拜访目标		拜访时间	
未达目标方向的原因			
拜访启动阶段的收获与经验			
进行拜访主题阶段的收获与经验			
拜访结束阶段的收获与经验			
最后总结			
收集到的资料清单			
分发了哪些资料，有何效果			
操作、批评与修正			
下一步工作打算			
拜访总结人员及参与人员签名： 　　　　　　　　　　　　　　　　　　　年　　　月　　　日			

（二）需求挖掘

在对公司客户的营销过程中，客户经理通过询问了解客户更多的信息，确认客户的金融需求，并能引出与客户商谈的主题。同时通过倾听，发现客户更多金融需求，辅以客户需求调查表（见表 7-5），深度挖掘客户金融需求。

表 7-5　客户需求调查表

客户名称		联系人	
客户地址		联系方式	
您拟需要哪些银行产品		具体要求（时限、手续、价格等）	
□开户　□人民币结算　□国际贸易结算　□特殊服务			
□票据承兑　□票据结算　□票据代保管　□转贴现			
□代收代付等中间业务　□为职工代办信用卡			
□外汇买卖　□现金管理			
□流动资金贷款　□固定资产贷款　□信用证 □中长期项目贷款　□银团贷款　□综合授信			
□担保　□保理			
□出口打包贷款　□进口押汇　□出口押汇 □保函业务　□进口信用证　□其他业务			
□发展战略研究　□财务顾问　□筹融资顾问 □咨询服务　□其他服务			
□其他业务			
备注：			

（三）方案设计

客户经理通过营销努力，获得公司客户认同后，还应针对客户具体情况和对银行产品或服务的金融需求，对银行产品或服务进行有机组合设计，并将这种组合设计以恰当的方式如银企合作方案提交客户，以获得客户认同。

（1）银企合作方案要做到银行和公司客户双方都能接受，要把握以下三点：1）要能满足对方的主要需求或某种特殊需求；2）要能巧妙地表达本银行的需求；3）要学会清楚简要地提出方案。

（2）起草银企合作方案时，要注意以下四点：1）要全面收集有关信息资料；2）要认真了解有关客户方面的各种知识；3）要运用朴实、准确的语言来写作银企合作方案；4）格式设计要周到细致，一目了然，规范美观。

五、促成合作

在客户的培育开发过程中，客户经理还需就银行产品或服务的品种、价格、附加利益等事项与客户进行谈判，通过谈判就上述事项达成一致意见后，双方用协议（合同）的方式把合作内容固定下来。

六、关系维护

银行与客户一旦达成业务合作协议，双方的合作关系便建立起来，这种关系需要不断培养和维护。客户经理针对不同类型的客户在不同阶段要采取不同的方法和技巧，以满足客户不断变化的金融需求，维护银行在客户心目中的良好形象，建立忠诚和终生的客户关系。

案例分析

拜访预约，也需要技巧。

客户经理："您好，请问是沈总吗？"

客户："我就是，有什么事吗？"

客户经理："沈总，您好！不好意思，打扰您了。我是××银行的客户经理，我叫孙莉。请问李真是您的老朋友吗？"

客户："是的，你认识他？"

客户经理："他也是我的好朋友，是他介绍我来找您的。他经常跟我提起您在事业上取得的成就，说您待人和善，很喜欢交朋友，是个优秀的企业家。"

客户："你过奖了，其实，我也就是个平凡人。"

客户经理："您太谦虚了！前一阵子，通过我的介绍，他的公司与我行签订了合作协议，把基本账户转到了我行，成为我行的重点客户。他认为我行具有较强实力，有先进的管理经验和优质的服务。同时，认为我这个客户经理也够专业，服务也好。他觉得像您这样优秀的企业家所领导的优秀企业也应该拥有这样的金融服务，就介绍我与您联系。请问您什么时候方便？我想到您的单位去拜访您，不会占用您太多时间。"

客户："好的，你明天上午9点来我办公室吧！"

客户经理："好的，谢谢您，我们到时候见。"

资料来源：满玉华，赵树海. 商业银行客户经理. 北京：中国人民大学出版社，2009.

思考：

上述情景中的语言文字表述有哪些特点？在拜访预约中使用了什么技巧？技巧的使用起到了什么作用？

提示：

从银行客户经理服务营销技巧角度回答。

实训活动

学生分组，调查1～2家银行的公司客户情况。模拟银行开发、拜访公司客户，填写相关表格。

任务二　银行个人业务营销

银行个人业务营销流程，如图7-8所示：

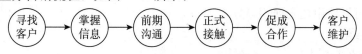

图7-8　银行个人业务营销流程

一、寻找客户

（一）个人目标客户应具备的条件

在进行营销时，银行应选择营销费用低、信用记录好、价值大、忠诚度高，能够给银行带来稳定收益的个人目标客户。

（二）寻找个人目标客户的来源

（1）客户经理已有的人际关系。如父母、亲戚和朋友等。

（2）客户经理的同缘人群关系。一是客户经理的同学、同乡、同事、同好和同邻等关系；二是客户经理的亲缘、地缘、业缘等关系。

（3）银行既有客户的挖掘。

（4）银行既有客户的推荐。

（5）直接接触拜访等。

二、掌握信息

（一）个人目标客户信息

（1）基本资料。如姓名、性别、年龄、家庭住址、联系电话和籍贯等。

（2）教育情况。

（3）家庭情况。如婚姻情况、配偶或子女的基本情况等。

（4）事业情况。如职业经历、所在公司名称、客户的职位和工作情况等。

（5）社交情况。如客户的社交圈子等。

（6）性格、爱好和修养等。

（二）银行和产品（服务）的信息

（1）银行的信息。客户经理要熟悉本银行的发展历史、经营规模、经营方针、营销策略和企业文化等。

（2）银行产品（服务）的信息。客户经理不仅要了解基本的银行产品或服务的知识，还要了解与之相关的其他金融产品知识，如基金、保险和股票等。

（3）预售产品（服务）的信息。在每次销售行为之前，客户经理必须对本次所要销售的产品或服务有一个深入的了解，掌握产品服务的功能、特色和收益情况，与同类产品的比较等。

三、前期沟通

（一）制订拜访计划

在目标客户确定后，客户经理根据掌握的客户信息，结合银行产品或服务有针对性地制订拜访计划，具体可以参考公司目标客户的相关内容。此外，要做好交通、宣传和接待等相关费用的预算，还要做好意外情况的分析，力争在营销前能够做到事半功倍，为成功营销打下基础。

（二）进行拜访预约

在每次拜访前，客户经理通过电话、电子邮件等方式与目标客户进行拜访预约，在某些情况下，还可以使用托人预约等方式。

四、正式接触

（一）做好准备工作

客户经理要准备好产品资料，如产品说明书、宣传资料、相关文件和合同，相关的工具和物品，如名片、记录本和小礼品等。在正式动身拜访前，客户经理还要与客户进行再次确认，以避免客户因临时有事不能赴约或因疏忽忘记约定。同时，还要检视自己的仪表，以确保仪表得体，充满信心地拜访客户。

（二）进行正式接触

在正式接触的过程中，客户经理与客户通过寒暄、互递名片，营造良好的会谈氛围。在商谈过程中，客户经理通过技巧询问、认真倾听和巧妙回答，取得客户的认可和信任，建立联系，在恰当的时机，将客户逐渐引向与银行产品或服务相关的话题，开展服务营销活动。

（1）对银行产品或服务感兴趣的客户，客户经理不需要花太大的精力就可以完成交易。

（2）对银行产品或服务较感兴趣的客户，客户经理需要运用一定的销售技巧去发现客户的金融需求，积极引导，以促成交易。

（3）对银行产品或服务不感兴趣的客户，客户经理需要花费较多时间和精力去积极争取，以加深客户对银行产品或服务的认识和了解，为接下来的营销工作打下基础。

五、促成合作

在与客户正式接触的过程中，客户经理要及时关注客户情绪的变化，把握成交时机，从语言、动作等各方面迎合和引导客户，捕捉客户在语言、行为和表情等方面表露出来的成交信号，灵活运用各种促成交易的方法和技巧对客户加以引导，成功实现销售。

六、客户维护

客户经理在获得客户的成交允诺后，应趁热打铁，将这种口头允诺变成现实的交易行为。还要能及时关注客户购买的产品，尤其是基金等随时波动的产品，并将情况通过电话、短信等形式告知客户。通过经常性的沟通，不断了解客户对银行产品或服务的使用情况，及时掌握和开发客户的金融需求，进而有针对性地向客户提供新的产品或服务信息，增进与客户的感情，促使客户不断购买银行产品或服务。在赢得客户的信任后，客户经理要积极谋求客户介绍新的客户，拓展客户资源，扩大销售范围。当然，也要重视客户的投诉和抱怨，积极应对，以化解矛盾，建立一种长期、稳定的客户关系。

实训活动

学生分组，模拟银行个人业务营销流程。

 **项目小结**

1. 银行营销人员构成主要包括银行客户经理、银行大堂经理、银行柜员、银行理财经理等。

2. 银行客户经理的服务营销流程：销售准备—寻找客户—了解客户需求—提出销售意见—异议处理—售后服务。

3. 银行大堂经理的服务营销流程：工作准备—迎接客户—引导分流—业务营销—投诉处理—跟踪维护。

4. 银行柜员的服务营销流程：迎接客户—掌握信息—挖掘需求—主动营销—促成合作—礼貌送客。

5. 银行理财经理对目标优质客户的服务营销流程：客户定位—寻找开发—跟踪筛选—发展转换。

6. 银行理财经理对现有优质客户的服务营销流程：联系沟通—挖掘需求—引导消费—异议处理—促成合作—客户维护。

7. 银行服务营销训练包括银行公司业务营销训练和银行个人业务营销训练。

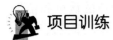 **项目训练**

一、单选题

1. 在银行营业网点内，以流动形式，采用主动引导方式来分流客户，为客户提供咨询指引、金融服务并进行营销宣传的银行工作人员是（　　）。

A. 银行客户经理　　B. 银行大堂经理　　C. 银行柜员　　D. 银行理财经理

2. 在银行内从事市场分析、客户关系管理、营销服务方案策划与实施，并直接服务于客户的专业技术人员是（　　）。

A. 银行客户经理　　B. 银行大堂经理　　C. 银行柜员　　D. 银行理财经理

3. 在最前线工作，负责柜面基本业务操作，提供查询和咨询等业务的工作人员是（　　）。

A. 银行客户经理　　B. 银行大堂经理　　C. 银行柜员　　D. 银行理财经理

4. 银行内具备相应任职资格和能力，从事银行个人客户关系管理、营销方案的策划和实施，为个人客户提供各种财务分析、规划和投资建议，进行个人金融产品营销、提供金融咨询和理财服务的营销人员是（　　）。

A. 银行客户经理　　B. 银行大堂经理　　C. 银行柜员　　D. 银行理财经理

5. （　　）通过问候、安抚、再次询问，了解客户需求，进行二次开发，营销银行产品或服务。

A. 银行客户经理　　B. 银行大堂经理　　C. 银行柜员　　D. 银行理财经理

二、多选题

1. 银行营销人员主要有（　　）。

A. 银行客户经理　　B. 银行大堂经理　　C. 银行柜员　　D. 银行理财经理

2. 银行客户经理寻找的准客户应具备的条件是（　　）。

A. 有购买欲望　　　　　　　　B. 有购买能力

C. 购买决策权　　　　　　　　D. ABC 具备其一

3. 银行营销人员要有"同理心"，是指（　　）。

A. 站在客户的角度　　　　　　B. 专心倾听客户讲话

C. 正确辨识客户的情绪　　　　D. 正确解读客户说话的含义

4. 银行大堂经理的工作有（　　）。

A. 迎接客户　　B. 引导分流客户　　C. 客户投诉处理　　D. 跟踪维护客户

5. 银行柜员的主动营销方法有（　　）。

A. 产品法　　B. 理财法　　C. 情感法　　D. 二择一法

三、名词解释

银行客户经理　银行大堂经理　银行柜员　银行理财经理

四、简答题

1. 银行客户经理的岗位职责有哪些？

2. 银行大堂经理的岗位职责有哪些？

3. 银行理财经理的岗位职责有哪些？

4. 银行客户经理在提出销售意见时应该注意哪些方面？

5. 银行理财经理如何引导客户消费？

项目八
证券服务营销

知识目标

1. 了解证券客户经理、证券前台柜员的工作内容、岗位职责。
2. 理解证券营销人员应具备的职业素养和职业品德。
3. 掌握证券经纪业务营销的流程以及每个环节的营销技巧。
4. 掌握从事证券经纪业务所应该具备的能力和服务技巧。

能力目标

1. 能够根据客户的特点，为客户提供证券产品或服务的投资咨询。
2. 能够根据证券经纪业务营销渠道的特点，有效筛选目标客户。
3. 能够运用沟通技巧与客户进行良好的沟通，处理客户异议，促成交易。
4. 能够运用客户服务技巧，为客户提供专业的服务。

素养目标

1. 培养学生爱岗敬业、干一行爱一行，热爱劳动、劳动光荣的职业理念。
2. 培养学生潜心学习、潜心做事，实事求是，诚实做人的职业素养。
3. 培养学生诚实守信，为客户服务的职业精神。
4. 培养学生遵纪守法的法律意识。

案例导入

先有鸡还是先有蛋

有一家公司生意很好，门庭若市，可是老板年纪大了，需要招聘一位经理来接替他管理这家公司，他就可以安心退休了。

老板问第一位应聘者："先有鸡还是先有蛋?"第一位应聘者想了想，答道："先有鸡。"

老板接着问第二位应聘者："先有鸡还是先有蛋?"第二位应聘者胸有成竹地答道：

"先有蛋。"

老板又问第三位应聘者:"先有鸡还是先有蛋?"第三位应聘者镇定地答道:"客人点鸡,就先有鸡;客人点鸡蛋,就先有蛋。"

老板笑了,于是录用了第三位应聘者为经理。

思考:

为什么第三位应聘者的回答能得到老板的青睐,使他获得了经理的职位呢?证券营销工作人员应该具备哪些职业能力和职业素养?

提示:

"先有鸡还是先有蛋?"如果一味地想这个问题的答案,永远也不会有结果。案例中,第三位应聘者给出了这个命题的营销学答案——客户的需求永远是第一位的。

模块一 证券营销人员的服务营销

证券公司是专门从事有价证券买卖的法人企业,具有证券交易所会员资格,专门从事承销发行、自营买卖、代理买卖证券业务。证券公司的功能可分为:证券经纪商、证券自营商、证券承销商。证券公司作为证券经纪商,从事经纪业务,即接受投资人的委托,代为买卖证券。所以,普通投资人的证券投资都必须通过证券公司来进行。

任务一 证券营销人员的构成

证券公司的经纪业务分为零售业务和机构业务,零售业务是指管理全国营业部的部门,机构业务是指统管机构客户的部门。目前来看,经纪业务的净利润占券商整体盈利的90%,是券商利润的最稳定、最主要的来源。营业部的营销人员从事的经纪业务是证券公司的最大利润来源,所以对证券公司来说,营销人员招聘、培训是非常重要的。证券营销人员直接面对客户,人数众多、工作压力大。

一、证券公司营销人员的构成

证券营销人员的构成,如图8-1所示:

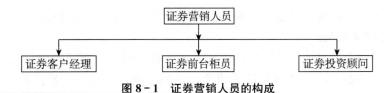

图8-1 证券营销人员的构成

(一)证券客户经理

证券客户经理是指从事客户招揽和客户服务等活动的证券公司营销人员。其主要职能是开发和招揽客户、向客户进行理财产品销售等。

1. 岗位职责

(1)负责拓展销售渠道,开发新客户,销售公司发行或代销的金融理财产品。

（2）负责把证券公司的金融产品和服务方面的信息传递给现有的及潜在的客户。

（3）负责为客户提供金融理财的合理化建议，为客户实现资产保值增值。

（4）负责组织并策划高级营销活动，开发高端市场。

2. 职业要求

金融、证券等相关专业专科及以上学历，具有证券从业人员资格。踏实勤奋、积极上进、反应迅速、工作细致，具备较强的沟通协调能力和良好的敬业精神、职业道德与个人信誉，有团队协作精神。

3. 薪资行情

证券客户经理的收入主要取决于其所拥有的客户的价值。证券客户经理的薪资一般由"底薪＋提成（股票佣金提成＋基金佣金提成）＋年底利润分红"构成。

（二）证券前台柜员

证券前台柜员是指负责营业部前台客户开户、委托交易、资金存取及交易清算等业务复核的证券营销人员。

1. 岗位职责

（1）负责办理账户、资金、交易等柜台相关业务。

（2）负责为营业部客户提供现场、电话、网上业务咨询回访服务；指导客户填写业务资料，引导客户办理相关业务。

（3）负责做好客户身份识别、客户信息持续更新等工作。

（4）负责客户资料的凭证电子化工作和纸质档案的管理工作。

（5）负责营业部客户经纪关系确认相关环节的工作。

（6）负责营业部投资者教育咨询工作，帮助客户减小投资风险。

（7）负责受理客户投诉和转销户客户的前台接待工作，与统一客户联络中心对接。

（8）协助推进营业部各项新业务的落地，协助完善新产品、新业务的落地流程，适应新产品、新业务不断增多的需要，配合提供业务运营服务。

2. 职业要求

金融、证券等相关专业专科及以上学历，具有证券从业人员资格。打字速度快，尤其是使用数字小键盘打字的速度；有较好的口头表达能力和产品推广能力；诚实守信，有强烈的责任心和良好的职业道德操守；有团队协作精神。

3. 薪资行情

证券前台柜员的薪资一般是：基本工资＋绩效工资＋提成＋年终奖。

（三）证券投资顾问

证券投资顾问业务是证券投资咨询业务的一种基本形式，指证券公司接受客户委托，按照约定，向客户提供涉及证券及证券相关产品的投资建议服务，辅助客户做出投资决策，并直接或者间接获取经济利益的经营活动。投资建议服务内容包括投资的品种选择、投资组合以及理财规划建议等。证券投资顾问是负责证券投资咨询业务的人员。

证券投资顾问提供建议给客户参考，决策由客户自己做，盈亏均由客户承担。证券公司可就投资顾问服务收取费用，形式包括差别佣金、按资产额或服务期收取单项顾问费用等。中国证监会及其派出机构依法对证券公司、证券投资咨询机构从事证券投资顾问业务实行监督管理。

1. 岗位职责

（1）负责投资者教育。证券投资顾问帮助客户理解财务知识和投资常识，了解证券投资业务；帮助客户理解投资机会和一般的投资误区；引导客户理解和评价风险。

（2）负责对客户进行全面的需求分析。全面了解客户的财务状况和需求，帮助客户确定理财目标，量身定制投资方案。证券投资顾问将向客户详细阐述制定投资方案的根据，与客户充分沟通，达成一致。

（3）负责解读投资管理报告。每个客户的特定投资组合都会在规定的期限收到一份投资组合报告，这份报告不仅包括投资组合在过去的时间段内的业绩表现，也包括投资组合经理对投资业绩的评价与解释、对未来投资环境的判断。证券投资顾问将帮助客户解读这份报告，帮助评价投资组合运作是否符合客户的目标。

（4）负责调整投资方案。证券投资顾问将帮助客户对上一年的投资决策进行回顾，确定是否要维持资产配置或根据客户的财务目标、投资期限的改变做出调整。

2. 职业要求

（1）金融、证券等相关专业专科及以上学历，具有证券从业人员资格。

（2）必须先取得"金融市场基础知识""证券市场基本法律法规"两个基础科目的有效合格成绩，获得专项科目考试资格。

（3）取得"证券投资顾问业务"专项科目的有效合格成绩，即获得证券投资顾问从业资格。

3. 薪资行情

证券投资顾问的薪资一般是：底薪＋提成（股票佣金提成＋基金佣金提成）＋年底利润分红。

二、证券公司营销人员的工作职责

（一）证券客户经理的工作职责

证券客户经理可以根据证券公司的授权从事下列部分或全部活动：

（1）向客户介绍证券公司和证券市场的基本情况。

（2）向客户介绍证券投资的基本知识及开户、交易、资金存取等业务流程。

（3）向客户介绍与证券交易有关的法律、行政法规、证监会规定、自律规则和证券公司的有关规定。

（4）向客户传递由证券公司统一提供的研究报告及与证券投资有关的信息。

（5）向客户传递由证券公司统一提供的证券类金融产品宣传推介材料及有关信息。

（6）法律、行政法规和证监会规定证券经纪人可以从事的其他活动。

证券客户经理不得有下列行为：

（1）替客户办理账户开立、注销、转移，证券认购、交易，或者资金存取、划转、查询等事宜。

（2）提供、传播虚假或者误导客户的信息，或者诱使客户进行不必要的证券买卖。

（3）与客户约定分享投资收益，对客户证券买卖的收益或者赔偿证券买卖的损失做出承诺。

（4）采取贬低竞争对手、进入竞争对手营业场所劝导客户等不正当手段招揽客户。

（5）泄露客户的商业秘密或者个人隐私。

(6) 为客户之间的融资提供中介、担保或者其他便利。

(7) 为客户提供非法的服务场所或者交易设施，或者通过互联网络、新闻媒体从事客户招揽和客户服务等活动。

(8) 委托他人代理其从事客户招揽和客户服务等活动。

(9) 损害客户合法权益或者扰乱市场秩序的其他行为。

(二) 证券前台柜员的工作职责

(1) 严格按照相关制度、流程，为客户办理开户、销户、转托管、指定和撤销指定交易、查询、咨询、网上交易申请、银证转账、委托、交割、挂失等业务。

(2) 受理客户咨询及投诉。

(3) 进行客户临柜业务的账目核对、记录和处理。

(4) 负责客户资料和交易资料的整理归档。

(5) 完成营业部交办的其他任务。

(三) 证券投资顾问的工作职责

(1) 为客户提供投资建议，如买卖时机、热点分析、证券选择、风险提示等。

(2) 证券投资顾问提供建议给客户参考，决策由客户自己做，禁止代理客户操作。

(3) 应当遵守法律、行政法规，切实维护客户合法权益。

(4) 应当忠实客户利益，不得为公司及其关联方的利益损害客户利益；不得为证券投资顾问人员及其利益相关者的利益损害客户利益；不得为特定客户利益损害其他客户利益。

案例分析

人生意愿方程式

对销售人员而言，一定要有强烈的工作意愿，同时具备相应的能力。

你知道一个人的意愿是由什么决定的吗？

意愿＝信心＋承诺＋动机。

信心——能进这家企业／能做好这件事。

承诺——要进这家企业／要做好这件事。

动机——进这家企业的原因／做这件事的原因。

你知道一个人的能力又是由什么决定的吗？

能力＝知识＋技能＋经验。

知识——现成的知识。

技能——知识的表现。

经验——在不同环境下的知识表现。

根据能力和意愿，企业可以把人分成以下类型：

一类是有能力，没意愿。

二类是有能力，有意愿。

三类是没能力，有意愿。

四类是没能力，没意愿。

选择进一家公司或做一件事情，有两种驱动力：

能力＝知识＋技能＋经验。

意愿＝信心＋承诺＋动机。

根据以上方程式，可以衡量一个企业中的每个员工做事时的驱动力有多强。

思考：

阅读案例，分析评判自己在未来从事工作需要在哪些方面加强学习、不断成长，如何成为既有能力又有意愿的员工。

实训活动

学生分组讨论：要完成证券营销岗位的工作任务，承担工作职责，营销人员应该具备哪些职业素养？

任务二　证券营销人员的职业素养

证券营销人员是证券公司最接近市场、客户的人员，是有效推进金融企业的营销意图，为企业获得市场、赢得客户的重要力量。金融企业依靠营销人员才能实现其商业价值。

一个企业有多少人不重要，重要的是有多少营销人员能把企业的产品销售出去，可见，企业更看重的是营销人员的职业能力和职业素养。营销人员的职业素养是指通过训练和实践而获得的一种素质与修养，营销人员需要通过训练不断成长。

证券营销人员具备必备的职业能力和素养，才能胜任证券销售工作。

一、证券专业知识

从营销人员知识的广度讲，营销人员需要具备法律、经济、财务、政策、文化、市场、旅游、饮食、娱乐等方面的知识。

从营销人员知识的深度讲，营销人员需要掌握金融专业知识、营销知识等。证券营销人员需要考取证券从业资格证，证券从业资格证最能说明所掌握的专业知识和专业能力。

二、证券职业品德

证券营销人员要具备从事证券营销工作的品德素养，证券营销人员的内在职业品德主要体现在以下几个方面。

（一）注重承诺

营销人员在与客户打交道时，要"说到做到，注重承诺"。实际上就是讲信用，信用既是无形的力量，也是无形的财富，注重承诺是取得客户信任的先决条件。营销人员在向客户承诺时，要保证自己的承诺容易做到，对客户绝对不能开空头支票。

（二）宽容为美

在遇到不讲理、脾气不好的客户时，能够理解、宽容客户，是营销人员应该有的职业品质。

（三）谦虚诚实

营销人员面对客户时，应该是谦虚诚实的，特别是客户在遇到问题需要解决时，不夸大，不缩小，不遮掩，不歪曲，做到胸怀坦荡、光明磊落。真正诚实的人，一般也是一个谦虚的人。营销人员要有谦虚诚实的品德，要有高度的责任感和献身精神。

(四) 有同理心

同理心是指要站在客户的角度来理解问题,将心比心,这样营销人员就知道客户为什么会那么想,从而更能理解对方的做法,减少误会和冲突。同理心是情商的重要组成部分,情商有五个方面,分别是:自我情绪认知、自我情绪控制、自我激励、同理心、人际关系处理。

同理心可以初步理解为"换位思考",不过仅仅是换位思考还不够,还需要"换位感受""换位行动"。

知识拓展

同理心的三层境界

第一层境界:理解对方所表达的言语、行为和肢体。

客户:我的股票跌得好惨啊!(欲哭状)

客户经理:股票怎么就跌了呢?——没有对客户说的话感同身受。

客户经理:我很理解您此刻的心情。——对客户说的话感同身受。

第二层境界:理解对方未表达的情绪、情感、动机和思维。

客户:我的股票跌得好惨啊!(非常沮丧)

客户经理:很理解您的心情,我去帮您查询一下您的股票跌的情况如何。——对客户说的话感同身受,并顾及客户情绪、情感上的需求。

第三层境界:给对方此时最需要的东西,同理心的最高境界不在于你说了什么,或者做了什么,而在于对方的需求得到了满足。

客户:我的股票跌得好惨啊!(哭着说)

客户经理:我很理解您的心情,让我们一起想办法。(递纸巾、拍客户肩膀或拥抱客户)

(五) 积极热情

营销人员积极热情的态度非常重要,要很积极热情地解答客户的疑问,为客户提供帮助。

(六) 团队意识

团队意识是指营销人员将自己融入整个团体对问题进行思考,想团队之所需,从而最大限度地发挥自己的作用。团队意识表现为企业全体成员的向心力、凝聚力、归属感。团队意识的核心是协作精神、大局意识。

三、营销服务的能力

营销人员的职业素养中最重要的是服务导向,服务导向就是乐于为别人提供帮助的意愿,而这和工作并没有关系。

服务导向不是天生的,它是后天环境培养的。有些人服务导向很强,有些人比较弱,有些人的服务导向需要被激发出来。

案例分析

某金融公司招聘营销人员,应聘者在经过多轮考试以后,还要经过最后一关,而最后一关是由一位主管和这位应聘者在一个房间里做单独谈话，谈话时间很短，也就一两句话，然后主管会马上说："对不起，我那边还有一件事情没有交代完，你在这边稍微等我一下，我先去处理一下。"主管就离开了，把应聘者留在这个房间里。主管会找公司另外几个人进来，这些人是应聘者不认识的。这几个人敲门进来后，就向应聘者提几个问题，提问的原则是"应聘者一定是不知道答案的"，如"请问财务室在几楼？""请问洗手间在哪里？"。应聘者肯定不知道答案，要看他的回答是什么。应聘者的回答有三种：

第一种回答："不知道。"这样回答的人，公司就不会录取。

第二种回答："对不起，不知道，我是来面试的。"这样回答的人，公司会留下他，成绩合格。

第三种回答："对不起，我是来面试的，这样吧，我去帮你问一问。"这样回答的人被认为是有很强服务导向的人，这种人会被安排在服务任务最艰巨的岗位去面对一些投诉。

思考：

1. 为什么第一种回答是不合格的，而第二种做了解释的回答就合格了呢？

2. 为什么后面两种回答中应聘者要解释呢？而且被企业认为这样回答的应聘者是有服务导向的人呢？

提示：

因为想帮助别人而不能向别人提供帮助而感到很愧疚，所以一定要解释一下为什么不能帮的原因，怕别人误解。

这种内心非常想帮助而又不能帮助而感到很愧疚的心理，就是我们所说的服务导向。服务导向对一名营销人员来说是非常重要的。

四、营销沟通的能力

营销需要动脑筋强化人际关系，人际沟通是营销中客户经理与客户建立信任关系中非常重要的一个环节。营销人员应该注重客户需求，增强客户好感，从而赢得客户的信任。为了达到这样的效果，营销人员需要具备与客户有效沟通的能力。

（一）会说和寒暄

1. 会说

营销人员一个重要的职责是说服客户接受其观点，会说不是简单地说话，是要说服客户接受营销人员的观点，进行开户、投资。营销人员的说话技巧是需要训练的。

很多人在用语言表达时，出现时间短、内容零散、以看法为主的情况。什么是个人看法？比如：我是积极向上的人，一个细心的人，从小到大我做事特别仔细，从来没有马虎过。这样的说话方式并不能达到所需要的效果。

知识拓展

如何成为一位会说服客户的营销人员

讲述（自己说话时，比如自我介绍）的要求：

1. 讲话要完整。给 2 分钟，不能少于 1 分 45 秒，不能多于 2 分 15 秒。没有经过训练的人 99% 只用 1 分钟多一点，且有很多重复的东西、口头禅。

2. 要有次序。按照次序讲，如时间次序、地点次序等。

3.尊重事实。提供客观细节，不要只讲个人看法，提供细节很重要。讲述最难练的是陈述事实。

2.寒暄

寒暄是说服客户过程中的调节剂，通过寒暄可以拉近与客户的心理距离。

寒暄的目的：放松紧张情绪（舒缓）；解除客户戒备心（拆墙）；建立信任关系（搭桥）。寒暄时语言要诚恳、亲切，善用姿态、表情、感叹词或插话等来回应对方，以表示自己对谈话内容很感兴趣。

寒暄的内容：寒暄的内容十分广泛，如天气、身体、爱好、工作等，但是具体内容要有所选择，话题必须自然。

寒暄的方式：真诚的问候、幽默的交流、赞美式寒暄。

（二）微笑和赞美

微笑是一种态度，在与客户沟通中，营销人员的微笑会显得宽容、自信，对客户也是一种安慰。自然微笑法：微笑与眼睛结合、与语言结合、与身体结合。

赞美是沟通的润滑剂，赞美是送给客户最好的礼物，把肯定和敬仰献给客户，赞美客户也是需要训练的。

1.赞美的方式

（1）内容肯定、认同、欣赏。

（2）具体、细节，引以为豪。

（3）随时随地，见缝插针。

（4）避免争议性的话题。

（5）先处理心情，再处理事情。

2.赞美的语句

（1）句式1：像您这样的……

（2）句式2：看得出来……

（3）句式3：听……说，您是这方面的行家。

（4）句式4：真不简单……

营销人员要根据不断变化的营销环境，选择赞美句式，加强训练、不断训练。

3.赞美的要领

（1）微笑；（2）请教；（3）找赞美点；（4）语言真诚。

学会经典赞美三句话"你真不简单！""我很欣赏你！""我很佩服你！"从每天赞美你周围的人开始训练吧。

（三）倾听

倾听可以通过面部表情、肢体语言、语言回应向对方传递一种信息。倾听要给对方应有的尊重、关注和回应，倾听是一种情感活动。

倾听的内容有两个方面：一是要倾听事实；二是要倾听情感，做到有效倾听。

倾听事实：就是听清客户说什么话。

倾听情感：客户在说事实的时候他的感受是什么。

比如：有一位客户的股票涨了，赚钱了，他非常兴奋地打电话告诉了你这个好消息，作为营销人员，你如何倾听客户说话中的事实和情感呢？

客户：我上周买了一只股票，这周慢慢地爬坡，今天涨停啦，哈哈……

客户经理：哦，是吗？涨了多少？

——客户经理这样回应，只是对事实的关注。

客户经理：真的吗？太好了，恭喜你啊！

——客户经理如果这样回应，就是对情感的关注。客户买的股票大涨是一件值得恭喜的事，客户之所以跟客户经理说，是希望能有人与他分享股票涨停时的喜悦。

知识拓展

善听者应该"五到"

眼到——身体前倾，眼神与客户接触。

耳到——专心倾听客户讲述的全部含义。

口到——适度表达自己的感受，表现出你关注客户所说的话题。

手到——准备一支笔、一个笔记本，记录谈话的重要内容。

心到——表现出你的关心，不做批判。

（四）提问

1. 提问的目的

针对性地提出一些问题，帮助客户做出相应的判断。提问可以让营销人员加速了解客户需求的进程，提升理解客户需求这个时间段的效率。

优秀的营销人员能够通过几个问题，迅速找到客户的核心问题。这时的服务技能，关键看提问的质量。

2. 提问的类型

（1）开放式提问。开放式提问可以让客户比较自由地把自己的观点讲出来，这种提问方式帮助客户打开思路，使销售人员获得较为广泛的客户信息和想法。

用开放式提问是为了了解一些情况、了解一些事实，营销人员在被动服务时或一开始接触客户时，使用的都是开放式的提问。如：

您对营业部的感觉怎样？

您经常研究哪些行业的股票？

您希望我们营业部能为您提供哪些服务？

（2）封闭式提问。封闭式提问是帮助客户进行判断的问题，客户只能回答"是"或"不是"，这种提问方式限制客户的回答，帮助营销人员得到客户确切的回答。

如果营销人员能够正确、大量地使用封闭式的提问，说明其职业服务素质很不一般。如：

您以前有没有开过户呢？

您是不是经常出差而没有时间跟踪自己买的股票呢？

您的股票一直不涨，您研究过是什么原因吗？

（五）复述

复述的技巧有两个方面：一是复述事实；二是复述情感。

1. 复述事实的目的

（1）分清责任：确认听清客户说的内容并分清双方责任。

(2) 提醒客户：提醒客户想起一些遗忘的事情，如"还有其他的吗？""还有其他什么需要我做的吗？"当客户说"没有了"，就进入解决问题的环节。

(3) 体现专业素质：可以让客户感觉营销人员很职业化。

2. 复述情感的目的

复述情感：对于客户的观点给予不断的认同。

"您说的有道理""我理解您的心情""我知道您很着急""您说得很对"……所有这些，都叫作情感的复述。

以客户申购新股并中签为例：

客户：上周申购了新股，今天查看，中签了。

客户经理：哇，中签了！

客户：是的。

客户经理：恭喜您啊，您好幸运啊！

营销人员在接触客户的过程当中，倾听、提问和复述三大技巧都非常重要。复述当中又尤以复述情感的技巧最为重要，这个技巧的使用会比较复杂，营销人员要时时注意恰当运用。

五、投诉处理的能力

营销人员在工作中，其实最具挑战性的工作就是平息客户的投诉，特别是在营业部天天与客户打交道的营销人员，可能接触更多的是客户的抱怨和投诉。客户投诉如果处理得不好，会给公司的声誉带来损失，所以在处理客户投诉时一定要慎之又慎。营销人员需要经过系统的培训，掌握处理客户投诉的技巧。应对客户投诉，营销人员通常的做法，应该有以下步骤。

第一步：让客户发泄。

这时要耐心倾听，认同客户的感受。此时坚决不能说："您可能不明白""您弄错了""我们不会""我们从来没有"。

第二步：充分道歉，让客户知道你已经了解了他的问题。

此时向客户道歉，并不等于营销人员错了，此时的道歉，是平息客户的愤怒，让对方知道营销人员解决问题的诚意是最重要的。即使客户经理或公司确实没有错，营销人员也要记住服务行业的一句话：客户永远是对的。

同时，营销人员用复述的技巧，与客户确认营销人员已经清楚客户需要解决的问题。

第三步：收集信息。

营销人员在收集客户投诉时，可以使用提问的方法。问哪些问题呢？如：了解身份的问题、描述性问题、澄清性问题、有答案可选的问题、结果问题。

第四步：给出一个解决方法。

客户的投诉无论是否有道理，营销人员都要想到给客户带来了麻烦，尽快给出一个令客户满意的补偿解决方案，比如补偿性的关照。

第五步：如果客户仍不满意，询问客户理想的解决方案。

营销人员给出的解决方案还不能令客户满意的话，就要诚恳地询问客户他理想的解决方案是什么，用诚意打动客户，争取与客户达成和解。

第六步：跟踪服务。

营销人员切记，为客户解决了投诉问题，并不是就此万事大吉，事后要打电话回访，做好后期的跟踪服务，看看客户是不是真的满意。

营销人员需要知道的是，如果投诉得到了理想的解决，60％的客户会继续与公司合作；如果投诉得到了迅速的解决，90％～95％的客户会继续与公司合作。

所以说，客户投诉并不可怕，证券公司的营销人员必须很好地掌握处理客户投诉的各项技巧，具备应对客户投诉的能力。

思政课堂

客户经理替客户炒股，巨亏

2021年9月23日，广东证监局对某证券公司营业部客服专员黎某某开出罚单。据查，2006年至2020年，黎某某担任某证券公司营业部客服专员，从事客服经理工作，其私下接受客户委托买卖证券，另外还出现了未经客户的委托，擅自为客户买卖证券的情况，四年间合计违规代客交易超310亿元，且均出现了亏损。最终广东证监局对黎某某开出罚单，处以100万元罚款，以及采取5年证券市场禁入措施。

思考：

证券营销人员如何成为一名诚实守信、遵纪守法的从业人员？

案例分析

证券营业部大厅内人头攒动，有一个客户显得有些着急地对客户经理抱怨。

客户：你们证券公司客户总是排那么长时间的队，别人都不用干其他事了。

客户经理：……

思考：

如果你是客户经理，你能听出客户投诉的话所说的事实是什么吗？倾诉的情感又是什么？客户经理该如何回答客户才是正确的呢？

提示：

倾听事实是排队时间特别长。倾听情感是客户特别心烦、气愤。

实训活动

有一位客户的股票跌了，他非常沮丧地打电话告诉客户经理这个消息，作为营销人员，你能听出客户表达的事实和情感吗？如何回答才能体现你听懂了？

模块二　证券服务营销训练

任务一　证券营销人员的营销流程

证券营销人员的服务技巧中最主要的是营销技巧。证券营销人员的专业营销流程如

图 8-2 所示:

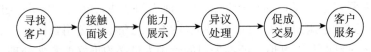

图 8-2　证券营销人员的专业营销流程

一、寻找客户

寻找客户,就是客户拓展,是证券营销人员必须具备的最重要的能力,营销人员要解决的问题是:怎么找?——开拓方法;找谁?——确定目标。

客户拓展的重要性在于持续不断地拓展客户,拓展客户是证券公司持续经营的基础。

(一)潜在客户

1. 潜在客户应具备的条件

(1)个人潜在客户:有资金、易于接近、有投资需求。

(2)机构潜在客户:有资金、有投资需求。

2. 潜在客户的分类

A 类:有资金,有需求。有资金、易接近、投资意向明显。

B 类:有资金,没需求。已经在其他证券公司开户。

C 类:没资金,有需求。资金不足但非常认同证券投资。

D 类:没资金,没需求。资金不足又不认同证券投资。

(二)**客户拓展的方法**

(1)缘故法:运用身边熟悉的人及人际关系进行客户开拓。

(2)介绍法:建立影响力中心,利用他人的影响力,持续推荐客户,建立口碑。

营销人员:陈总,咱们认识这么久了,相信通过这段时间的接触,您一定已经发现我们证券公司的服务优势了,而且公司的资讯也确实对投资者有很大的帮助。

现在,您身边是否有像您一样,平时比较忙,没有时间关注自己的股票,或者在其他券商开户,享受不到好的服务,或者亏损的朋友?请您把他们介绍给我认识,让我有机会帮助他们,趁着行情好,大家一起赚钱,您看好不好?

最佳推介人的特点:认同证券投资;认同证券经纪人行业;交往广泛;有亲和力,易接触;热情帮助别人;有职业优势。

使用介绍法的要点:尊重、赞美、要求、汇报。

(3)直冲法:直接到办公大楼、单位或家庭做陌生拜访,是社会关系少的营销人员必须用的方法,或者希望锻炼心理素质的营销人员可以用的方法。

(4)随机法:平时生活中随时关注陌生人,随机应变,主动认识,从而发展成客户。

(5)资料法:平时关注各种新闻、报纸、杂志,收集企业通讯录等,收集一些单位或个人的信息并及时联络。

(6)信函法:通过信件、短信、邮件等形式联系客户,发送一些投资思路、建议、资讯或期刊、贺卡、慰问信等,引起客户兴趣。

(7)社团法:参加各种社团与社会活动,如俱乐部、旅行团、会展、车友会、论坛等,在活动中与不同的人建立良好关系。

（8）互联网：非办公时间，在聊天室、论坛、各大财经网站、博客、个人网页、QQ群等平台上寻找客户。

（9）目标市场开拓法：组织团队，统一对某一区域进行宣传和客户开拓。选定某个区域为目标市场；以小组为单位对目标市场进行调研；投入产出分析；制定宣传和拓展的策略与实施步骤；小组内分工；准备相应的宣传计划和器材；按制定的策略实施。

（三）客户拓展的步骤

（1）取得名单，建立潜在客户档案。

（2）收集相关潜在客户资料。

（3）整理分析资料，制定应对策略。

（4）取得联系，培养关系。

（5）决定最佳的接触时机与方法。

（6）过滤不合适的对象。

二、接触面谈

对营销人员而言，只有获得与客户见面的机会，才有可能介绍和展示产品。

（一）接触面谈的步骤

与潜在客户建立良好的关系，了解客户的需求，获得展示自己和公司的机会。接触面谈的步骤如下：寒暄赞美—收集资料—切入主题。

（二）接触面谈的内容

个人资料：年龄、学历、性格、职业、家庭情况、收入、业余爱好、联系方式、投资状况、资产状况、投资偏好等。

公司资料：公司性质、公司规模、组织结构（决策人）、投资方向、收益预期、目前盈利水平等。

面谈探询提问的方式：

1. 资讯提问

如：刘女士，您现在的营业部为您提供了哪些服务呢？

2. 需求提问

如：张先生，您认为经纪人为您提供股票预警和技术分析培训等服务对您的证券投资会有帮助吗？

3. 承诺提问

如：赵女士，如果我们能为您提供一些好的产品和资讯服务，您会考虑把账户转到我们的营业部吗？

（三）接触面谈的要点

1. 建立良好的第一印象

准时赴约，仪表整洁，善用肢体语言，如微笑、握手、递名片、站姿、坐姿、眼神。

2. 消除潜在客户的戒备心

客户为什么会产生戒心？时间被占用；担心被骗，怀疑被利用；资金的安全；保密。

3. 制造潜在客户感兴趣的话题

营销需要动脑筋研究客户的需求，接触客户的过程要明确尊重客户的需求，每个客户都有很强烈的自我表现欲，需要为客户创造一定的环境，为客户制造感兴趣的话题。

4. 学会倾听

以客户为中心；保持专心，体现尊重；倾听全部，使用语言与身体语言；适时提问。

5. 避免争议

学会用"是……但是……"法则来避免争议。

如："您的分析很有水平，我很佩服，不过，我也听到另外一种观点。"

"您说的没问题，我也认同，但现在我们有更好的解决方案，请您放心。"

6. 把握时机切入正题

营销人员在关键的时候要把握时机切入主题。一流的营销人员，不但是好的演员，更是成功的导演，主导话题深入，直至达成共识。

（四）常见的接触误区

过于功利，急于求成；海阔天空，忘记主题；话太多，说个不停；提问技巧不足，事前无准备；不能专心倾听，喜欢表现自己；太老实，无法开口赞美；喜欢探究对方隐私；不注意观察，忽略身体语言。

三、能力展示

（一）投资品种展示

证券投资品种较多，营销人员需要充分掌握各种证券投资产品的不同特点，才能为客户提供最专业的服务。证券投资品种的比较，如表8-1所示：

表8-1　证券投资品种的比较

品种	风险	优势	缺陷	建议
保险	1	对家庭、个人的保险无其他产品替代	不增值，在特殊情况下可放大、变现	年收入的 5%～10%
储蓄	2	利息回报稳定，变现方便	贬值（通货膨胀率大于利率时）	适量原则（3～6 个月收入）
房产	3	固定资产，如果能把握好，利润丰厚	本金大，回报期长，变现差	资金雄厚者选择
外汇	4	规避风险的手段较多，较少受操纵	汇率风险	手中已经有外汇者可考虑
实业	5	发展较好会有丰厚回报，长期、稳定	人力、财力要求高，风险极大，变现差	适用于少量人、财兼备者
期货	5	回报高，变现方便	风险极大	一般情况下不介入
国债	1	回报稳定	保值功能，一般不增值	视自己的风险偏好适度投入
基金	2	长期投资有较高的稳定收入	有一定的风险	适度投入年收入的 10%～30%
股票	3	回报高，变现方便	有一定的风险	适度投入年收入的 20%～40%

（二）职业形象展示

职业形象是指营销人员在职场中的外在形象、品德修养、专业能力和知识结构四大方面。营销人员通过衣着打扮、言谈举止等，反映出专业态度、技术和技能。证券营销人员需要在与客户沟通时，建立职业形象，给客户留下专业的印象，靠专业知识和优质服务打动客户，获得信任，赢得市场。

（三）资料展示

公司简介、公司产品宣传资料、行情资料、剪报、投资建议书、自己的作品、客户感谢信或推荐信、宣传自己的材料、对账单（自己的或客户允许的）。

（四）肢体语言

在与客户接触交谈时，细节非常重要。营销人员在与客户接触面谈时，注意礼仪距离，肢体语言要职业、优美，在交流方案重要之处时，可以用笔指出重要的地方给客户看。

四、异议处理

客户提出异议实质上是在说明对同一个问题的不同看法，表达不同愿望。客户不会对确实对他有好处的事情提出异议，除非是营销人员没有解释清楚。如果营销人员没有取得客户信任，那么无论营销人员说什么，客户都会有异议。

（一）异议处理的原则

在营销过程中，客户异议在任何时候都可能出现，贯穿于销售的每一个环节。营销人员发现客户异议的实质，帮助客户理清思路，排除其疑虑，进而更好地引导客户接受营销人员的建议。

营销人员在遇到异议时，需要把握两个原则来处理：一是区别真假异议；二是客户永远是对的。

（二）异议处理的步骤

营销人员处理客户异议的步骤，如图 8-3 所示。

图 8-3 处理客户异议的步骤

不同类型的异议处理办法有：

异议处理办法 1："股票风险太大，我不敢玩。"

是的，股票投资确实存在风险。——认同

您认识到这一点说明您是很理性的投资者，这是非常难得的。——赞美

但我相信您一定知道在投资市场里风险与收益是成正比的，有风险才会有较大收益的可能。——引导

您可能认为钱存在银行里没有风险，只是收益低；其实现在商业银行也存在倒闭的可能。只要您手里有余钱，适当地参与证券投资才是正确的理财手段。当然，要注意控制风险，而我们的工作正是帮助您在控制风险的同时争取较大收益。——说明

异议处理办法 2："我对股票不懂。"

我很理解您的担心，您现在不懂股票，当然会有顾虑，这很正常。——认同

其实，目前我国的证券投资者中 80% 都不懂股票，这也是许多投资者亏损的根本原因。

不过，您很幸运，今天认识了我，我的工作职责正是帮助像您这样的投资者。而且，我和我们团队不但会关注您的股票，给您提供投资建议，同时，我们还会通过举行投资讲座、培训等活动，教会您证券投资的知识与技巧，帮助您尽快成为成熟的投资者。——引

导、说明

即使有一天您退休了或不想工作了，您还可以在股市享受智慧赚钱的感觉，您还犹豫什么呢？——说明

异议处理办法3："你能保证我赚钱吗？"

是的，我可以保证让您赚钱。——认同

前提是您对投资的期限和回报不要抱有不切实际的期望。——说明

如果我说我保证您能快速赚大钱，您也不敢信是不是？——引导

我不能保证您一定能够马上赚钱，但是我一定能够担保给您提供最好的服务和个性化的投资建议，为您量身打造符合您特点的投资组合。——说明

证券经纪人虽然不能直接替客户操盘赚钱，但是可以通过我们的服务协助客户进行科学的投资，从而使客户规避风险，资产增值。——说明

异议处理办法4："我再考虑一下。"

非常感谢您可以认真考虑我的建议。做股票是很重要的投资，当然应该仔细考虑一下。——认同

我们知道，所有好的决定都是建立在事实的基础之上的，对吗？——引导

所以我们把这些事实都列出来，好不好？——引导

您需要考虑的是哪些方面的问题呢？——引导

您既然已经有做股票的打算，完全可以先把户开了，开户并不是要您马上就要投钱做股票，只是为您以后做股票做好准备而已，等您考虑好了，钱一转就可以操作，就可以比您到时候再办开户手续省事多了。股市行情总是瞬息万变的，可别因为您的犹豫而错失机会。所以，明天您可以先开户。——说明

异议处理办法5："你们公司离我家（公司）太远，不方便。"

我知道，您是怕麻烦。——认同

不过，如果能赚钱，您还怕麻烦吗？——引导

同样，做股票也一样，远近不是关键，关键是资金的安全性和盈利。我们有一对一的服务，可以为您提供高质量的服务，这是其他券商无法与我们相比的。——引导

何况，现在通信和金融系统这么发达，通过电话委托和网上交易也同样快捷，取款也可以全部通过银行实现，真的是非常方便。——说明

异议处理办法6："有亲戚在证券公司，我炒股找他就可以了。"

是的，我理解。——认同

不过，不知道他是不是很忙？平时他有时间经常照顾您的股票吗？他专门给您制定投资建议书吗？他定期为您举办讲座或培训吗？——引导

如果没有，那您应该有更好的选择啊！以上服务项目都是我对您的承诺，相信您一定知道如何维护您自身的利益的。——说明

如果以上都有，恭喜您，已经有这么出色的经纪人为您服务。——认同

有机会的话您可以介绍他和我认识吗？——增员、引导

不过，您有什么问题随时可以和我联系，我还是会为您提供咨询服务。而且，如果有什么好消息，我还是会通知您，多一个优秀的人才为您服务，您总不会拒绝吧？——等待

机会、说明

异议处理办法 7："股票现在全套牢了，等解套了再说吧。"

其实被套也很正常，许多机构投资者也会被套。——认同

您可以先转过来，让我们能多一双专业的眼睛为您看盘，这样做对您是有利的。——引导

虽然股票被套了，但您的股票不需要卖掉就可以转托管过来呀。而且行情差或被套的时候，才有时间去转托管。如果股票上涨到可以出货时，恰好在转托管过程中，那不是错失良机了吗？——说明

异议处理办法 8："你们的手续费太高，硬件又不好。"

您讲得有道理。——认同

不过，我想您要的不只是便宜的价格吧？——引导

如果理性地分析这个问题，其实造成投资者损失的原因并不是手续费太高，而是投资决策失误。——引导

多数人在投资的时候认为有三件事是需要考虑的：一是最好的产品质量；二是最好的服务；三是低廉的价格。到目前为止，我还没有发现哪家公司提供的产品和服务能够同时满足这三个条件。既然如此，我们非得要放弃某一项的话，您愿意放弃哪一项呢？是最好的产品质量、最好的服务，还是低廉的价格？——说明

至于说硬件，首先，我们的硬件条件和其他券商没有太大的差别；其次，如果能多赚钱，环境再差您也会到我们这儿来的，您说是不是？——说明

五、促成交易

（一）促成交易的重要性

一次成功的销售行为的标准就是与客户签署协议，促成动作是达成签署协议目标的临门一脚；促成动作可以发现客户内心最真实的想法，避免兜圈子。

促成交易的标准：取得口头承诺；签订书面协议并开户。

（二）促成交易的时机

（1）客观因素发生变化时：客户对所在营业部有不满情绪时；客户所在营业部搬迁时；客户所在券商出现重大人事变动时；客户乔迁新居时；营业部举办促销活动时，如阶段性优惠方案、赠礼品、送培训、送资讯等；营业部推出新产品时；公司出现重大利好时。

（2）主观因素发生变化时：客户沉默思考，不再提问时；客户问题增多或主动取阅资料时；客户主动改变周围环境，避免干扰时；客户对你的意见表示明显赞同时；客户主动将座位移向你时；客户开始计算收益时；客户询问别人的情况时；客户开始讨价还价时。

（三）促成交易的方法

（1）推定承诺法。经过展示说明，不需要再次征询客户意见，假设客户已经同意，营销人员应该马上邀请客户到公司参观，要求带齐相关证件办理开户手续。

（2）二择一法。让客户在两个已经设定结果的答案中选择其中一项。

（3）利诱法。通过赠礼品、送培训、开沙龙、组织活动、抽奖、优惠期、送资讯等条件吸引客户。

（4）以小化大法。用数字说话，帮助客户更清楚地知道证券投资的价值。

六、客户服务

（一）客户服务的重要性

客户服务质量的好坏，直接关系到交易的大小、营销人员自己的收入与发展前景；同时也是营业部继续经营的保证。

（二）客户服务的要求

为客户提供持续性服务；客户服务要符合客户的利益，真正地方便客户；营销人员的服务应尽可能超出客户期望，使客户满意。

（三）客户服务的内容

1. 交易服务

交易服务是指为客户在软件和硬件上提供服务。

（1）基本服务：开户、对账单、信息提示等。

（2）定期服务：沙龙、培训课、投资报告等。

（3）即时服务：盘中发生变化时，打电话、发短信或当面通报情况等。

（4）随机服务：盘后的分析，电话通报或当面通报等。

2. 附加服务

附加服务是指为客户服务时的情感投入。

（1）时机。纪念日：生日、结婚纪念日等；客户情况有变化时：乔迁、升职、子女入学等；客户遇到困难时：生病、生意上遇到难题等。

（2）方法。鲜花、贺卡；商品资讯、资料、简报；体育比赛、文艺演出；生意上牵线搭桥。

（四）客户的分类

证券营销人员在为客户提供服务时，要能够区分客户的不同类型，如表 8-2 所示：

表 8-2　针对不同客户提供不同服务

客户类型	特点	服务方式	注意要点
鸵鸟型	风险规避者，参与度低，交易消极	推荐稳健型投资组合	服务频率不宜过高
布谷鸟型	参与度高，依赖建议，易成为委托者	具体操作建议，目标跟踪、调整、督促	不能演变为全权委托
鱼鹰型	参与度高，交易积极，可独立做出投资决策	提供丰富的信息、资料、报告，并有独到的分析、提醒	保持其自主地位，做参谋，成为益友
金雕型	完全自主决策，有自己的信息渠道，参与度高，忠诚度差	基本服务加附加服务	提供方便的服务，成为私人朋友

实训活动

学生分组，分别扮演客户和客户经理的角色，设定证券营销人员的营销流程中的不同场景，进行训练。

任务二　证券经纪业务营销训练

证券经纪业务是指证券公司接受投资人的委托，代理投资人在证券交易所买卖证券的业务。在证券经纪业务营销过程中，证券公司提供的证券经纪业务与客户进行证券类金融产品投资是密不可分的，因此，证券经纪业务营销实质是以证券类金融产品为载体的金融服务营销，包括证券经纪业务服务、投资咨询服务、理财顾问服务等。

一、目标客户开拓训练

寻找目标客户是客户经理营销最基本的工作职责，在"证券营销人员的营销流程"中已经讲了寻找潜在客户的很多方法。这里重点训练使用电话与潜在客户交谈时，如何打消客户的异议，争取潜在客户的技巧。

电话营销的基本素质，包括声音品质、语速、重音、语调、咬字、开场白、异议处理等方面的训练，其中尤以开场白、异议处理的训练最具有挑战性。

（一）开场白训练

电话营销的开场白话术就像一本书的书名，或报刊的大标题一样，如果使用恰当，可以立刻使人产生好奇心并想一探究竟。反之，则会使人觉得索然无味，不想再继续听下去了。

在初次打电话给潜在客户时，必须要在 30 秒内清楚地让客户知道下列 3 件事：

（1）我是谁/我代表哪家公司？

（2）我打电话给客户的目的是什么？

（3）我公司的服务对客户有什么好处？

常用开场白 1：相同背景法。

赵先生，我是某某证券的程心，我打电话的原因是许多像您一样的中老年客户加入了我们的"解套俱乐部"。我们公司在帮助他们节省时间和精力的同时，还帮助他们达成了理财的目标，所以今天会给您打这个电话。

请问您现在在哪家证券公司开户？

他们有没有为您提供类似"解套俱乐部"这样的服务呢？

常用开场白 2：缘故推荐法。

赵先生，我是某某证券的程心，您的好朋友牛先生让我给您打电话，他觉得我们公司的服务很好，而且认为您的投资理念也很好，相信您一定会对我们的服务感兴趣，所以今天打电话给您。

请问现在是哪家证券公司为您服务？

常用开场白 3：对老客户的开场白。

王先生，您好。我是某某证券的程心，我们大概有 2 个月没有见面了吧。不过我对您上次说的还记忆犹新。

……（对方关心的某日或某事）最近还好吧？

（或提起上次交谈的某个话题……）

我今天打电话给您的原因是，我们营业部最近推出了投资技巧培训服务，很多老客户都反映不错，我想了解一下您是否有兴趣参加？

常用开场白 4：陌生电话拜访。

喂，您好。我是某某证券的，请问您这里做股票的人在吗？（在的）

能麻烦您请他接电话吗？（好的，等一下。）

您好，我是某某证券的，我们公司目前正在推出股票投资技巧培训服务，（对投资者的好处是）您可以通过参加培训来提高自己股票投资技巧，发现更多的赚钱机会。培训在业余时间开课，不会耽误您正常的工作；特别是我们的服务是免费的。

所以我想了解一下，您本周六下午 2:00 是否有时间来参加我们的第 8 期培训呢？您也可以介绍您的朋友、亲戚来参加的。

（二）异议处理训练

电话营销的最大特点是不能与客户面对面沟通，在电话里与客户打交道，很容易产生异议，营销人员必须具备处理这方面异议的能力。

1. 避免争议的 3F 技巧 ——feel（感觉）、felt（感受）、find（发现）

如：我理解您的这种感觉（缓冲）。我开始时也有这种感觉，后来发现对自己的帮助真的很大。

我理解您为什么这样认为（缓冲）。其他人开始时也有这样认为的，后来发现对自己的帮助真的很大。

2. 电话营销异议处理的流程

电话营销异议处理的流程：聆听—复述（确认）—理解—说明（避开）—目标。

客户：我已经在别的证券公司开户啦。——聆听

经理：哦，张先生，您已经在其他证券公司开户了。——复述（确认）

那很好啊。——理解

我有很多客户都是教师，也都买了股票，而他们在听完分析之后，都觉得我的建议可以让他们的计划更加完善，所以我想跟您介绍这项服务。——说明（避开）

请问，我是周三还是周四去您办公室比较方便呢？——目标

3. 异议处理训练举例

训练 1：客户时间不合适。

潜在客户：非常抱歉，明天上午我很忙。

客户经理：我理解，那么让我们定在明天下午 2 点或 4 点如何？

客户经理的目标是与潜在客户约定一个面谈时间，要不断地向他建议不同的时间，一直到约定一个会面时间为止。

训练 2：客户不感兴趣。

潜在客户：这会浪费你的时间的，我并不感兴趣。

客户经理：我能理解您在不知道这项规划的具体内容之前会这么说的，我有个情况与您相近的客户最初也是这么说的。不过当他真正了解我们的服务以后，发现对自己真的很有帮助，所以现在他不但是我的客户，而且我们还成了朋友。所以占用您几分钟，向您介绍一下我的建议，我非常感谢。明天下午 2 点或 4 点，您觉得哪个时间更合适？

训练 3：客户不见面。

潜在客户：把材料寄给我或者在电话里说吧。

客户经理：当然可以。不过，王先生，由于这项规划有一定的专业性，还有一些图表（K 线图），所以如果您自己看资料会占用您很多时间，而且可能还会有疑问。因此，我还是占用您 10 分钟时间给您当面介绍一下这项规划比较好。您看是明天上午还是下午我们见面比较方便呢？

训练 4：我有朋友做证券。

潜在客户：我有朋友做证券。

客户经理：那很好啊！我的建议和您的朋友告诉您的并无任何矛盾。我相信您的朋友是一位很有能力的专业人士，他也不会介意我以我们券商独特的方式向您介绍投资理财的。

4. 有效结束通话的训练

有效结束通话的要点是：正面积极——留机会；不要太长——制造问题；不要太短——遗漏重要信息。

有效结束通话的程序是：表达谢意；确认信息；强化决定。

二、证券产品营销训练

证券类产品是指股票、债券、基金等有价证券，金融衍生产品，以及基于上述产品的投资组合，还有与证券投资有关的理财产品，如打新股。营销人员要了解证券产品、分析客户差异、为客户推介证券产品。

（一）了解证券产品

了解各类证券产品，证券产品通常有以下特点。

1. 收益性

收益性是指投资于证券产品可能得到的收益。收益又分成两类：第一类来自股份公司，第二类来自股票流通。

比如：股票的收益主要源于股息收入、红利和投资者在二级市场上买卖的资本利得。债券的收益来主要源于利息收入和债券在市场上转让的价差收入。

2. 风险性

风险性是指投资者购买证券产品面临预期收益的不确定性，其表现是预期收益不能实现，甚至亏损的可能性。

比如：投资股票的风险，取决于股份公司的盈利情况，还取决于宏观经济状况、政治局势等因素，这些因素导致股票价格下跌，投资者将会遭受损失。

3. 流动性

流动性是指投资者可按自己的需要和市场的实际变动情况，灵活地转让证券产品，以换取现金。

比如：持有股票的投资者可以在市场上卖出，取得现金。债券持有人可以在市场上转让而取得现金。

（二）分析客户差异

证券营销人员在为客户推介证券产品前，应根据客户的风险承受能力和投资偏好，对客户进行分类。不同类型的客户对证券产品的需求是有很大差异的。

根据客户风险承受能力和投资偏好，可以将客户分为保守型、稳健型和积极型。一般来说，保守型客户不愿意承担风险，稳健型客户愿意承担一定的风险，积极型客户可以承受一定的风险。客户经理应该根据客户的不同风险承受能力，为客户推介证券投资产品，保证客户利益最大化。

根据客户资产多少，可以将客户分为大客户、小客户。客户经理对大客户要有策略地集中优势资源进行针对性的服务。对小客户要进行标准化服务，重视小客户的成长，并有选择地为小客户提供超值服务。

（三）为客户推介证券产品

营销人员在为客户推介证券产品时，需要注意以下技巧。

1. 简洁、清晰、明了地推介产品

推介证券产品时，客户经理要尽可能简洁、清晰地表达自己的意思，尽可能少用一些专业术语，以免客户感到深奥不理解。注意不要滔滔不绝地只顾说自己的，不顾及客户是否理解。

2. 运用视觉材料推介产品

运用视觉材料有助于证券公司客户经理清楚明了地展示产品或服务，有助于客户形象地了解所能得到的好处。

3. 列举成功案例推介产品

成功案例是指那些已经成功地使用客户经理的产品或服务来满足客户需求的案例。这些成功案例可以令客户经理的介绍更加生动，并帮助客户形象地了解证券公司客户经理的产品或服务客户带来的好处，同时有助于客户经理树立信誉。

三、证券经纪业务客户服务训练

在客户开发过程中，证券客户经理为客户提供各项服务，包括向客户介绍证券交易的竞价方式和交易原则、证券交易程序、证券投资风险教育等。

（一）证券交易的竞价方式和交易原则

1. 竞价方式

（1）集合竞价。

集合竞价是指对在规定的一段时间内（9:15—9:25）接受的买卖申报一次性集中撮合的竞价方式。这一竞价时间的原则是数量优先，谁的数量大谁优先成交，计算机据此原则撮合竞价，数量最大的优先成交，其成交价就是开盘价。

（2）连续竞价。

连续竞价是指在连续竞价时间（9:30—11:30、13:00—15:00）对买卖申报逐笔连续撮合的竞价方式。9:30以后的交易是按照价格优先、时间优先的原则成交。

2. 交易原则

价格优先：卖出报价越低越优；买入报价越高越优。

时间优先：价格相同的，谁在前谁先成交。

（二）证券交易程序

我国的证券交易所有上海证券交易所、深圳证券交易所、北京证券交易所，客户需要通过证券公司的证券经纪业务，进行证券市场交易，买卖股票。

客户进入市场进行交易的流程是：开户—委托—竞价与成交—清算与交割—过户。

1. 开户

客户在开户时，需要开立证券账户和资金账户。

开立证券账户，存入证券。买入证券，证券流入；卖出证券，证券流出。

开立资金账户，存入资金。买入证券，资金流出；卖出证券，资金流入。

2. 委托

投资者发出"买入指令"或"卖出指令"，可以通过自动委托电脑终端，再通过卫星通信网络及光纤数据传输网报送到证券交易所的电脑交易系统；也可以通过营业部柜台上委托，再通过电话传输报送到证券交易所的电脑交易系统。

3. 竞价与成交

按照证券交易所的竞价方式、竞价原则，按照"价格优先，时间优先"的交易原则，在电脑系统中自动撮合成交。

4. 清算与交割

清算与交割是一笔证券交易达成后的后续处理，是价款结算和证券交收的过程。清算与交割统称为证券的结算。

5. 过户

过户是指把本属于一个所有人的股票变为另一个所有人的过程，是股票所有权的转移。

（三）证券投资风险教育

证券投资风险教育是客户经理对客户服务的一项非常重要的内容，关乎客户与公司合作的深度和广度。因为如果客户对风险没有认知，总是害怕风险，或者总是担忧买卖股票会承担损失的风险，客户就会选择其他的投资方式。

1. 投资风险比较

风险是指投资者投资证券可能发生预期目标不能实现或发生变化的可能性。在银行、证券、保险这一金融领域投资中，证券投资的风险是最大的，是一种风险性投资，当然也伴随着高收益。但有些客户只看到投资的高收益，而忽略投资风险是很可怕的，所以客户经理要对客户进行风险警示。

2. 证券投资风险类型

证券投资风险主要有：系统性风险，包括政策风险、周期风险、利率风险和购买力风险；非系统性风险，包括信用风险、经营风险和财务风险。

3. 风险承受能力测评

对客户进行风险承受能力测评，根据风险测评的结果，为客户提供与之相匹配的投资品种，这一步是客户经理必须要做的工作。

知识拓展

客户风险承受能力测评

1. 您的主要收入来源是（　　）。

A. 工资、劳务报酬

B. 生产经营所得

C. 利息、股息、转让证券的金融性资产收入

D. 出租、出售房地产等非金融性资产收入

E. 无固定收入

2. 您家庭预计进行证券投资的资金占家庭现有资产的比例（不含自住自用房产及汽车等固定资产）是（　　）。

A. 70%以上　　　　B. 50%～70%　　　　C. 30%～50%　　　　D. 10%～30%

E. 10%以下

3. 您是否有尚未清偿的数额较大的债务，如有，其性质是（　　）。

A. 没有

B. 有，住房抵押贷款

C. 有，信用卡欠款、消费信贷等短期信用债务

D. 有，亲戚朋友之间借款

4. 您家庭可支配收入中可用于投资的资产数额（包括金融资产和不动产）为（　　）。

A. 不超过 50 万元　　　　　　　　　　B. 50 万～300 万元

C. 300 万～1 000 万元　　　　　　　　D. 1 000 万元以上

5. 以下符合您的实际情况的描述是（　　）。

A. 现在或此前从事金融、经济或财会等与金融产品投资相关的工作超过两年

B. 已经取得金融、经济或财会等与金融产品投资相关专业学士以上学位

C. 取得证券从业资格、期货从业资格证、注册会计师证书或注册金融分析师证书中的一项及以上

D. 我不符合以上任何一项描述

6. 您的投资经验可以概括为（　　）。

A. 有限：除银行活期账户和定期存款外，我基本没有其他投资经验

B. 一般：除银行活期账户和定期存款外，我购买过基金、保险等理财产品，但还需要进一步的指导

C. 丰富：我是一位有经验的投资者，参加过股票、基金等产品的交易，并倾向于自己做出投资决策

D. 非常丰富：我是一位有经验的投资者，参加过权证、期货或创业板等高风险产品的交易

7. 有一位投资者一个月内做了 15 笔交易（同一品种买卖各一次一笔），您认为这样的交易频率（　　）。

A. 太高了　　　　B. 偏高　　　　C. 正常　　　　D. 偏低

8. 过去一年时间内，您购买的不同金融产品（含同一类型的不同金融产品）的数量是（　　）。

A. 5 个以下　　　　B. 6～10 个　　　　C. 11～15 个　　　　D. 16 个以上

9. 各类金融产品，如银行存款、债券、股票、信托、私募基金或金融衍生产品中，您投资经验在两年以上的有（　　）。

A. 银行存款

B. 债券、货币市场基金、债券型基金、股票型基金

C. 股票、混合型基金、偏股型基金、股票型基金等权益类投资品种

D. 期货、期权、融资融券

E. 复杂金融产品、其他产品或服务

10. 如果您曾经从事过金融产品投资，在交易较活跃的月份，平均月交易额大概是多少？（　　）

A. 10 万元以内　　　　　　　　　　B. 10 万～30 万元

C. 30 万～100 万元　　　　　　　　D. 100 万元以上

11. 您的投资期限是（　　）。

A. 0～1 年　　　　　B. 1～5 年　　　　　C. 5 年以上

12. 您的投资品种有（　　）。

A. 债券、货币市场基金、债券型基金等固定收益类投资品种

B. 股票、混合型基金、偏股型基金、股票型基金等权益类投资品种

C. 期货、融资融券

D. 复杂或高风险金融产品或服务

E. 其他产品或服务

13. 假如有两种不同投资：投资 A 预期获得 5% 的收益，有可能承担非常小的损失；投资 B 预期获得 20% 的收益，但有可能面临 25% 甚至更高的亏损。您将您的投资资产分配为（　　）。

A. 全部投资于 A　　　　　　　　　B. 大部分投资于 A

C. 两种投资各一半　　　　　　　　D. 大部分投资于 B

E. 全部投资于 B

14. 当您进行投资时，您的首要目标是（　　）。

A. 尽可能保证本金安全，不在乎收益率比较低

B. 产生一定的收益，可以承担一定的投资风险

C. 产生较多的收益，可以承担较大的投资风险

D. 实现资产大幅度增长，愿意承担很大的投资风险

15. 您认为自己能承受的最大投资损失是多少？（　　）

A. 不能承受任何损失　　　　　　　B. 一定的投资损失，如 10%～30%

C. 较大的投资损失，如 30%～50%　D. 损失可能超过本金

16. 您打算将自己的投资回报主要用于（　　）。

A. 改善生活

B. 个体生产经营或证券投资以外的投资行为

C. 履行扶养、抚养或赡养义务

D. 本人养老或医疗

17. 您的年龄是（　　）。

A. 18～30 岁　　　B. 31～40 岁　　　C. 41～50 岁　　　D. 51～60 岁

E. 60 岁以上

18. 今后五年时间内，您的父母、配偶以及未成年子女等需要负法定抚养、扶养和赡养义务的人数为（　　）。

A. 1～2 人　　　　　B. 3～4 人　　　　　C. 5 人以上

19. 您的最高学历是（　　）。

A. 高中或以下　　　B. 大学专科　　　　C. 大学本科　　　　D. 硕士及以上

20. 您家庭的就业状况是（　　）。

A. 您与配偶都有稳定收入的工作　　　B. 您与配偶其中一人有稳定收入的工作

C. 您与配偶均没有稳定收入的工作　　　D. 未婚，但有稳定收入的工作

E. 未婚，目前暂无稳定收入的工作

客户风险承受能力评估结果由低到高分别是：保守型、收益型、稳健型、进取型、积极型。

（四）售后服务技巧

证券产品营销流程中的售后服务做得好，客户才会进入一个新的销售循环，使客户的终生价值得到体现。售后服务主要体现在客户的关系关怀、客户投资咨询等。售后服务主要是维系客户关系，做得好可以让客户成为公司的忠诚客户。

目前证券营销售后服务主要有七种客户服务方式。

1. 电话服务

电话服务中心利用计算机软件、硬件设备，开辟人工座席和语音自动系统，为客户提供服务，主要是解答投资操作步骤、证券基础知识、证券法律法规、证券风险提示、客户咨询及投诉等。

2. 邮寄服务

向客户邮寄交易对账单、季度对账单、投资策略报告、理财月刊等定期和不定期材料，使投资者尽快了解其投资变动情况，理性对待市场行情的波动。

3. 短信服务

向客户发送电子邮件、手机短信。电子邮件为客户传递较多的信息资料，手机短信为客户传递简短的信息，包括证券行情和市场动态新闻。

4. 人员服务

证券营销人员为投资者提供的是最具个性化的服务，客户可以与证券公司客户经理和提供投资咨询及理财服务的专业人员进行沟通，保持密切的联系，从而得到更充分和更及时的有效信息，享受到更便捷、完善的服务。

5. 宣传手册

宣传手册可以作为一种广告资料运用于销售过程中，对公司形象的宣传和对新产品的介绍是客户服务不可缺少的部分。

6. 讲座沙龙

证券公司通过投资讲座、推介会或座谈会等都能为投资者提供一个面对面交流的机会。这样可以获得投资者的需求信息，有效地推介证券产品。

7. 网络服务

通过网站向客户提供容量大、范围广的信息查询、证券交易、证券资讯、自动回邮或下载等服务，并接受投诉和建议。

案例分析

一营业部因两融绕标被罚　客户融资炒股爆仓倒欠超千万元

2021年11月19日，上海证监局发现某券商营业部存在三项问题：一是未能审慎履职，全面了解投资者情况，违反《证券期货投资者适当性管理办法》相关规定；二是在开展融资融券业务过程中，存在为客户两融绕标等不正当的交易活动提供便利的情形，违反《证券公司融资融券业务管理办法》相关规定；三是营业部存在未严格执行公司制度、经纪人管理不到位、从事期货中间介绍业务的员工不具备期货从业资格、综合管理不足等问题，反映出营业部内部控制不完善。上海证监局决定对该营业部采取责令改正的监管措施。需要特别提及的是，这或是首例券商分支机构因两融绕标问题而遭罚。

几个月后，该券商的一位69岁客户苏某某加杠杆炒股爆仓倒欠超千万元。据报道，这位客户获得了该券商的6 600万元的两融额度，跌破平仓线后客户回天无力，该券商对苏某某信用账户内股票进行强制平仓，完成强制平仓后，苏某某部分融资融券债务尚未清偿。该券商向北京仲裁委员会申请仲裁。裁决显示，苏某某要向该券商偿还融资本金1 026万元和逾期利息34万元及罚息、仲裁费。此事曝光后引起了网友热议，不少人质疑，这么大岁数的老人怎么能办两融业务，该券商的合规是否到位？券商两融业务应该如何监管？随后该券商发表澄清声明表示，2017年3月与该客户开展的融资融券业务，公司严格按照融资融券业务相关监管规则进行了尽职调查，该客户交易经验、交易资产、诚信状况、风险评估结果等均符合融资融券准入条件。

思考：

1. 证券行业营销人员如何履行保护投资者权益的责任？
2. 从职业操守方面谈一谈营销人员应该如何对客户进行证券产品推介。

实训活动

学生分组，选定一种证券产品，按照证券产品推介业务流程和推介技巧，设计客户经理、客户的情景对话，模拟演练推介证券产品技巧。

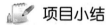 **项目小结**

1. 证券营销人员构成主要包括客户经理、前台柜员、投资顾问等。
2. 证券营销人员的职业素养是由训练和实践而获得的一种素质与修养，营销人员是需要训练、不断成长的。只有具备了营销人员的职业能力和素养，才能胜任证券营销工作。证券营销人员的职业素养包括专业知识、职业操守、沟通能力、服务能力、投诉处理能力等。
3. 证券营销人员的营销流程：寻找客户—接触面谈—能力展示—异议处理—促成交易—客户服务。
4. 证券经纪业务的营销训练：目标客户开拓训练，重点是开场白训练、异议处理训练；证券产品营销训练，主要是了解证券产品、分析客户差异、为客户推介证券产品。

5. 证券经纪业务客户服务训练，主要包括对证券交易的竞价方式和交易原则、证券交易程序、证券投资风险教育以及售后服务技巧的熟练掌握。

 项目训练

一、单选题

1. 负责拓展渠道、开发新客户、销售公司金融理财产品是（　　）的工作内容。

A. 前台柜员　　　　B. 客户经理　　　　C. 后台财会人员　　D. 投资顾问

2. 负责办理账户、资金、交易等柜台相关业务是（　　）的工作内容。

A. 前台柜员　　　　B. 客户经理　　　　C. 财会人员　　　　D. 客服经理

3. 如果客户的投诉得到迅速解决，会有（　　）的客户继续与公司合作。

A. 50%～60%　　　B. 60%～70%　　　C. 70%～80%　　　D. 90%～95%

4. 营销人员应对客户投诉的第一步骤是（　　）。

A. 让客户发泄　　　B. 充分道歉　　　　C. 收集信息　　　　D. 跟踪服务

5. 根据资金和需求把客户分为四类，（　　）的客户是重点服务的对象。

A. 有资金没需求　　　　　　　　　　B. 有资金有需求

C. 有需求没资金　　　　　　　　　　D. 没资金没需求

6. 金融产品销售流程中，（　　）是所有环节的最终目标，也最为重要。

A. 事前准备　　　　B. 挖掘需求　　　　C. 成交　　　　　　D. 售后服务

7. （　　）是探寻客户需求最直接和最便捷的途径。

A. 倾听　　　　　　B. 提问　　　　　　C. 确认　　　　　　D. 信息收集

8. 金融产品销售流程中，（　　）做得好，客户才会进入一个新的销售循环，使客户的终生价值得到体现。

A. 事前准备　　　　B. 异议处理　　　　C. 售后服务　　　　D. 挖掘需求

二、多选题

1. 证券营销人员的内在职业品德，主要体现在（　　）。

A. 注重承诺　　　　B. 宽容为美　　　　C. 谦虚诚实　　　　D. 有同理心

2. 营销人员的沟通能力，主要包括（　　）。

A. 会寒暄　　　　　B. 微笑赞美　　　　C. 倾听　　　　　　D. 提问

E. 复述

3. 赞美的要领是（　　）。

A. 微笑　　　　　　B. 请教　　　　　　C. 找赞美点　　　　D. 语言真诚

4. 倾听的内容有（　　）。

A. 倾听事实　　　　B. 倾听情感　　　　C. 有效倾听　　　　D. 用心倾听

5. 证券营销流程包括（　　）。

A. 寻找客户　　　　B. 接触面谈　　　　C. 异议处理　　　　D. 促成交易

E. 售后服务

6. 根据资金和需求，可以将潜在客户分为（　　）。

A. 有资金没需求　　　　　　　　　　B. 有资金有需求

C. 有需求没资金　　　　　　　　　　D. 没资金没需求

7. 促成交易的方法有（　　）。

A. 推定承诺法　　B. 二择一法　　C. 利诱法　　D. 以小化大法

8. 证券交易服务是指为客户在软件和硬件上提供服务，包括（　　）。

A. 基本服务　　B. 定期服务　　C. 即时服务　　D. 随机服务

9. 异议处理的流程是（　　）。

A. 确认问题实质　　B. 认同客户观点　　C. 适当赞美　　D. 引导说明

10. 证券公司向客户推介金融产品时，为评估其购买金融产品的适当性，应当了解的客户基本情况有（　　）。

A. 风险承受能力　　　　　　　　B. 投资目标、风险偏好

C. 身份、财产和收入状况　　　　D. 金融知识和投资经验

三、名词解释

证券客户经理　证券前台柜员　同理心　证券经纪业务　开放式提问

四、简答题

1. 证券客户经理可以根据证券公司的授权从事哪些活动？

2. 客户拓展的步骤有哪些？

3. 证券营销人员的内在职业品德主要体现在哪些方面？

4. 营销人员应对客户投诉的步骤有哪些？

项目九
保险服务营销

 ## 知识目标

1. 掌握保险业务员营销的作用及技巧。
2. 掌握互联网营销的优势和技巧。
3. 了解电话营销、保险超市的优势和技巧。
4. 掌握保险代理人营销的优缺点及技巧和保险经纪人的服务内容及优势。

 ## 能力目标

1. 能运用直接营销的技巧去说服客户。
2. 能运用网络营销技巧营建网络平台开发客户。
3. 能在代理人合理的权限范围内运用营销技巧开发客户。
4. 能在经纪人的权限范围内给客户提供优质的服务。

 ## 素养目标

1. 培养学生吃苦耐劳的精神，使学生明白不管是学习还是工作只有辛勤付出才能获得成功。
2. 培养学生诚实守信的理念，在待人接物中做到以诚待人，不要因个人私利而欺骗客户。
3. 培养学生学会感恩，在生活和工作中对给予自己帮助的每个人，都要以诚挚的心去回报。

案例导入

天道酬勤，成功之道

谢勤琼是保险行业的一位新人，在入职不到两年的时间里，她成为公司"F1拉力赛"月度榜的优秀明星，并摘得公司累计新增保单总保费全国第一的头衔，第三年还荣获公司

"广东首届高峰会"副会长一职。她究竟是怎样神奇的女子?

母亲的突然离世为谢勤琼留下了一份保险,这让她第一次真实地体会到了保险的重要性。积攒下来的人脉、新公司广阔的发展空间,让她心头逐渐萌生了保险意识。

谢勤琼拥有成功人士的共同特质——良好的心态。谢勤琼一直用"废寝忘食"来书写自己的奋斗史,她坚信一分耕耘一分收获、天道酬勤。

"勤跑,多约见客户,这是首要的。"谢勤琼道出了她成功的秘诀。她为自己制定了每天"十访"的原则,即每天必须见3个客户,打7个电话,并要求这"十访"都必须是有效的。

她回忆了之前为了"冲单"而疯狂的一天。当时公司医疗险将要停售,客户都在抢购,她为了帮客户办理业务,收取保费,从早忙到晚,直到晚上10点才记起自己整整一天没有吃过一点东西。

别人眼里的苦与累,都带给了她无比的兴奋和快乐,她享受着自己的工作,并一直怀着坚定的信念用自己的汗水浇灌出丰硕的果实。

诚信为先,立业之本。面对外界对保险业的种种误解,谢勤琼解决难题的法宝就是"诚信"二字,这给她带来了良好的口碑,也成了她的立业之本。

思考:

结合案例谈一谈如何理解"天道酬勤,成功之道"这句话。

提示:

"天道酬勤,成功之道"的意思是:上天会按照每个人付出的勤奋,给予相应的酬劳。多一分耕耘,多一分收获,只要你付出了足够的努力,就算现在没有看到直接的收益,将来也一定会得到相应的回报。正所谓"机会总是留给有准备的人",唯有努力才有可能抓住机遇。对待学业也是一样,勤奋刻苦学习的同学总会在考试中取得好的成绩,而掌握扎实的理论知识和技能也将会使他们在走上工作岗位后拥有更多的机遇。

模块一　直接保险服务营销

直接保险服务营销,也称直销制,是指保险公司不通过保险中介人对保险消费者直接提供各种保险险种的销售和服务,包括保险业务员直接营销、电话营销、互联网营销、保险超市等。

任务一　保险业务员直接营销

一、保险业务员直接营销概述

(一)保险业务员直接营销的概念

保险业务员直接营销是指保险公司不经过任何中介人,而是由保险公司直属的销售人员直接向客户销售保险产品的销售模式。在我国,财险公司相当一部分业务和寿险公司的大部分业务都是通过保险业务员直接销售的途径获得的。

（二）保险业务员直接营销的作用

（1）降低销售成本，可以减少中介环节所发生的费用。

（2）渠道扁平化，使企业尽可能地拉近与客户的距离。

（3）可以和客户做互动双向沟通、收集市场情报、进行产品测试与消费者满意度调查等，能对客户的要求和建议及时做出积极的反馈，便于把握市场的真正需求。

（4）根据客户需求设计相匹配的产品，尽可能地扩大客户利益。

（5）可以省去中间环节，可以使客户足不出户即可享受便捷的服务，符合效率社会的理念。

（三）保险业务员直接营销的优势和劣势

1. 直接营销的优势

（1）保险公司的业务人员由于工作的稳定性强又比较熟悉保险业务，因而有利于控制保险欺诈行为的发生，不容易发生因不熟悉保险业务而欺骗投保人的道德风险，给保险消费者增加了安全感。

（2）保险公司的业务人员直接代表保险公司开展业务，具有较强的公司特征，从而在客户中树立公司良好的外部形象。

（3）如果保险公司业务人员在完成或超额完成预期任务的情况下，则维持营销系统的成本较低。

2. 直接营销的劣势

（1）不利于保险企业争取更多的客户和经营范围。保险公司自身的销售力量毕竟是有限的，只利用直接营销渠道进行销售，不利于销售市场的扩大。

（2）采取直接营销时，为了扩大销售，保险公司不得不增加内部员工的人数，这样会导致机构臃肿的不利后果，增加员工的工资及福利待遇等成本开支。

二、保险业务员应具备的素质

做一个保险业务员最应该具备的就是良好的自信心和心理承受能力，面对陌生人如何寻求一个话题切入，客户的喜好、习惯、说话的方式等，都需要业务员去研究、分析，然后制定一个合理的谈话方案。

保险产品是无形的产品，保险业务员为了推广自己公司的产品，不仅应具备一般推销员的素质，还应具备一些与自己业务相关的基本素质。

（一）主动热情，敬业爱业

保险产品，不是看得见、摸得着的有形商品。业务员推销的就是一种观念，是对近期或者远期可能发生的某些事件的风险转移。正因为如此，主动购买保险的是少数。业务员要以"凭着爱心与信任，主动热情去接近，能量付出一百分"的姿态和面貌，积极主动地寻找客户，激发保险需求，帮助建立保障。要极度热爱自己的产品，对产品不热爱的业务人员永远做不好业务；要懂得自己的产品，这一点相当重要，没有客户愿意和不懂产品的业务人员打交道，因为你根本无法说服客户购买你的产品。

（二）吃苦耐劳

业务员只有吃别人不能吃的苦，才能赚别人不能赚的钱，每天走访 2 个客户和 5 个客户的效果是截然不同的。

（三）态度诚恳

靓丽英俊的外表与销售成功并没有必然的联系，而诚恳的态度，却能在客户心中树立起很好的形象。在业务员的眼中，所有的客户在需要建立保险保障这一点上是相同的，而没有金钱、地位、权势上的区别。对待地位低下的人不藐视、不冷落；对待有钱、有权、有势的人，不低三下四，降低自己的身份，对任何人都应该平等而热情、诚恳而坦率。说话时的口气不必咄咄逼人，但态度一定要诚恳而坚决。

（四）知识广博，专业精深

一个优秀的业务员应储备专业的保险知识，以及由保险衍生出来的金融、法律、财税、医学等多方面的知识。除此之外，寿险业务员还要不断地学习心理学、行为科学、社会学、人际关系等多学科内容，并在实践中不断地感悟和总结。

（五）为客户着想

寿险产品是依据客户的需求"量身定做"的一款特殊商品，一个优秀的业务员应该具备这样的能力，即站在客户的立场上，根据个人财务状况、家庭经济结构等，帮助客户分析保险需求、制订计划、选择产品。这个时候，业务员的身份是一个参谋、一个理财规划师。只有真正为客户利益而非为佣金着想的时候，客户才能得到满足。客户得到满足，他才会随时想到你，甚至为你推荐客户，帮助你在工作中形成良性循环。

（六）善于沟通，有良好的口才

要说服客户购买自己的产品，除了凭有竞争力的产品质量和价格外，就要凭业务员的嘴怎么去说，怎样让自己的语言既有艺术性又有逻辑性。

三、保险业务员展业流程

保险业务员展业流程也称保险销售循环，是指保险业务员从客户定位、客户拜访一直到完成保险合同签订等所经历的工作环节，是保险销售工作各环节的规范化和指引。保险业务员展业流程如图 9-1 所示：

图 9-1 保险业务员展业流程

（一）客户定位

保险产品种类繁多，各有特色，要求保险业务员掌握的具体知识也不尽相同，而且，客户的行为特征千差万别，保险业务应当综合考虑客户的各种因素，包括客户的知识结构、工作和生活经历、个人偏好、所销售保险产品的特点、所在地区消费者的行为特征等，选定自己的主要销售客户对象，做到有的放矢，事半功倍。

（二）客户拜访

筛选客户之后，要着手准备接近客户，利用市场调查、陌生拜访或者缘故法等方式接近客户。如果客户是企业，则要收集该企业的相关资料，了解该企业的生产经营状况，对该企业所面临的风险有较好的分析，并收集该企业相关负责人的个人信息，推测其可能具备的行为特征，做好各种面谈假设应对方案。如果客户是个人，则要清楚客户所处行业的工资及福利水平，熟悉当地的社会保障，熟悉客户所处的群体消费观念及习惯，等等。

（三）销售面谈

与客户进行接触后，选择时机进行保险产品销售面谈，当然，在面谈之前各种展业工具必不可少（见表 9-1）。在销售面谈的过程中，要尽量掌握客户的详细信息，并据此初步拟定保险计划书。对于已获取的客户信息要严格遵守职业道德规范，为客户保密。

表 9-1　保险展业必备工具

市场调查表	条款	业务手册	宣传单	投保单
收据	笔	理赔资料	身份证	展业证
计算器	名片	多媒体资料	便笺	其他工具

此外，对于客户所提供的信息要进行辨别和筛选，务必使信息真实，以便制定的保险计划能真正满足客户的需求。

（四）异议处理

在销售面谈的过程中，客户可能有抗拒心理，可能有许多疑问，还可能有其他一些细节，阻碍客户认可保险业务员及其所制订的保险计划书。此时，保险业务员应当揣摩客户每一句话背后所隐含的深层次意图，事先进行话术演练，灵活而详尽地回答客户的每一个问题，打消客户的抗拒或者犹豫。

当然，在整个销售过程中都必须站在客户的立场，一心维护客户的利益，不可以因保险业务员个人利益而误导、欺骗客户。

（五）促成交易

在客户理解将要购买的保险计划、没有什么疑问之后，保险业务员应当及时促成交易，协助客户填写投保单证，准备各种资料。保险消费虽然对生产和生活的影响很大，但又不像购买其他商品一样有明显的急迫性和主动性，如果不及时促成交易，客户原本不十分坚定的购买行为可能会中止，使保险业务员前功尽弃。更严重的是，如果因为保险业务员没有及时促成交易，而在此期间客户又不幸发生"保险事故"，则保险业务员内心将忍受何等的煎熬，客户又将忍受何等的悲痛。

（六）保单送递

保险单制作完毕之后，保险业务员应当及时将保单亲自送达客户手中，不仅仅是为了获得保单送达回执，更重要的是向客户表明一种优质的服务态度，让客户获得超过想象的满意，培养和提升客户的忠诚度。在保单送递的过程中，还可以进一步向客户讲解条款内容、客户的权利和义务，包括责任免除条款、犹豫期等，让客户明明白白地消费，降低保单的失效率。此外，还可以通过保单送递增加与客户的接触机会，增进联系，或许还可以获得客户的转介绍，也可以为将来进行二次展业埋下伏笔。

（七）客户服务

客户服务放在最后来讲，并不表明客户服务是最后才需要做的，事实上，客户服务贯穿于展业过程的始终。保险业本身就属于服务行业，尤其是保险产品是一纸法律合同，没有显著的实物形态，显得有点虚无缥缈，也很难进行比较。此时，客户对保险产品质量及保险消费的评价可能在很大程度上取决于服务的水平。好的服务就像无声的广告，流传久远。

四、保险业务员销售技巧

要想成为一名出色的保险销售业务员，掌握一些保险销售技巧和话术是必不可少的。保险业务员应该掌握以下保险销售技巧。

（一）厉兵秣马

保险销售业务员不能打无准备之仗，要时刻关注自己的产品，时刻关注行业的变化，没事的时候多调查一下同行，做到心中有数，否则面对客户的时候就会非常被动。同时也可以学习一下别的保险销售业务员的销售技巧和话术，博采各家之长。

（二）说话要讲究技巧

人人都希望得到对方的肯定，人人都喜欢听好话。在这个世界上，又有谁愿意受人批评？保险销售业务员从事推销，每天都是与人打交道，赞美性的话语应多说，但也要注意适量，否则，让人有种虚伪造作、缺乏真诚之感。

（三）要学会聆听

这似乎是个老生常谈的问题，人人都懂得"聆听"是交流与沟通的最重要的技巧。说简单了，就是要学会听话。聆听有三个主要内容：听、问、揣摩。

1. 保险销售业务员要通过听，来让客户发表意见

关键点是营销人员少说话，让客户畅所欲言，获得自尊心的满足。其实最难搞定的客户不是问题问的多的人，而是几乎不说话的人，当营销人员激情飞扬地介绍了半天之后，客户很平淡地说："好的，我知道了，考虑考虑再说。"客户是什么意思呢？搞了半天，还是没摸透他的意思。

2. 要学会适当的询问

询问的时机很重要，保险销售业务员聆听的过程中，不能一言不发。当营销人员没听懂客户的意思，或者不能准确地把握客户的意图时，可以适当发问，客户便会条件反射性地回答你的问题。这样，营销人员才能听得更明白。

3. 要能够揣摩出客户的意思

当一番交流结束后，保险销售业务员听也听了，问也问了，倘若还没彻底弄清楚客户的意思，那就白费功夫了。因此，聆听的过程就是一个不断揣摩客户心理的过程，通过揣摩客户的意图，不断调整自己的应对思路，从而能够准确有效地与客户进行交流。

如果做不到以上三点，那么营销人员的这次沟通就是无效的，营销注定会失败。

（四）杜绝争论

保险销售业务员与客户见面寒暄时不参与议论，这对于营销人员的推销没有实质意义。有时为了与客户找到共同话语，营销人员会事先进行一番漫无边际的聊天，谈天说地，无所不及。但保险营销人员绝对不要在聊天的过程中与客户发生争论，而要认同客户的观点，以彰显客户的睿智。

（五）少用专业性术语

有的保险销售业务员面对客户时，为了表现自己很专业，经常用专业性的术语向客户介绍，让客户听了感到压力很大，如坠入云雾中，因而拒绝是理所当然的事，而保险销售业务员也会在不知不觉中，误了促成销售的商机。保险销售业务员只有把这些术语，用简单的话语来进行转换，让客户听懂，才能达到有效沟通的目的。

（六）不说夸大不实的话

如果夸大产品的功能，客户在日后终究会清楚保险销售业务员所说的话是真是假。不能因为要达到一时的销售业绩，就夸大产品的功能和价值，事后一旦纠纷产生，后果不堪设想。任何一个产品都存在好处和不足，保险销售业务员切记，欺骗和夸大其词的谎言是销售的天敌，它会使营销人员的事业无法长久。

（七）禁用攻击性话语

保险销售业务员在同业里攻击竞争对手，致使整个行业形象不佳，给客户留下职业道德水准不高的印象。这种缺乏理性思考的做法，无论是对人、对事、对物的攻击词句，都会造成客户的反感。所以要切记：不要攻击、贬低竞争对手，而要通过宣扬自己的优点和谈判的技巧诱导客户自己来做出判断。

（八）少问质疑性话题

保险销售业务员在业务过程中，避免使用"你懂吗？""你知道吗？""你明白我的意思吗？""这么简单的问题，你了解吗？"等言语来质疑客户听不听得懂自己的问题，一直质疑客户的理解力。否则，客户会产生不满，感觉得不到尊重。此时保险销售业务员可以用试探的口吻："有没有需要我再详细说明的地方？"这样会容易让人接受。

（九）借力打力

保险销售可以使用一个方法，那就是和同事一起演双簧。特别是对一些非常有意向购买的客户，当业务员在价格或者其他什么问题上卡住的时候，这时可请出领导来帮忙。一来表明公司确实很重视他，领导都出面了；二来谈判起来比较方便，只要领导再给他一点小实惠，客户一般都会买单。

（十）见好就收

保险销售业务员最惧的就是拖泥带水，不能当机立断。有些保险销售业务员不善于察言观色，在客户已有购买意愿时不能抓住机会促成销售，而是仍然在喋喋不休地介绍产品，结果导致了销售的失败。所以，保险销售业务员一定要牢记业务员的使命，就是促成销售。只要到了销售的边缘，一定要马上调整思路，紧急刹车，尝试缔约。一旦错失良机，保险销售业务员要再度勾起客户的欲望就比较困难了，这也是刚入门的保险销售业务员最容易犯的错误。

五、保险业务员销售行为规范

市场行为风险与治理结构风险、偿付能力风险并称为保险行业的三大风险。保险实践中，保险业务员与客户接触最为频繁，关系最为密切，其销售行为规范与否，是否符合现行法律法规、监管规定、行业自律准则以及通行道德规范，不仅关系客户的切身利益，而且关系到保险公司的核心权益和社会形象，甚至关乎保险行业能否健康稳健地发展。因此，保险业务员销售行为一直是监管部门关注的重点，并有系列规定予以规范。基于保险销售特点和相关规定的内容，保险业务员销售行为规范可表现为以下四大方面。

（一）全面准确的信息披露

这里所谓的信息应包括保险公司信息、保险营销员身份、保险产品和服务信息等。

关于保险公司信息。2006年《关于规范银行代理保险业务的通知》明确要求，宣传材料应当按照保险条款全面、准确描述保险产品，要在醒目位置对经营主体、保险责任、退保费用、现金价值和费用扣除情况进行提示。《人身保险投保提示工作要求》规定，如果投保人在银行等兼业代理机构购买保险，应提醒投保人注意该产品是否属于保险产品，经营主体是否是保险公司。

关于保险营销员身份。《保险营销员管理规定》规定，保险营销员从事保险营销活动，应当出示展业证。《人身保险投保提示工作要求》规定，在介绍公司产品前，销售人员应主动出示"保险从业人员展业证书"，销售人员应提醒客户对有关证件进行查询验证，并告知查询验证的方法。

关于保险产品和服务信息。《保险营销员管理规定》规定，保险营销员应当客观、全面、准确地向客户披露有关保险产品与服务的信息，应当向客户明确说明保险合同中责任免除、犹豫期、健康保险产品等待期、退保等重要信息。《人身保险投保提示工作要求》专章对条款重点内容提示的要求进行了规定。

（二）真实需求基础上的销售

真实需求基础上的销售建立在引导而非推销、发现需求两个原则基础上。《人身保险投保提示工作要求》规定，在介绍公司产品时，销售人员应询问客户的保险需求，已购买保险产品的相关信息，以及投保人的经济情况，并根据客户的背景、需求、现有的保障程度、经济承受能力等情况推荐合适的产品。《保险从业人员行为准则》规定，保险销售人员应根据客户需求、经济承受能力推荐适合的保险产品。

（三）完整的文件记录

从法律角度上看，营销人员与客户每次接触（包括电话、函件等）都是一个商务合同谈判过程。因此，只有每次接触所形成各类文件相关记录都应是完整的，有案可查的，符合法定要求的，才能有效地保护合同双方利益。《保险从业人员行为准则》规定，销售人员应确保所有文件的有效性和准确性，不得代签名、代体检、伪造客户回访记录。

（四）良好的后续服务

人身保险合同有效期限长，有的几年，有的甚至几十年。因此，良好的后续服务显得尤为重要。《保险从业人员行为准则》规定，相关人员应客观、公正、及时理赔，不得拖赔、惜赔；应迅速回应客户咨询，及时提供服务，不得推诿懈怠。

思政课堂

以诚待客　学会感恩

您见过用诗写成的计划书吗？保险公司的业务员陶昕就用诗给客户做计划书。计划书的开头是这样的：

致胡总及夫人：

如果有一束玫瑰，您会首先送给谁

如果有一张"爱情保单"，您会首先想到谁

……

这花费陶昕整整一晚上的时间写成的30多行的诗及《天长地久保险计划书》，却不被事业有成、资产颇丰的客户认可。陶昕带兴而去，扫兴而归。客户没正眼看一眼，就随手丢在办公桌的一边了。

从客户办公室走出来，陶昕的心情如同外面的倾盆大雨一样，久久不能平静。他忍不住又写了一封表达此时内心强烈感受的信："……虽然我多次向您介绍过保险，但我不认为是在乞求您的施舍、可怜和同情。我只是想在您追求事业辉煌的同时，为您头上撑开一把保护伞，为您的脚下多铺一块坚实的台阶，我别无所图……"这封信打动了自视高傲的客户，他被一种热情、诚心、诚信所打动，最终接受了陶昕，接受了保险，彼此成为朋友。这座冰山终于被一颗赤诚的心所融化。

陶昕还用自己在汽车销售、小商品零售、经营餐饮等方面的从业经验，积累客户，为客户提供全方位的服务。客户搬家，他去帮忙；客户家有客人，他系上围裙，做出满桌好菜。吃兴正浓的客人问："这是谁呀？亲戚？"主人答道："不，是我的保险朋友。"于是陶昕收到满桌客人尊敬、钦佩的目光。逢年过节、客户过生日、生病住院，送上一束鲜花，这对于陶昕来说已经是再平常不过的事了。

服务贯穿在买保险的前前后后，但客户出险却最能体现业务伙伴的关怀和温暖。有一个女性客户生病住院，陶昕不止一次去探望，后来超过15天需延期治疗，陶昕担心客户不按规定住院治疗会得不到延期的补贴，提前叮嘱客户，结果还是有两天挂床没有全额赔付，因陶昕事先已经向她讲得很清楚了，所以客户没有半点埋怨。

陶昕说："我做得并不是很好，离客户的期望和公司的要求还差得很远，但客户和公司却给了我很多很多，我感激不尽！我无以回报，只得用加倍的努力为更多的客户送去保障，用更好的服务让我的客户100%满意！"

通过该案例，我们需要懂得以下服务营销的真谛：

1. 敬业爱业，主动热情。保险产品，不是看得见、摸得着的有形商品。业务员要以"凭着爱心与信任，主动热情去接近，能量付出一百分"的姿态和面貌，积极主动地寻找客户，激发保险需求，帮助建立保险保障。

2. 诚恳的态度能在客户心中树立起很好的形象。在业务员的眼中，所有的客户在需要建立保险保障这一点上是相同的，而没有金钱、地位、权势上的区别。

3. 为客户着想。寿险产品是依据客户的需求"量身定做"的一款特殊商品，优秀的业务员应该具备站在客户的立场上，根据其财务状况、家庭经济结构等，帮助客户分析保险需求、制订计划、选择产品。

4. 学会感恩，对客户要有敬意；尊重客户，用优质的产品和服务回报客户。日常生活中当客户有需要帮忙的时候我们要马上帮助解决，让客户感受到我们的真诚。

思考：

结合案例谈一谈如何才能做到"以诚待客，学会感恩"。

实训活动

由学生分组扮演保险营销人员和客户，扮演营销人员的同学精心准备，从如何约见客户以及如何做好约见准备工作，到如何应付客户提出的各种疑难问题的回应话术，最后由其他同学进行分析，老师做评价。

任务二　其他营销方式

进入 21 世纪以来，信息技术和电子商务的兴起对保险行业的发展产生了重大影响，保险行业正在经历一场新的"营销革命"，保险业的营销渠道结构发生了显著的变化。以电销和网销为代表的新型直销业务得到了快速发展，占比不断上升。下面介绍电话营销、互联网营销、保险超市等新型的直销方式。

一、电话营销

（一）电话营销概述

电话营销是以电话为主要沟通手段，借助网络、传真、短信、邮寄递送等辅助方式，通过保险公司专用电话营销号码，以保险公司名义与客户直接联系，并运用公司自动化信息管理技术和专业化运行平台，完成保险产品的推介、咨询、报价以及保单条件确认等主要营销过程的业务。目前国内有 10 多家保险公司开展了保险电话营销业务，而且部分公司的电话营销业务已初具规模。

（二）电话营销的优势

（1）市场覆盖面广，可延伸到全国各地，销售人群涉及社会各个阶层，有力弥补了传统渠道接触面较窄的弊端。

（2）主动性和针对性强，保险电销能主动和方便地与客户进行沟通，提高了销售效率，电话沟通方便快捷，不会特别影响客户的正常生活，是客户比较乐于接受的销售模式。

（3）电话销售产品简单易懂，保费低廉，具有很强的吸引力，保险产品更容易使人接受，和传统渠道形成了良性互补的局面，使保险公司能更快地把握市场。

（4）保险电话销售渠道成本低、效率高，能给公司带来更大的经济效益。同一时间内，电销人员可接触的客户数量是传统渠道的 10 倍以上，但电销人员所需要的花费相对于传统渠道来讲是微乎其微的。

（5）渠道管理规范，每个销售人员和客户的通话都有全程录音，能有效防止误导客户，规范了市场的发展。

（三）电话营销技巧

1. 必须清楚你的电话是打给谁的

有许多销售员还没有弄清楚要找的人时，电话一通，就开始介绍自己和产品，结果对方说你打错了或者说我不是某某。还有的销售员，把客户的名字搞错了，有的甚至把客户的公司名称搞错，这些错误让营销人员还没有开始销售时就已经降低了诚信度，严重时还会丢掉客户。因此销售员不要认为打电话是一件很简单的事，在电话营销之前，一定要把客户的资料搞清楚，要搞清楚你打给的人是有采购决定权的。

2. 语气要平稳，吐字要清晰，语言要简洁

有许多销售员由于害怕被拒绝，拿起电话就紧张，语气慌里慌张，语速过快，吐字不清，这些都会影响你和对方的交流。我们也能经常接到打来的销售电话，对方报不清公司名称，说不清产品，也弄不清来意，只好拒绝。所以，在电话销售时，一定要使自己的语气平稳，让对方听清楚你在说什么，最好要讲标准的普通话。此外，电话销售技巧语言要

尽量简洁，说到产品时一定要加重语气，以引起客户的注意。

3. 电话目的明确

销售人员在打电话之前不能不认真思考，也不组织语言，要避免打完电话才发现该说的话没有说，该达到的销售目的没有达到。因此电话营销要有营销目的，要事先设计出最简明的产品介绍语言，并根据对方的需要介绍产品的性能和价格，给对方留下一个深刻的印象，以便达成销售。

4. 在1分钟之内把自己和用意介绍清楚

在电话销售时，一定要把公司名称、自己的名字和产品的名称以及合作的方式说清楚。在电话结束时，一定别忘了强调你自己的名字。

5. 做好电话登记工作，即时跟进

电话销售人员打过电话后，一定要做登记，并做出总结，把客户分类。例如，甲类是最有希望成交的，要最短的时间内做电话回访，争取达成协议；乙类是可争取的，要不间断地跟进，还要敢于让客户下单；丙类是没有合作意向的，这类客户，要不定期地给他电话，看他有没有改变需求。

二、互联网营销

(一) 互联网营销概述

互联网营销指的是保险公司或新型第三方保险网以互联网和电子商务技术为工具，支持保险销售的经营管理活动的经济行为。

近几年保险行业在互联网电子商务上的迅速发展让更多的人感受到保险行业和网络电子商务合作的广阔发展前景，各种传统的线下保险营销模式也在逐渐地向互联网保险模式发展。互联网保险的发展不仅可以减少保险企业的运营成本，更能提高产品营销效率，发展更多的互联网保险客户资源。

(二) 互联网营销的优势

1. 成本低廉、覆盖面广

保险的天然特性是适合网销的，它无须生产，无须仓储，无须物流，用户有需求可立刻生成保单。互联网保险采用电子商务渠道，直接接触客户，节省了交易中间环节和渠道费用，这意味着客户将买到更加优惠的保险产品。互联网连接了整个世界，客户无论身处何时何地，都能轻松快捷地购买到适合自己的产品。

2. 挖掘数据、精准定价

基于互联网的大数据有助于促进保险企业与客户间的信息对称，保险企业通过对数据的深层挖掘还可以使得保险产品依据年龄、消费偏好等更加细分，提供更准确的保险定价服务。在混业经营的背景之下，互联网大数据还可以使综合金融大后台建设得到深化。监管机构同样可以基于大数据进行高效、前瞻、主动性监管。

3. 信息透明、便于互动

互联网的发展，创造了前所未有的直达客户的信息通路，使得保险销售具有直销的特点。它的交互性使客户由传统营销方式中的被动接受者转变为主动参与者，这有助于保险公司更好地了解客户需求，更有针对性地开发产品。建立以客户为导向的销售思路，带来更贴近客户的产品创新和服务创新，是网销能够吸引客户、留住客户的根本，也是渠道生命力的根源。

4. 场景销售、产品创新

场景可以激发客户的需求。特定的场景会激发人们对生老病死残带来的风险的担忧。例如，人们在网上购买机票的时候会担心飞机事故，该场景激发了购买航意险的需求；人们在网上购物的时候会担心货不称心，于是激发了购买运费险的需求。互联网上的产品创新也往往和场景销售相结合。例如，过年卖鞭炮险，夏季卖高温险，等等，此类产品虽带有一定的争议，但是从产品与销售创新的角度来看不乏肯定之处。

（三）互联网营销技巧

1. 搜索引擎营销

搜索引擎营销是目前主要的网站推广营销手段之一，尤其是基于搜索结果的搜索引擎推广，因为很多是免费的，所以受到众多中小网站的重视。搜索引擎营销方法也成为网络营销方法体系的主要组成部分。

搜索引擎营销的主要方法包括竞价排名、分类目录、搜索引擎登录、付费搜索引擎广告、关键词广告、搜索引擎优化（搜索引擎自然排名）、地址栏搜索、网站链接策略等。个人可以把搜索引擎与自己所建立的网络门户，如博客、微博等相互关联，以增加访问量，提高知名度和关注度。

2. 即时通信营销

即时通信营销，是通过即时工具帮助企业推广产品和品牌的一种手段，常用的主要有两种情况：

第一，网络在线交流，营销员自己建立网店或者保险公司建立网站时一般会有即时通信在线，这样潜在的客户如果对产品或者服务感兴趣自然会主动和在线的营销员或者保险公司服务人员联系。

第二，保险公司可以通过通信工具，发布一些产品信息、促销信息，或者品牌理念等。

3. 病毒式营销

病毒式营销名字听起来挺吓人，但其实是一种常用的网络营销方法，常用于网站推广、品牌推广等。病毒式营销利用的是用户口碑传播的原理，在互联网上这种"口碑传播"更为方便，可以像病毒一样迅速蔓延。

很多品牌会利用转发产品信息即可获得礼品或者抽奖机会，以达到让更多人了解和关注产品的目的。比如 2008 年北京奥运会期间，可口可乐公司推出了火炬在线传递活动，这个活动堪称经典的病毒式营销案例。

4. BBS 营销

BBS 营销又称论坛营销，是利用论坛这种网络交流平台，通过文字、图片、视频等方式传播保险公司的品牌、产品和服务信息，从而让目标客户更加深刻地了解保险公司的产品和服务，最终达到宣传公司保险品牌、产品和服务，加深保险市场认知度的效果。

BBS 营销也是利用论坛的人气，通过专业的策划、撰写、发放、答疑、监测、汇报等流程，在论坛空间利用论坛强大的聚众能力实施高效传播，包括各种置顶帖、普通帖、连环帖、论战帖、多图帖、视频帖等方式；还可以利用论坛作为平台举办各类踩楼、灌水、征文等活动，调动网友与品牌之间的互动，达到保险品牌传播和产品销售的目的。

5. 博客营销

博客营销是通过博客网站或博客论坛接触博客作者和浏览者，利用博客作者个人的知识、兴趣和生活体验等传播保险理念和产品信息的营销活动。

博客营销通过原创专业化内容进行知识分享，争夺话语权，以建立起个人品牌，树立自己"意见领袖"的身份，进而影响读者和消费者的思维和购买行为。

6. 聊天群组营销

聊天群组营销是即时通信工具的延伸，是利用各种即时聊天软件中的群功能展开的保险营销，目前的群有 QQ 群、微信群等。聊天群组营销是借用即时通信工具成本低、具备即时效果和互动效果强的特点，这一特点广为保险公司和保险营销员采用。

7. 网络保险知识性营销

网络保险知识性营销是利用百度的"知道""百科"、新浪的"爱问"或保险公司网站自建的疑问解答板块等平台，通过与广大客户之间提问与解答的方式来传播公司的品牌、产品和服务的信息。网络保险知识性营销主要是扩展客户的保险知识层面，让客户体验保险公司和营销员个人的专业水平和高质服务，从而对公司和个人产生信赖和认可，最终达到传播保险企业品牌、产品和服务的信息的目的。

8. 网络事件营销

网络事件营销是保险公司通过精心策划、实施可以让公众直接参与并享受乐趣的事件，并通过这样的事件吸引或转移公众注意力，改善、增进与公众的关系，塑造保险公司的良好的形象。目前保险公司在全国开展的客户节、寻找有缘人等都属于成功的网络事件营销的典型案例。

9. 网络口碑营销

网络口碑营销是把传统的保险口碑营销与网络技术有机结合起来的新营销方式，并运用互联网互动和便利的特点，通过客户或公司保险营销员以文字、图片、视频等口碑信息与目标客户进行互动沟通，对企业的品牌、产品、服务等相关信息进行讨论，从而加深目标客户的影响和印象，最终达到网络营销的目的。

10. 网络直复营销

网络直复营销是指保险公司通过网络，直接发展分销渠道或直接面对终端客户销售产品的营销方式，如 B2C，B2B 等。网络直复营销通过把传统的直销行为和网络有机结合，从而演变成了一种全新的、颠覆性的营销模式。很多保险营销员因为建立营销分部成本过大和自身实力太小等因素，纷纷采用网络直复营销，通过其成本少、收入多等特点达到以小博大的目的。

11. 网络视频营销

网络视频营销指的是保险公司或营销员将各种视频短片放到互联网上，宣传公司和自己的个人品牌、产品以及服务信息的营销手段。网络视频广告的形式类似于电视视频短片，它具有电视短片的种种特征，如感染力强、形式内容多样、创意性强、生动活泼等特点，又具有互联网营销的优势，如互动性、主动传播性、传播速度快、成本低廉等。可以说，网络视频营销是将电视广告与互联网营销两者的优势集于一身的方式。

12. 网络图片营销

网络图片营销就是保险公司把设计好的有创意的保险图片，在各大论坛、空间、博客和即时聊天等工具上进行传播或通过搜索引擎的自动抓取，宣传保险公司品牌、产品、服务等信息，最终达到保险产品营销的目的。这种图文并茂的保险销售图片，说服力强、形象生动，客户容易接受。

13. 网络软文营销

网络软文营销，又叫网络新闻营销，是通过门户网站或行业网站等平台传播一些具有专业性、新闻性和宣传性的文章，包括新闻通稿、深度报道、保险理赔案例分析等，把公司的品牌、人物、产品、服务、活动项目等相关信息以新闻报道的方式，及时、全面、有效地向社会公众广泛传播的新型营销方式。

14. RSS 营销

RSS 营销又称网络电子订阅杂志营销。RSS 营销的特点决定了其比其他邮件列表营销具有更多的优势，是对邮件列表的补充。使用 RSS 的以行业业内人士居多，比如研发人员、财经人员、企业管理人员等，他们会在一些专业性很强的科技型、财经型、管理型等专业性网站，用邮件形式订阅保险公司的杂志和日志信息，从而达到了解行业信息的目的。

15. SNS 营销

SNS 营销又称社会性网络服务，就是利用 SNS 网站的分享和共享功能的一种营销方式，是随着网络社区化而兴起的营销方式。SNS 社区在中国发展时间并不长，但是 SNS 现在已经成为备受广大客户欢迎的一种网络交际模式。

互联网保险逐渐颠覆着传统保险的商业模式。互联网保险必须依照互联网的规则与习惯，以用户至上的理念，改变保险现有的产品、运营与服务。

三、保险超市

（一）保险超市概述

保险超市是一种新兴、个性化的保险销售模式，其主要形式是保险超市代理多家保险公司的产品，客户在保险超市可以根据自己的经济能力和消费偏好，自由地购买单项保险或组合保险产品，而且可以根据自己的特殊要求，让保险超市为自己量身定制个性化的保险产品。保险超市在销售过程中的身份属于中介，真正的关系双方是客户和保险公司。

（二）保险超市的优势

（1）客观性。投保人在通过很多传统途径购买保险时，经常会遇到销售人员"自卖自夸"的情况。而保险超市可以代理销售多家保险公司的产品，它可以根据客户的保险需求，较客观地做出专业的推荐，为投保人做出最合适的险种组合。

（2）便捷性。保险超市若得到普及，将具有地域分布广的优势，客户无论是购买保险还是在发生事故后进行索赔都将更加便捷，人们甚至在住所附近就能享受到优质的服务。

（3）专业性。保险超市可以依据客户的需求选择实力强、服务好的保险公司推荐给客户，并向客户提出专业的风险管理建议，将客户的潜在风险通过科学的方式规避、转移。同时，保险超市作为被保险人的风险管理顾问角色，可以尽可能地帮助客户在风险投资上保值增值。当然，作为销售模式的创新，保险超市在对传统销售模式带来一定的冲击的同时，也面临着如何提高客户认知和接受程度的问题。

(三) 保险超市营销技巧

1. 细分市场，明确目标客户

保险超市作为促成保险交易的新中介，与其他保险销售方式不同，它反客为主、提供自助服务，即它主要为"上门"客户提供保险服务、追求规模效益，客户可以在较多险种按需自主选择，因此保险超市适用的目标客户主要是那些有较高保险意识、掌握基本保险知识并具备一定购买力的消费者，具体地说，在我国就是大中型城市中的中高收入人群，包括企业主、企业白领、医护人员、教师、公务员等。保险超市要针对自身的目标客户群加大宣传力度，采取有效方式赢得客户的信任。

2. 创新经营模式

专业服务是保险超市获取收入的主要业务。保险超市应创新经营模式，可由保险经纪公司和保险公司合作经营。首先，经纪人为投保人服务，对投保人负有责任，避免了代理人误导消费者行为的发生，这是目前最能代表投保人利益的营销模式之一，它能有效满足客户对保险专业服务的需求，增强客户对保险的信任；其次，这有利于保险公司和保险经纪公司建立共赢互利的长期协作伙伴关系；最后，这既有利于我国保险中介制度的健全与发展，也有利于风险控制和保险公司间的竞争，提升保险公司的竞争力。

3. 优化保险服务

保险超市应本着客户满意的经营宗旨，进一步提升专业服务水平和拓宽服务范围，其服务应涵盖咨询、销售、售后服务、个人理财等多个方面而不能仅仅是销售产品。保险超市只有通过完善自身服务，实现保险服务规模化、专业化，才能让客户享受一站式服务，给客户带来便利和实惠，提高自身竞争力以克服保险市场需求方不成熟、保险产品期限性等因素的制约，从而求得自身的生存和发展。

4. 调整产品结构，注重组合销售

保险超市的产品结构取决于自身的市场定位，取决于客户的保险需求。保险超市内销售的保险产品主要应符合标准个人保险业务的险种，包括儿童险、健康险、意外险、车险、责任险、家财险、子女教育险、寿险、投资、分红型险种等，要以保障型为主、以投资类为辅。

总之，客户及其家庭在人身、财产、责任方面面临的风险是多样化的，保险超市的消费模式不仅体现了货比三家和综合理财的好处，而且在履行客户权益的时候能得到专业支持，客户并没有因此多花一分钱，但却可以获得更切合需求的产品组合、优惠的费率、有利的理赔和专业的服务，这就发挥了保险中介的最大优势。

案例分析

慧择网——寻求再突破的保险电子商务平台

2016年3月21日，国内保险电商平台慧择网获得了2亿元人民币的融资。慧择网表示，该轮融资主要用于优化慧择现有业务，提升大数据产研能力，提升现有服务能力，加快市场布局。

慧择网上线于2006年，是首批获得保险网销资格的网站，也是国内成立时间最早、规模最大的第三方独立保险电子商务平台，致力于为个人和企业用户提供包括保险垂直交

易、风险评估、理赔协助等在内的一站式保险综合服务。

慧择拥有网站和移动应用两个入口，已与中国人寿、中国平安、太平洋、安联、美亚等数十家保险公司合作，实现系统对接、实时出单；在线保险产品近千款，涵盖意外险、旅游险、健康险、人寿险、车险等险种；累计用户超过 500 万，在线投保数量近亿人次；具体到网站产品分类上，慧择网采用了人群和场景细分，同时采用了精选方案、保险品牌和产品排行等方式供用户选择。

慧择网定位为"互联网保险服务平台"，具体到保险服务，慧择网提供了销售端的"顾问式服务"和售后的"理赔 O2O 平台"。其顾问式服务建立在慧择近 5 年来对客服中心的两次大升级，实现了"7×24"小时的无间断的电话以及网络在线客户服务。"理赔 O2O 平台"是慧择推出的行业型平台，该平台不但能够满足用户随时上传理赔资料、即时查看赔款进度的需求，而且还能满足所承接保险公司的理赔全流程服务需求。

思考：

保险营销人员如何适应、熟悉利用"互联网保险服务平台"为客户提供便捷的保险服务？

提示：

1. 作为保险电子商务平台，慧择充分发挥平台优势，按照不同的保险产品入口进行下一步的购买引导，透过组合型的保险方案，将慧择多项服务打包进行保障升级或交叉销售，增进客户关系，为客户规划全面的家庭保障。

2. 目前的传统保险公司涵盖承保、理赔、投资等多个环节，但既当裁判员又当运动员的角色让理赔服务饱受诟病，理赔烦琐、经常拒赔成为用户投诉保险公司的十大罪状之一。借助慧择平台，用户在住院门诊、航班延误、行李丢失等赔付情况中，只需要通过手机或 PC 端，登录慧择理赔平台，上传资料，就可以收到赔款，让用户享受最快的理赔和服务体验，这大大满足了用户的保险理赔需求，改变了用户对保险业的看法。

实训活动

学生上网了解和体验网络保险平台所提供的便捷服务，如有可能，让学生购买一份自己需要的且保费较低的保险，从中感受一下网上购买保险的便利。

◎ 模块二　间接保险服务营销

间接保险服务营销是指保险公司以合同的形式委托中介人向客户销售保险产品和服务的一种销售模式。随着我国保险市场逐步与国际接轨、保险中介市场日益扩大，间接销售目前已成为我国保险市场主流的销售模式。

任务一 保险代理人营销

一、保险代理人营销概述

(一) 概念

保险代理人营销是指保险代理人受保险人委托，代表保险人接受保险业务、出立保单、代收保险费的一种保险销售方式。采用这种方式，投保人不直接与保险人发生关系，而是向保险代理人购买保单。保险代理人与保险人订立代理或授权合同，接受保险人委托，在职权范围内代为保险人进行销售活动，并向保险人收取一定的代理费用。

(二) 保险代理人营销的优缺点

1. 保险代理人营销的优点

(1) 有利于降低保险成本，提高保险公司的经济效益。保险公司由于资金限制，要在短期内迅速解决自身营业机构与人员的合理配置是不现实的。保险代理人是按劳取酬，保险公司只需向代理人支付代理手续费，这样就节约了在直销制下必须支付的各项费用，如员工管理费、宣传费和员工福利等，从而大大降低了保险成本。可见，保险代理人的工作提高了保险公司的经营效率。

(2) 有利于增强保险供给能力，促进保险业务的发展。保险代理人拓展了保险公司在保险市场上的业务空间，弥补了保险公司营业网点少、展业人员不足的缺点，通过"多渠道、广代理"的方式，扩大了保险承保范围，满足了社会的保险需求，从而也在客观上提高了保险公司的供给能力，方便了保险消费者购买保险，促进了保险业务的发展。

(3) 有利于沟通保险信息，提高保险公司的经营管理水平。首先，随着社会经济的日益发展，各种新的、更为复杂的保险需求不断涌现，保险代理人在营销过程中，由于接触的客户多，信息灵通，从而有助于保险公司全面、迅速地了解整个保险市场的发展趋势，使保险公司在激烈的市场竞争中站稳脚跟，求得发展。其次，保险公司通过保险代理人对市场信息进行分析，不断完善各种保单、保险条款及经营策略，以适应市场变化，最终提高自身的服务水平和经营管理能力。

2. 保险代理人营销的缺点

(1) 保险公司核保与保险代理人推销之间的冲突难以解决。保险代理人的任务是力求推销更多的保险单，以获取更多的代理手续费。保险人的任务则是在扩展业务的同时注意提高承保质量。显然两者的冲突是难免的。保险人是从保险公司的整体情况来决定个别风险的承保与否，而这正是保险代理人无法做到的。因此，保险代理人认为是良好的业务，也有可能被保险公司拒绝承保，使保险单的推销增加难度，这自然是保险代理人所不愿意看到的。保险代理人与保险人产生利益冲突的原因就在于保险人在承保时总是十分谨慎，从而减少了保险代理人可能获得的手续费。

(2) 保险代理人单纯为代理手续费而开展业务的做法，导致保险公司承保质量下降。由于保险代理人的个人收入与保险费挂钩，个别保险代理人为了赚得更多的代理手续费，往往频繁地利用默示代理权利，有时甚至超越代理权限或采取欺骗手段去推销保险单，有可能给保险公司带来一些风险极大的业务，影响保险人的经营效益。

（3）保险代理人滥用代理权，有损保险人的利益。例如，保险代理人擅自变更保险条款，提高或降低保险费率或挪用侵占保险费等，都是有损保险人利益的行为。尤其是保险代理人出于恶意，与投保人或投保人以外的第三人作虚假申报，骗取高额保险金，不仅会造成保险公司自身的经济损失，而且还极大地损坏了保险公司的信誉。

（4）保险代理人的行为缺乏规范化管理，从而造成保险代理市场的混乱。例如，对保险代理人缺乏严格的业务培训和资格要求，造成保险代理人业务素质低下；某些兼职代理的主管部门利用其对下属客户的制约关系，强迫客户在指定的保险公司投保；个人代理人队伍庞大，业务素质良莠不齐，管理难度大；等等。

知识拓展

保险代理人销售行为规范

（1）保险代理人只能为经保险监管机关批准设立的保险公司代理保险业务。只能在保险监管机关批准的经管区域内，为在该辖管区域内注册登记的保险公司代理保险业务。违犯上述规定的，由保险监管机关责令改正，给予相应的罚款。

（2）代理寿险业务的保险代理人只能为一家人寿保险公司代理保险业务。这是为防止不良代理人为了取得佣金而误导被保险人转换保险公司。

（3）保险代理人从事保险业务，不得有下列行为：擅自变更保险条款，提高或降低保险费率；利用行政权力、职务或职业便利强迫、引诱投保人购买指定的保单；使用不正当手段强迫、引诱或者限制投保人、被保险人投保或转换保险公司；串通投保人、被保险人或受益人欺骗保险公司；对其他保险公司、保险代理人，作不正确的或误导性的宣传；代理再保险业务；以代理人的名义签发保险单；挪用或侵占保险费；向投保人收取保险费以外的额外费用，如咨询费等；兼做保险经纪人业务；保险监管机关认定的其他损害保险公司、投保人和被保险人利益的行为。

（4）保险代理人向保险公司投保财产保险和人身保险视为保险公司直接承保业务，保险代理人不得从中提取代理手续费。

（5）除个人代理外，保险代理人应对保险代理业务进行独立核算，同时必须接受保险监管机关对其经营性情况进行检查。

（6）保险代理公司不得请保险监管部门、保险公司和保险行业协会现职人员在保险代理公司兼职。保险代理公司的高级管理人员必须符合任职资格要求，保险代理公司未经批准不得设立分支机构。

（7）兼业保险代理人只能代理与本行业直接相关，且能为投保人提供便利的保险业务。

（8）个人保险代理人不得办理企业财产保险业务和团体人身保险业务。个人代理人不得兼职从事保险代理业务。个人代理人不得签发保险单。

（9）保险公司必须建立、健全代理人委托、登记、撤销的档案资料，同时向保险监管机关备案。保险公司应对与其签订保险代理合同的保险代理人进行定期培训，每年培训时间不得少于 60 小时。

二、保险代理人应具备的素质

（一）热爱保险

只有喜欢保险这一职业，你才会热爱，你才能创造，你才会用心去做。保险是朝阳事业，同时也是富有挑战性的工作，保险代理人只有热爱保险行业，才会做得更好更出色。

（二）要有自信

自信是销售保险的最好秘籍和技巧，代理人应建立正确的保险观，在销售过程中真正体现出自信。给客户的第一印象最为关键，它决定着客户能否接受你，是否给你开口介绍保险的机会。

（三）善于学习

学习是不断提高自己的基石，要积极学习相关保险知识和营销技能，只有掌握了丰富全面的保险知识，才能对客户有问必答，答得正确有理，让客户认同满意。同时要不断更新自己的营销技能，紧跟市场节奏，创新销售方法方式，促进快速签单。

（四）善于倾听

保险代理人要善于认真倾听客户的需求、客户对保险的意见和建议，要尊重客户、重视客户，以此来赢得客户的尊重。只有认真倾听客户心声，才能分析客户的需求，清楚客户想要什么、对什么感兴趣，从而为销售打下基础。

（五）善于动嘴

营销是一门技能，保险代理人要通过自己将保险的诸多功能和作用传达给客户，并且还要赢得客户的认同，所以动嘴是营销的基本功。面对不同的客户，保险代理人要将保险说清讲透，让客户真正了解保险，认同保险，客户才会产生兴趣，才可能签单；同时，也只有讲清楚保险，客户才能清清楚楚投保，明明白白消费。

（六）善于观察

与客户交谈时，要善于观察每一位客户的言行举止。通过观察，可以判断出客户的一些需求和想法，如此才能更好地为客户制订贴身的投保计划；通过观察，还能获得客户的很多资料，如个人爱好、性格脾气等。

（七）做好服务

服务是保险销售的基础，客户对你的信任，大多体现在你为客户提供什么样的服务上，要多考虑客户的需求，能设身处地站在客户的立场，想客户所想，才能更好地为客户服务，从而赢得客户的认可，促成签单。同时，积极做好售前、售中、售后服务，让客户满意是营销的首要条件，以服务赢得的客户才是最忠诚的客户。

（八）要讲诚信

作为一名保险代理人，诚信是保险经营之本，促销之本，同时也是赢得客户的关键所在。无论如何，都一定要圆满兑现自己对客户做出的承诺，真诚对待每一位客户。诚信是客户所渴望的，同时也是销售保险的前提。

三、保险代理人营销技巧

（一）知己知彼才能取胜

知己知彼，百战不殆。对优秀的保险代理人而言，如果没有事前了解客户市场，清楚客户的潜在需求而盲目地进行推销，往往会造成签单不成功或者客户悔单的情况。做好销售前的准备工作，对代理人来说，格外重要。卖保险是一种软性的销售，因所面对的准客户的多元性，其过程和结果充满了各种变数。代理人如果不做充分的准备工作，只凭着感觉去开发客户，往往无法取得理想的结果。

销售前的准备，是一个全方位的工程，其所涵盖的内容极为广泛，从对准客户情况的认知，到对销售技巧、话术的选择，再到销售工具的整理，以及自身心态的调整。只有准备工作做充分了，才能够从容面对准客户，不惧怕任何意外因素的干扰。

（二）用诚心为客户着想

在现实中，很多代理人不能领会到待客要主动热情的精髓，在和客户会见时单纯地以为热情就是要满面笑容，要言语主动，其实这是错误的，什么事情都要有个度，过分的热情反而会产生消极的影响。热情不是简单地通过外部表情就能表达出来的，关键还是要用心去做。所谓"精诚所至，金石为开"，真正的诚就是想客户所想，深入挖掘客户的需求并进行分析，进而为客户量身定做适合他们的产品方案，使客户的利益得到最大化。

（三）借力打力见成效

保险销售就是一个整合资源的过程，如何合理利用各种资源，对销售业绩的帮助不可小视。除了具备过硬的专业知识以外，优秀的保险代理人还要了解理财的其他方面信息，包括银行储蓄、金融证券投资和实业投资，甚至要了解法律、医学、亲子教育等多方面的知识，为深度广泛的交流增加谈资。

好的代理人还必须是合格的产品的代言人，通过购买产品获得真实的心理体验，只有知晓客户在购买产品全过程的心理状态，才能真正完整地诠释出这款产品的优点和不足，从而洞察整个销售服务环节的各个细节处的微妙感受。

（四）专业的销售技巧是促成签单的关键

技巧会起到画龙点睛的作用。这里讲的技巧主要体现在：会说，即"能否说到点子上"；会听，即"理解客户心声，把握客户需求"；会看，即"从细节观察客户需求，准确把握成交时机"；会干，即"善于处理客户异议，巧妙促成签单"；会想，即"想之所想，急之所急"。只有这样才能说服客户，打动客户。

（五）维护老客户有利于深层次挖掘潜在需求

销售上有一个说法，开发一个新客户的成本是保持一个老客户成本的 27 倍。所以建立朋友关系是必需的，持续跟进服务，挖掘并满足老客户的潜在需求，老客户带来的生意远比营销人员想象的要多得多。因此，要非常注意和已成交的客户维持良好关系，一些微不足道的举动，会使客户感动万分，这也为营销人员后来的展业、老客户的转介绍带来机会。

知识拓展

保险代理人营销之"三大忌律"

保险从业人员要在实际业务营销中坚持遵循以下几点"忌律"：

一、忌本末倒置，在客户家庭资产组合中为准客户配置过多的投资性保险产品

人生面临三大风险：意外、疾病和养老，最难预知和控制的就是意外和疾病，而保险的保障意义，在很大程度上就体现在这两类保险上。如果没有任何的商业保险，买保险一般应按下面的顺序：意外险（寿险）→健康险（含重大疾病、医疗险）→教育险→养老险→分红险、投连险、万能险。

理财实际上分三步：第一步就是做好风险的转移，即保险保障。第二步是消费安排。第三步是投资理财。没有保险保障的投资如同空中楼阁，所以在险种的选择上，先选择意外险、健康险，再选择教育险、养老险、分红险等其他险。

部分保险代理人为了拿到高额的激励佣金，不顾准客户的缴费能力，刻意提高万能险、分红险等投资性产品在保险组合中的配置比例，夸大新型寿险理财产品的收益，误导客户进行投保，日后投保人一旦明白保险代理人为了高额的激励佣金而忽悠了自己，投保人会有种上当和被欺骗的感觉。从大的方面来说，投保人会归罪于保险公司，有损保险公司良好的社会形象和商誉。对保险代理人个体来说，你的职业生涯也会断送在自己手中。

二、忌前恭后倨，使投保人对保险代理人的诚信度产生疑虑

保险代理人在对目标客户进行前期保险业务营销和推介时，往往十分注重实战营销的话术和营销技巧，在准客户身上倾注了大量的心血，客户对保险代理人会由最初的戒备逐渐向认知转变，最后达到认可保险代理人本人，其结果是购买你推介的保险产品组合。

保险代理人往往在客户购买保险产品后，将注意力转向下一个目标客户，对前一个投保人关注的时间会很少，这样就使投保客户心里产生一种失落感，这种情况往往在客户签单后的一个月内容易发生。好的保险代理人不仅具有发现目标客户的能力，而且能够对投保客户提供始终如一的专业化服务，通过精耕细作提升投保客户的服务品质和客户体验的满意度，最终由投保客户实施转介绍。

三、忌简单类比，淡化保险产品的保障功能，刻意夸大保险产品的投资功能并简单与银行理财产品的投资收益进行比较

客户在购买保险产品除遵循意外险（寿险）→健康险（含重大疾病、医疗险）→教育险→养老险→分红险、投连险、万能险的购买顺序和满足投保人保险的充足性以外，还要对新型投资性保险产品的投资收益有一个客观和清楚的认识。面对目前股市震荡下行的资本市场行情，保险代理人首要的任务是要在满足客户家庭成员保险保障的前提下，根据客户净收入、风险承受能力、投资喜好等因素进行组合、推介投资性保险产品，并将分红、结算利率等的不确定性及时告知投保人，让投保人清楚保险理财产品的差异性和不可类比的产品特性，不要让客户对保险理财产品收益产生较高的心理预期。

案例分析

陈明利的营销故事

有一位长辈介绍另一位事业做得非常大的长辈给保险代理人陈明利认识。陈明利打电话联系，对方直接表明："明利，如果你是要来跟我谈保险，就不用来了。"

"不是啦！因为有客户是做五金行业的，他们很崇敬您，说您的办公室很大很漂亮，我很想参观一下。"陈明利见风使舵。

"你要来办公室，当然欢迎，但是，请你不要谈保险。"

陈明利提前十五分钟来到这位长辈的办公室，仔细观察办公室环境布置中有无对她有利的聊天题材。这位长辈办公室墙壁上挂着许多"乐善好施""热心公益"的匾额，还有一幅用楷书写的"正气歌"，题字的是一位知名老者。

正当陈明利专注地看字画时，这位长辈来了。

"明利，你来了！"

"是啊，我在看这幅'正气歌'，这书法真不得了，很漂亮！"

"你知道这首文天祥的'正气歌'？"

"当然知道了，念书时，老师都要求背诵的！"

"太棒了，我这幅字挂在这边都没有人欣赏，都没人懂，像你这样年轻就会欣赏，真的很好……"

"对了，这边挂着的这么多的匾，想必叔叔您一定很热心公益！"陈明利换个话题说。

"这都是我们应该做的，应该回馈社会的。"

"可是，很多成功的生意人也不见得像您这么热心！"

不晓得是找到了知音，还是因为自己的善行有人肯定，这位长辈竟然脱口说出："对了……你今天来是要跟我谈什么？谈保险？"

"是啦！这是我的工作，可是，您叫我不要谈的……"

"没关系，叔叔老了不能买，不过，我可以叫我儿子跟你买。"

于是，长辈把他的儿子叫进办公室，当着陈明利的面说："明利是做保险的，她让你买什么保险你就买。"

"爸，我已经买过保险了。"长辈的儿子无可奈何又好笑地说。

"不一样，明利卖的就不一样！"没想到长辈竟然站在陈明利这一边。

经过分析和长辈的推荐，保单就在谈笑间成交。并且长辈将一幅裱好的"正气歌"送给陈明利，现在还挂在她的办公室里。

思考：

保险营销人员在与客户接触、面谈时应该具备哪些技巧？

提示：

1. 身为一名保险营销人，在约见客户的时候不能单刀直入，一开始就大谈保险，这样客户会很反感，效果也就适得其反。

2. 陈明利提前十五分钟来到长辈的办公室，并观察其环境有无对她有利的聊天题材，这是很关键的方法。要和客户拉近距离，首先要从聊天开始，聊天的题材应以客户感兴趣的为好，所以我们要去挖掘他身边的细微之处，也许这就是对促成签单有极大帮助的地方。

3. 保险营销人不但要学会尊重客户，更要学会欣赏客户，每个人总有他的优点，而受到赞赏的客户必然会很高兴与我们拉近距离，这样你的工作将会顺利开展。

实训活动

学生分组扮演保险代理人和客户，设计一个约见的场景，扮演代理人的同学要做好充分准备，如何应付客户提出的各种疑难问题，并尽量能说服客户，最后由其他同学进行分析，老师做评价。

任务二　保险经纪人营销

保险经纪人是商业保险制度发展到一定历史阶段的产物，也是现代社会分工发展的必然结果，其产生和发展都离不开保险市场供需双方的客观需要。长期以来，投保人、被保险人一方明显处于弱势。2000年6月，中国第一家保险经纪公司（江泰保险经纪有限公司）成立，标志着中国保险经纪市场正式启动，打破了中国保险市场旧有的利益格局，加重了投保人和被保险人一方的砝码，使得保险市场的天平逐渐趋于平衡。从世界范围来看，在经济发达的国家，保险经纪人在保险市场上发挥着积极的作用。我国引进保险经纪人，有利于加快国内保险业与国际接轨的进程，有利于进一步完善保险市场，维护投保人的利益，促进保险市场的公平交易和有序竞争。

一、保险经纪人概述

（一）保险经纪人的概念

《中华人民共和国保险法》第118条规定：保险经纪人是基于投保人的利益，为投保人与保险人订立保险合同提供中介服务，并依法收取佣金的机构。

做保险经纪人必须在保险单位工作，个人不得从事保险经纪业务。单位从事保险经纪业务必须具备金融监督管理部门规定的资格条件，并取得金融监督管理部门颁发的经营保险经纪业务许可证，向工商行政管理机关办理登记，领取营业执照，并缴存保证金或者投保职业责任保险。否则，不得从事保险经纪业务。

（二）保险经纪人和保险代理人的区别

保险经纪人和保险代理人由于其所处的位置不同，各自代表的利益不同，必然导致两者具有不同的性质和责任。保险代理人的责任是：代表保险公司的利益，向保险公司负责，为保险公司推销保险产品。保险经纪人的责任是：代表客户的利益，向客户负责，帮助客户选择最适合的保险公司、最合理的价格、最优越的承保条件并提供全面的风险管理服务和各项增值服务。

（三）保险经纪人营销服务内容

(1) 对客户面临的风险进行调研、查勘，提供风险评估报告。

(2) 针对客户面临的风险制订风险管理方案，其核心为保险方案。

(3) 协助或代表客户进行保险采购，选择合适的保险人和保险方案。

(4) 协助客户办理投保、缴费等手续。

(5) 审核保险协议、保险合同、保险单等技术文件。

(6) 对客户保险相关人员进行保险培训，告知保险方案内容、被保险人义务、保险报案方式、保险公司及经纪公司联系人等重要保险事宜。

(7) 发生保险事故后，协助客户报案、收集报案材料、查勘现场、代表客户与保险公司谈判等。

(8) 日常联系、定期报送保险服务情况等其他工作。

二、保险经纪人的营销服务优势

一是省时。精通保险技术、熟悉保险市场运作方式，并对各险企产品进行大量的横向对比与条款解析，能够充分考虑个人与企业的实际情况，并量身定制最适合的方案，使客户能够科学、合理地获得充分的保障。

二是省力。随着社会化与专业化分工的不断深入，企业把自己不熟悉的风险管理和风控安排委托经纪顾问去完成，一方面可以降低企业的风险管理成本，另一方面也使企业能够更专注于自己主业的发展，进而提高企业的经营效率。

三是省钱。通过风险管理，使客户保险标的风险状况有所改善，容易获得更为优惠的承保条件。因经纪人与保险市场上的多家保险公司都有通畅的合作渠道，通过市场竞争机制，可以获得合理的价格优势。

四是省心。作为客户的同盟者，保险经纪人可以利用自身的专业知识，对保险公司的不合理行为及时地提出不同意见，避免保险公司利用其专业技术上不平等的优势地位而损害客户的利益，从而降低投保风险。

保险经纪人在促进市场发展的同时，对于各险企产品设计、保障范围与性价比衡量过后会形成客观的需求推荐；促使各险企在竞争激烈的市场中求发展，不断优化升级与提升服务；回归保险的保障本源，让更多的人可以正确理解保险的功用，更好地承载民生责任与经济发展建设。

三、保险经纪公司的营销服务体系和流程

（一）服务体系

服务体系包括：风险评估与分析、保险安排、协助索赔、保险咨询和其他增值服务。

1. 风险评估与分析

通过专业方法了解客户在日常经营管理活动中所面对的风险，协助客户鉴别和衡量自身存在的风险，并提出避免、减少、控制、转嫁风险的建议或方案。根据客户要求，通过基金提留、借款计划、自保等风险自留方式或商业保险、合同转嫁等风险转移方式，为客户全面地处理风险。

2. 保险安排

根据客户的风险情况，为客户制订合理的保险方案，并在得到客户确认后，进行市场询价，制作询价分析报告，确定最终保险方案和保险公司。经由客户书面确认后，协助客户办理投保手续。

根据客户需要，就特殊项目在其指定的保险人之间安排共保合同；为客户审核保险公司的再保险安排，查询再保险公司的评级，确保客户的保险利益得到最稳妥的保障。

阶段性地回顾客户的保险计划，收集客户的反馈信息，根据客户情况的改变，及时进行保单和保障范围的调整，避免漏保和超过必要的保险保障。

在保险期满时，及时安排续保。

3. 协助索赔

在接到客户出险通知后，迅速告知客户应收集的相关资料和证据；协助进行事故调查，收集索赔单证，并密切追踪赔案处理的整个过程；利用专业知识和技巧，在索赔事务中为客户争取最大利益。

4. 保险咨询

在保险期间，如客户对保险事宜有任何疑问，将负责解释和提出意见，并建议客户所应采取的必要行动。此外，公司密切关注保险市场的变化（如保险条款、国家和地方性法律法规的改变等），必要时会立即告知客户，并为客户提供有针对性的风险解决方案。

5. 其他增值服务

包括专题讨论、风险管理资料提供、现场咨询、防灾防损交流、安全培训讲座、国内国外考察学习等；关注客户风险变化，提出相应的风险管理措施；督促保险公司履行其服务承诺；不断回顾和评估客户的风险管理效果，提出改进建议；利用资本市场协助客户分散风险；提供风险基金管理；提供投资项目的风险评估；协助开辟项目融资渠道；利用国内、国际网络提供风险管理技术支持；等等。

(二) 服务流程

在为客户提供保险经纪服务的过程中，保险经纪公司秉承专业化、正规化的原则，依照国际惯例，建立了一整套完整、合理、严密的经纪服务流程，在提高工作效率的同时，最大限度地保障客户的利益，反映客户对于风险管理的个性化需求，体现客户对风险管理过程的决策权。

1. 接受客户委托

在双方互相了解，友好协商的基础上，客户聘请保险经纪公司为保险经纪人，并签署书面授权委托文件。

2. 进行风险查勘、评估、分析

在客户的大力协助下，收集客户相关资料，包括企业基本情况、财产设备状况、保险现状等；收集保险市场资料，包括当地主要保险公司的费率水平、承保能力、偿付能力、服务水平等；应客户要求，针对客户具体情况进行风险查勘、风险识别、风险与保险险种分析等。

3. 制订风险管理报告及保险方案

针对客户具体风险状况，以及客户管理层对于风险的具体承受能力的决策、对于风险管理的个性化需求等，经过与客户的交流沟通，向客户提交风险管理报告及初步的"量身定制"的保险方案，包括主要险种、附加险种、特别约定、免赔额等重要信息。

4. 进行询价或招标

在取得客户书面授权后，依据客户确认的保险方案制作询价单；按照客户授权认可的方式，在限定的时期内，在保险市场上进行竞争性询价或招标。

5. 确定保险方案及承保公司

(1) 在询价过程中，与保险公司协商谈判，并对保险方案进行适当调整。

(2) 根据询价结果，向客户提交询价分析报告，初步确定保险公司及最终保险方案。如果采用共保的方式，确定共保的公司及份额。

(3) 在向客户详细汇报询价结果后，请客户最后书面确定保险公司及份额。

项目需要安排分保的，保险经纪公司将协助在国内国际市场上进行分保，由保险公司负责安排分保的，保险经纪公司将严把再保险公司的评级及偿付能力关口，确保接受分保的再保险公司信誉卓著，有足够的偿付能力。

6. 完成投保手续

(1) 协助客户履行投保手续，安排保险公司出具保险单。

(2) 将审核无误的保险单，连同制作的保单摘要、索赔程序、保险期内服务计划送交客户。

(3) 安排客户按保险单要求支付保险费。

7. 开展后续保险期内服务

（1）保险经纪公司将负责保险期内客户日常咨询服务。

（2）一旦出现可能属于保险责任范围内的事故，协助客户收集索赔材料，协助办理索赔事宜。

（3）定期与客户回顾保险及风险管理计划执行情况，并提出改进意见。

（4）定期为客户提供防灾防损服务。

（5）为客户建立和积累风险管理数据。

（6）保险期末，为客户进行风险评估并出具风险评估报告，为下年度续保提供参考建议并按照客户决策进行续保。

8. 资料归档

为每一位客户建立详细的客户风险管理及赔案方面的档案资料库，以备客户随时查询。

知识拓展

保险经纪人行业发展趋势

保险经纪人的"专才"时代已经过去，现在升级做"通才"。传统单一的保险经纪人，往往只专注于他所在的领域，已经无法胜任复杂的综合保险业务。独立保险经纪人经过一定的专业训练，凭借其专业知识，对保险条款的精通、对理赔手续的熟悉，以及对保险公司信誉、实力、专业化程度的了解，根据客户的具体情况，与保险公司进行诸如条款、费率方面的谈判和磋商，以使客户支付最少的保费获取最大的保障。

而更多理财产品的涌现，比如信托产品、基金、信用卡等，正是基于消费者日常理财的需要。市场迫切需要用理财师的思维做独立保险经纪人的人。未来保险经纪人会在销售保险的基础上销售更多的理财产品，包括基金、信托产品等，这就要求保险经纪人从销售保险的"专才"转变为销售不同种类金融产品的"通才"。

四、保险经纪人销售行为规范

保险经纪从业人员在执业活动中应当做到：守法遵规、诚实信用、专业胜任、勤勉尽责、友好合作、公平竞争、保守秘密。

（一）守法遵规

（1）以《中华人民共和国保险法》为行为准绳，遵守有关法律和行政法规，遵守社会公德。

（2）遵守保险监管部门的相关规章和规范性文件，服从保险监管部门的监督与管理。

（3）遵守保险行业自律组织的规则。

（4）遵守所属保险经纪机构的管理规定。

（二）诚实信用

（1）在执业活动的各个方面和各个环节中恪守诚实信用原则。

（2）在执业活动中主动出示法定执业证件并将本人或所属保险经纪机构与保险公司的关系如实告知客户。

（3）客观、全面地向客户介绍有关保险产品与服务的信息；如实向保险公司披露与投保有关的客户信息。

（三）专业胜任

（1）执业前取得法定资格并具备足够的专业知识与能力。

（2）在执业活动中加强业务学习，不断提升业务技能。

（3）参加保险监管部门、保险行业自律组织和所属保险经纪机构组织的考试和持续教育，使自身能够不断适应保险市场的发展。

（四）勤勉尽责

（1）秉持勤勉的工作态度，努力避免执业活动中的失误。

（2）代表客户利益，对于客户的各项委托尽职尽责，确保客户的利益得到最好保障，且不因手续费（佣金）或服务费的高低而影响客户利益。

（3）忠诚服务，不侵害所属保险经纪机构利益；切实履行对所属保险经纪机构的责任和义务，接受所属保险经纪机构的管理。

（4）不擅自超越客户的委托范围或所属保险经纪机构的授权。

（5）在执业活动中主动避免利益冲突。不能避免时，应向客户或所属保险经纪机构做出说明，并确保客户和所属保险经纪机构的利益不受损害。

（五）友好合作

（1）与保险公司、保险代理机构和保险公估机构的从业人员友好合作、共同发展。

（2）加强同业人员间的交流与合作，实现优势互补、共同进步。

（六）公平竞争

（1）尊重竞争对手，不诋毁、贬低或负面评价保险公司、其他保险中介机构及其从业人员。

（2）依靠专业技能和服务质量展开竞争，竞争手段正当、合规、合法，不借助行政力量或其他非正当手段开展业务，不向客户给予或承诺给予保险合同以外的经济利益。

（七）保守秘密

对客户和所属保险经纪机构负有保密义务。

案例分析

明亚保险经纪人为客户争取利益

某年1月31日下午17:30，张女士持续性上腹疼痛20分钟，因疼痛加重到医院就诊，诊断结果为腹痛待查。这年2月10日张女士因身体不适再次到医院就诊，并主诉左乳疼痛2个月，后在医生建议下做影像诊断，报告结果为：左乳肿块，考虑恶性可能，右乳腺体增生。张女士于2月11日入院治疗，2月16日完成左乳癌变改良根治术，出院诊断为：左乳浸润性导管癌。

张女士出院后，根据保险合同条款的约定，向A保险公司江苏分公司提出索赔申请，A公司在审核之后下发了拒赔通知书，拒赔理由是："经审核及调查后发现，被保险人在保单生效90日内已出现本次重大疾病的相关症状，本公司不承担给付保险金的责任，仅无息退还本合同已交保费，附加合同终止；同时按合同规定，主合同终止。"

张女士在接到拒赔通知后，无法接受保险公司的意见。明亚保险经纪江苏分公司和总公司保单服务部工作人员在了解到上述情况后，立即与张女士进行了详细沟通，了解案情细节，并受张女士委托，多次与 A 保险公司江苏分公司中介及理赔部门沟通争取，A 保险公司一再坚持拒赔，其理由为：该款重大疾病保险条款中注明："在本附加合同保险期间内，若被保险人因疾病于保单生效日的次日起第九十日二十四小时前或最近复日的次日起第九十日二十四小时前（以较迟者为准）首次出现的症状或体征，或者按本附加合同对重大疾病的定义和诊断标准，被初次确诊为患有本附加合同所列的重大疾病，本公司不承担给付保险金的责任，仅无息退还本附加合同及主合同已交保险费，本附加合同终止。"条款中规定只要观察期中"出现症状或体征"，保险公司即可拒赔。该案中被保险人张女士 2 月 11 日确诊为癌症，且说明出现疼痛已经有 2 个月，据此推断为首次"出现症状或体征"应在观察期内。

被保险人张女士可能因为购买本保险，而故意拖延去医院看病时间到 90 天观察期结束。

明亚保险经纪公司工作人员为此查询了多家保险公司重大疾病条款中关于观察期的规定，并咨询了主管机构及多家合作保险公司的意见，主要有几点值得推敲，并向 A 保险公司积极争取。

没有证据证明当事人张女士有故意隐瞒事实、拖延到医院看病的行为，当事人也没有理由因为 5 万元保险就冒生命危险，拖延癌症的诊断和治疗。当事人向医生叙述的"左乳疼痛 2 个月"不能作为"出现症状与体征"的直接证据，简单时间上的推断不能成为"拒赔"的唯一理由，疼痛完全可能因为其他原因，且当事人第一次去医院看病也没有被诊断出癌症。

重大疾病保险合同条款并没有对观察期的计算有明确规定，合同条款中也没有对"首次出现症状和体征"有明确定义和界定，在定义不清楚的情况下应该从有利于被保险人的角度解释。

经多次协调沟通，A 保险公司江苏分公司及总公司仍然表示不能理赔。为此明亚保险经纪公司征得张女士同意，联系了专业律师，在与律师充分探讨后计划正式走法律程序，并为张女士与律师协商好委托代理协议。正式起诉前，明亚保险经纪公司再次联系 A 保险公司，向其表明被保险人张女士和明亚的态度，A 保险公司最终决定"通融赔付"4 万元人民币。考虑到走法律程序需要很长的时间，且还需支付律师费用和诉讼费用，张女士决定接受 A 保险公司的赔付，不再走诉讼程序，也对整个处理过程表示满意。

思考：

保险经纪公司如何协调为客户争取到理赔利益？

提示：

1. 从本理赔案例的经办过程，可以充分地理解和体会经纪人的责任和优势。相对于大部分客户和代理人，保险经纪公司因为有专人负责理赔服务，并且与多家保险公司有良好的合作和交流，具有专业上和资源上的明显优势，而且可以从第三方的角度帮助客户向保险公司据理力争，或者利用自身的合作资源，寻求法律支持。

2. 经纪人在给客户推荐产品及办理理赔时，应充分利用自身的专业知识、经验和资源，精心为客户设计和讲解，尤其是需要关注不同保险公司、保险产品在除外责任等细节条款上的差异，保护客户利益，规避风险。

实训活动

学生通过网络去了解我国保险经纪人发展的过程以及相关的管理规定，了解保险经纪人与代理人的区别，通过保险经纪人的案例了解保险经纪人在当前保险中的作用。

✍ 项目小结

1. 保险行业的竞争实际上就是服务质量的竞争，当前保险行业的产品差异性并不是很大，所以谁能提供高质量的服务水平，谁就能凸显竞争的优势，也就能争取到更多的客户。保险服务营销从渠道上可分为直接保险服务营销和间接保险服务营销。

2. 保险业务员直接营销是保险公司直属的销售人员直接向客户销售保险产品的销售模式。保险业务员的素质、营销技巧的运用直接影响了其销售的业绩。

随着信息技术和电子商务的兴起，保险业的营销渠道结构发生了显著的变化。电话营销、互联网营销、保险超市等新型直销方式得到了快速发展，它们各有优势和技巧。

3. 保险代理人代表的是保险公司的利益，从保险公司获得佣金。所以，保险代理人具备的素质和技巧直接影响了签单的成效。同时，为了保护投保人或被保险人的利益，我们也要对代理人行为进行规范管理。

4. 保险经纪人代表的是投保人的利益。保险经纪人要扩大竞争的优势，必须要发挥其服务优势、完善其服务内容、体系、流程，为客户提供更高水准的服务，并以此获得稳定的发展。

 项目训练

一、单选题

1. 保险展业流程是从（　　）环节开始的。

A. 客户拜访　　　　B. 保单送递　　　　C. 客户服务　　　　D. 客户定位

2. （　　）环节是贯穿展业过程始终的。

A. 异议处理　　　　B. 促成交易　　　　C. 客户服务　　　　D. 保单送递

3. 不属于聆听内容的是（　　）。

A. 听　　　　　　　B. 问　　　　　　　C. 揣摩　　　　　　D. 评价

4. 关于保险营销员身份，《保险营销员管理规定》中规定，保险营销员从事保险营销活动，应当出示（　　）。

A. 工作证　　　　　B. 展业证　　　　　C. 身份证　　　　　D. 名片

5. 场景销售、产品创新，是（　　）的优势。

A. 电话营销　　　　B. 互联网营销　　　C. 保险超市　　　　D. 邮件营销

6. 病毒式营销属于（　　）的技巧。

A. 保险超市　　　　　　　　　　　　　B. 电话营销

C. 邮件营销　　　　　　　　　　　　　D. 互联网营销

7. 2000 年 6 月，中国第一家保险经纪公司（　　）成立，标志着中国保险经纪市场正式启动。

A. 华泰保险经纪有限公司　　　　　　　B. 江泰保险经纪有限公司

C. 明亚保险经纪有限公司　　　　　　　D. 大东保险经纪有限公司

8. 保险经纪人代表（　　）利益。

A. 保险人　　　　　　　　　　　　　　B. 保险代理人

C. 投保人　　　　　　　　　　　　　　D. 保险公估人

二、多选题

1. 保险服务营销以营销渠道来划分可分为（　　）。

A. 人身保险营销　　　　　　　　　　　B. 直接保险营销

C. 财产保险营销　　　　　　　　　　　D. 间接保险营销

2. 下列属于直接保险服务营销方式的是（　　）。

A. 保险经纪人营销　　　　　　　　　　B. 互联网营销

C. 保险业务员营销　　　　　　　　　　D. 保险超市

3. 保险业务员应具备的素质有（　　）。

A. 主动热情，敬业爱业　　　　　　　　B. 吃苦耐劳

C. 为自身业绩着想　　　　　　　　　　D. 善于沟通

4. 下列属于保险展业必备工具的是（　　）。

A. 业务手册　　　　B. 名片　　　　C. 投保单　　　　D. 展业证

5. 《保险从业人员行为准则》规定，保险销售人员应根据（　　）推荐适合的保险产品。

A. 销售人员自身业绩　　　　　　　　　B. 保险公司利益

C. 客户需求　　　　　　　　　　　　　D. 客户经济承受能力

6. 保险超市销售模式的优势包括（　　）。

A. 专业性　　　　B. 经济性　　　　C. 便捷性　　　　D. 客观性

7. 在我国保险市场上，（　　）就是常见的间接销售中介人。

A. 保险人　　　　B. 代理人　　　　C. 公估人　　　　D. 经纪人

8. 保险经纪人的服务优势是（　　）。

A. 省时　　　　B. 省力　　　　C. 省心　　　　D. 省钱

9. 属于保险经纪人服务体系的是（　　）。

A. 风险评估与分析　B. 保险安排　　　C. 协助索赔　　　D. 保险咨询

三、名词解释

保险服务营销　直接保险营销　互联网营销　间接保险营销　保险代理人营销

四、简答题

1. 简述保险业务员应具备的素质。

2. 简述保险业务员的销售技巧。

3. 简述电话营销的技巧。

4. 简述保险超市营销的技巧。

5. 简述保险代理人营销的优缺点。

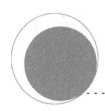

项目十
金融营销礼仪

知识目标

1. 掌握金融行业工作人员服饰搭配的原则和要求。
2. 知晓服务仪态礼仪的基本知识与要领。
3. 能用所学知识指导自身仪态得体的相关认知活动。
4. 知晓会面交谈礼仪的基本知识与要领。

能力目标

1. 掌握职业装的穿着和饰品选配的方法。
2. 能根据金融行业对员工站姿、坐姿、走姿、表情、手势等的基本要求，调整自己的仪态。
3. 学会优雅得体地表达、运用仪态礼仪、会面礼仪、交谈礼仪。

素养目标

1. 培养学生热爱中华传统文化，提高金融职业素养。
2. 培养学生爱岗敬业、诚实守信的职业精神。

案例导入

应届毕业生求职面试的礼仪

某银行到一所高校招聘银行导储员，由于待遇优厚，应者如云。金融专业应届毕业生小张也前往面试，她的背景材料可能是最棒的——在校学习期间，成绩优异；担任校学生会主席，工作能力很强；专业技能也非常好。在外在形象上，小张五官端正，身材高挑、匀称。面试时，招聘者拿着她的材料等她进来面试。哪知小张在上午刚参加了同学聚会，随意的装扮（穿着迷你裙、露脐装，涂着鲜红的唇膏）还没来得及换。只见小张轻盈地走到一位考官面前，不请自坐，随后跷起了二郎腿，笑眯眯地等着问话。三位招聘者互相交换了一下眼色后，主考官说："张同学，请下去等通知吧。"小张顿时喜形于色，挎起小包飞跑出门。

思考：

求职面试或在金融营销的人际交往中，应该注重的面试礼仪、交往礼仪有哪些？在金融企业的营销工作中，有哪些职业礼仪是营销人员必须掌握的？

提示：

金融企业是非常注重职业形象的行业，应聘者必须注意自己的形象，小张参加面试时，应着西服或职业套装，以示对应聘工作的重视，但小张却打扮随意，个人形象不合常规，给应聘单位的感觉过于前卫、轻浮。着装是一种无声的语言，它能显示应聘者的个性、身份、涵养、阅历及心理状态。所以，在应聘或金融营销的人际交往中，外在的着装、举止等直接影响营销人员的职业形象，同时也影响客户评价营销人员的专业度。

◎ 模块一　着装服务仪态礼仪

任务一　着装礼仪

一、西装的穿着礼仪

西装是公认的国际服装，美观大方，穿着舒适，因其具有系统、简练、富有气派风度的风格，所以成为当今国际上最标准、最通用的礼服，在各种礼仪场合都被广泛穿着。西装穿着，七分在礼，三分在穿，有相当统一严格的模式和要求。金融行业很多场合更是讲求穿着西装。因此，金融行业的从业者应懂得西装穿着礼仪。

（一）西装种类

目前，国际流行的西装款型有四种：欧式西装、美式西装、英式西装和日式西装。各种款式都有相应的特点，适合不同体型的人选择和穿着。

1. 欧式西装

欧式西装洒脱大气，其特征是倒梯形。其垫肩夸张，不强调腰部，上衣偏长，没有开衩，双排扣居多，西裤不卷边。

2. 美式西装

美式西装外观方正，宽松舒适，比欧式西装稍短一些，没有垫肩，美国人讲究随意、自然，其领型为宽度适中的"V"形，后摆中间开衩。

3. 英式西装

英式西装裁剪十分合体，肩部垫肩略薄，领型是"V"形，腰部收缩，后摆身侧开衩，多为单排扣，以高位三粒扣和低位三粒扣款式为多见。

4. 日式西装

日式西装上衣外形为"H"形，不过分强调肩部与腰部，垫肩不高，领子较短，较窄，不过分收腰，后摆不开衩，多为单排扣。

西装有套装和单件上装的区别，套装有两件套和三件套之分。两件套是指用同色、同料裁制的，互相配套的西装上衣和裤子；三件套是在两件套基础上加一件同色、同料的背心。

（二）西装的整体搭配要求

1. 场合的要求

西装的穿着应合时、合地、合景。正式场合如宴会、婚丧活动、典礼等，必须穿素雅的套装，颜色以深色、单色最为适宜，必须系领带；在办正事场合，如办公室、午宴、一般性会见访问等，宜选择较明亮的深色、中性冷色调或浅色调套装，也可穿着条纹及暗色小格的套装，最好也系领带。非正式场合，如外出游玩、参观、逛街、探亲访友或餐厅聚餐，最好穿休闲套装或普通的单件西装便装，可以不系领带。

2. 领带的要求

领带是西装的灵魂，是"男人的第一张名片"。因此，正式场合穿着西装应系领带。一般领带用真丝以及其他混纺的面料制作，图案有纯色、条纹、圆点、花饰和方格等。领带的花色可以根据西装的色彩配置选择；领带的长度以到皮带扣处为宜。若穿西装背心或羊毛衫，则领带必须置于背心或羊毛衫之内，而各类 T 恤衫、圆领衫、V 形软领衫等都不能系领带。

领带结的打法一般有平结、双环节、温莎结、双交叉结等几种，形状稍有区别。从事金融、保险等工作的人士应选择适当的领带结打法，表现出严谨、缜密、有条理及可信任的感觉，合适的领带结打法也可在视觉上延长男士脸部和脖颈线条。打领带要注重细节处理，表现出男士的修养和个性风格。

3. 衬衫穿着的要求

衬衫要挺括、整洁、无褶皱，尤其是领口，每次洗后都要熨平。一件与西装上衣搭配合适的衬衣，其领口应比西装领子高出 1 厘米左右，袖子应比西装袖子长出 2 厘米左右。在正式场合，衬衫的下摆必须扎在西裤腰里，袖口必须扣上。凡系领带的，不论是否与西装配穿都必须将领口和袖口的扣子扣好，不能挽起袖子；不系领带时，衬衫领口不可扣上。正式场合忌讳穿短袖衬衫打领带。

4. 衣袋的要求

西装上衣两侧的衣袋只作装饰用，不可放东西。上衣胸部的衣袋专装手帕，不可他用。西裤插袋也不可放入鼓囊之物。

5. 与西装相配的鞋、袜的要求

穿西装，一定要配皮鞋，材质以牛皮最佳，羊皮、猪皮次之。皮鞋颜色以黑色或深色为宜；款式以传统系带式为好，要注意保持皮鞋清洁、光亮、有形，并经常保养。穿皮鞋还应配上高腰的西装袜。袜子颜色要与皮鞋统一，深色为佳，其质地以棉质的为佳。

6. 西装的纽扣要求

穿双排纽扣的西装时，在正式场合要把所有扣子都扣好，只有在家或独自一人在办公室里才能敞开。穿单排扣的西装时，其纽扣无须全扣，也可以不扣；两粒扣的只需扣上边一粒；三粒扣的只需扣中间一粒，最下面的纽扣通常不扣。

7. 男士的手包

男士的手包宜选真皮质地。如果是拜访客户或办理其他公务需要携带相关资料和文件，宜选择款型大的公文包；如果是晚宴应酬，宜拿稍小一些的手皮包。

8. 西装、衬衫、领带颜色搭配的要求

黑色西装，配白色或浅色衬衫，系银灰色、蓝色调或黑红细条纹领带；中灰色调西装，配白色或淡蓝色衬衫，系红色、绿色及黄色调领带；暗蓝色西装，配白色或淡蓝色衬衫，系蓝色、深玫瑰色、褐色、橙黄色调领带；墨绿色西装，配白色或银灰色衬衫，系银灰色、灰黄色领带；乳白色西装，配红色略带黑色衬衫，系红色或黄褐色调领带。

二、女性套装

女士套装分为裙装和裤装，一般来说，裤装的隆重程度不如裙装。因此，一般正式场合和较为重要的社交场合中职业女性应该穿着裙装。女性穿着西装套裙，不仅显得精明、干练、洒脱和成熟，还能烘托出女性所独具的韵味，显得优雅、文静、娇柔与妩媚。

（一）西装套裙的选择

职业女性在选择套裙时，通常需要考虑以下 7 个基本问题：

（1）面料要选择上乘的纯天然质地纯毛、丝麻等面料。

（2）色彩要以冷色调为主，如中灰色、藏青色，给人以沉稳、干练的感觉。

（3）图案应朴素简洁，一般以隐格、窄条纹为宜。

（4）点缀应少而精，不宜添加过多的装饰。

（5）尺寸的长短与宽窄。在选择套裙时应特别注意，职业套装的裙子长度以在膝盖上下变化为宜，而衣长最短的限度为在手臂高举时不能露出裙腰。套装上衣和裙子的大小应以合体为宜。

（6）版型。整体造型有 H、X、A、Y 形几种形式，其中以 H 形为最正式。

（7）套裙的款式变化主要体现在领型、纽扣和裙型上，并无严格的规定，但有一些细节还是必须注意和严格遵守的。

（二）套裙穿着的注意事项

（1）套裙的穿着应大小适度、穿着到位、场合适应、装饰协调、举止兼顾。

（2）内衣必须要穿且不宜外穿，不准外露、外透。

（3）袜子以黑色、灰色、肉色为宜，且完好无损。尽量不出现丝袜脱丝、破洞等情况；女士穿西服套裙时最好穿有透明感的肉色连裤袜或长筒袜。

（4）面料较薄、颜色较浅的套装，上衣和裙子都要加同色衬里，否则会有内衣外透、外露的可能性，有失稳重。

（5）鞋的颜色以黑色为通用，也可与服装颜色协调一致。皮鞋要求线条简洁，无过多的装饰。女士穿高跟鞋的高度一般以 3～4 厘米为宜，最高不超过 6 厘米。此外，高跟鞋的鞋跟也不可太细，以免发生危险。

（6）手包以手提式或单肩式为佳，最好选择真皮材质，颜色应与套裙色调相协调。

（7）胸针是西装套裙最主要的饰品。穿西装套裙时，别上一枚精致的胸针，能够使视线上移，让身材显得更高挑。胸针一般别在左胸襟，大小、款式、质地应与服装相协调。

（8）丝巾的佩戴。对于金融业从业者来说，职业着装时搭配一条丝巾，不仅能反映个人的品位，更能为企业形象增色。丝巾、围巾的选戴需注意：一是丝巾、围巾材质的选用；二是丝巾、围巾与肤色的协调；三是丝巾、围巾的选戴方法等。

总之，职场女性的着装要遵循职业化、女性化，以职位标准选择服装的基本原则，充分发挥穿衣这一"形象工程"的作用，塑造简约、素雅、端庄的职业女性形象。

三、饰物礼仪

饰物是服装之外的与服装搭配、穿着起装饰作用的物品。随着人们生活水平的提高，越来越多的饰品受到人们的青睐，优雅得体的着装，如果配上适当的饰品，将使穿着者更加光彩照人。对于金融行业从业者而言，可选择适当的首饰佩戴，以起到画龙点睛的效果。

（一）饰物的佩戴原则

金融行业由于职业的特点，对饰物的佩戴有严格的规范要求。

（1）符合身份。金融行业以严谨著称，员工必须以整洁、干练、自信、端庄、大方的职业形象出现在客户面前，因此，造型夸张的饰物是不合适的。

（2）以少为佳。饰物的佩戴以少为佳。以女员工为例，手部佩戴戒指最多一个，不可佩戴过于夸张的玉镯、水晶镯和其他形状的手镯、手链。

（3）协调得体。巧妙地佩戴饰物能够起到画龙点睛的作用，给个人形象增添色彩。但在佩戴饰物时，应尽量选择同一质地或同一色系的饰物，这样才显得统一协调。

（二）饰物的选择和佩戴要点

1. 眼镜

在选择眼镜时需要注意以下几点：

（1）考虑镜架与脸形是否相宜。脸形窄长者宜选用圆形或偏方形的宽边镜架；脸形较圆者，宜选方形的宽边镜架；三角形或者瘦脸形，宜选用圆形或扁圆形的镜架。

（2）考虑眼镜的颜色与大小，使之与面色和脸形大小协调。

（3）在选择眼镜的外观造型、颜色、质地等方面要考虑职业和身份。

（4）注意眼镜的佩戴场合。在正式场合，即便是在室外，如无特殊原因，不宜戴深色的眼镜；在与地位或年龄明显高于自己的人交谈时，也不宜戴深色的眼镜。与女性较正式接触时或与人握手谈话时，不宜戴太阳镜。如有特殊情况或不方便将眼镜摘下时，应向对方说明。

2. 手表

金融业从业者佩戴一块得体的、能体现自己风格的手表，既增加了修饰效果，又方便了服务工作，更能向客户传递一种守时的信息。选戴手表时，需注意的是与自己的手形相适应。

3. 首饰

在这里简要介绍一下工作场合佩戴戒指、项链和耳环的注意事项。

（1）戒指佩戴。戴戒指时，一要注意戒指的寓意；二要注意戒指的形状与指形的协调；三要注意不要在工作场合戴过于夸张的戒指。

（2）项链佩戴。戴项链时，一是根据自己的脸形选择项链的长度。二是选择项链要与着装的色彩、款式和质地相适应。穿着套装或职业装时，宜选择长项链，但也不能过长，以免挂件露出。三是上班时应选择一条较细的金或银项链，以免给人以招摇的感觉。

（3）耳环佩戴。贴耳式的耳环显得端庄大方，形状有圆珠形、心形、蝴蝶形、椭圆形等，较适合职业场所佩戴。金融业女性员工以佩戴贴耳式耳环为佳。戴耳环后最好不要再佩戴胸针或手镯，以免显得呆滞，但若配上同色系列的项链或戒指则会增色添辉。

总之，饰物佩戴对个人形象塑造的影响很大。得体的饰物佩戴能给个人形象起到画龙点睛的效果，金融业从业者要不断增强自身的修养，巧妙地运用饰物这一工具。

实训活动

帮助你的父母认真整理一次衣橱，将他们的衣服按照类别进行划分，并按照所学习到的搭配知识为他们搭配出几套得体的服装。

任务二　服务仪态规范

一、站姿

站姿，即站立之姿，是人的基本仪态。

（一）标准站姿

标准站姿强调端正、庄重，具有稳定性。

从正面看，全身笔直，精神饱满，两眼平视前方，面带微笑，两肩平齐，两臂自然下垂，两手微微伸开，自然垂放在腿部两侧。两脚跟并拢，两脚尖张开 $45°\sim60°$，呈"V"字形，身体重心落于两腿正中。从侧面看，两眼平视，下颌微收，挺胸收腹，腰背挺直，手中指贴裤缝，整个身体庄重挺拔。

（二）金融行业常用站姿

（1）外交官式站姿。金融行业从业者在接待客户的情况下常采用外交官式站姿。双腿微微分开，挺胸抬头，收腹立腰，双臂自然下垂，下颌微收，双目平视。

（2）服务员式站姿。金融行业从业者为客户服务时常采用服务员式站姿。挺胸直立，平视前方，双腿适度并拢，双手在腹前交叉，男性左手握住右手腕部，女性右手握住左手的手指部分，双腿均匀用力。

（3）双手背后式站姿。这种站姿是男性员工的另一种服务员式站姿。挺胸收腹，两手在身后交叉，右手搭在左手腕部，两手心向上收。

（4）体前单屈臂式站姿。这种站姿是较为自然的一种日常站立姿势，挺胸收腹，左手臂自然下垂，右臂肘关节屈，右前臂抬至中腹部，右手心向里，手指自然弯曲。

（三）金融行业男性和女性站姿的区别

金融行业的从业者，由于男女性别的差异，站姿也有一定的差异性，主要表现在其手位与脚位有时会存在一些不同。

（1）男性站姿。男性员工在站立时，要注意表现出男性刚健、潇洒、英武、强壮的风采。具体来讲，在工作中站立时，金融行业的男性员工在服务时应较多采用双手背后式站姿。

（2）女性站姿。女性员工在站立时，要注意表现出女性轻盈、妩媚、娴静、典雅的韵味，要努力给人以一种"静"的优美感。具体来讲，在站立时，女性员工可以将双手相握或右手在前、左手在后，二手相叠放于腹前。双脚可以呈"小八字步"或"丁字步"。

（四）不良站姿及站姿忌讳

（1）站立时，切忌无精打采或东倒西歪。

（2）站立时，双手不可叉在腰间或抱在胸前。

（3）需站立服务时，不能将身体倚靠在墙上，或倚靠其他物品作为支撑。

（4）需站立服务时，不能弯腰驼背，两肩高低不一。

（5）注意不能将手插在裤袋里，或做其他小动作。

（6）注意双臂不摆，双腿不抖，站立时双腿间宽度适当。

二、坐姿

在金融行业，许多从业者的业务工作都是采用坐姿的形式完成的。因此，坐姿对于金融行业从业者来说是十分重要的。俗话说"坐有坐相"，正确的坐姿不仅能给人以端庄安详之感，还会给客户传达稳重、坚实之意。

（一）标准坐姿

（1）入座时，要轻要稳，从座位的左边入左边出，只坐椅子的 2/3，不宜坐满椅面或只坐边沿儿。

（2）女士入座时，若是裙装，应用手将裙子稍微拢一下；坐定后，身体重心垂直向下，上身保持正直，两眼平视，目光柔和；可将右手搭在左手上，轻放于腿面，双膝自然并拢，双腿正放或侧放，双脚并拢或交叠。

（3）男士入座后，双手掌心向下，自然地放在膝上，也可放在椅子或沙发的扶手上，双脚可略微分开。在同左右客人交谈时，应有所侧重，即上身与腿同时转向一侧。

（4）起身时，右脚向后收半步，向后站立。同样，女性起身时，若穿着裙装，应用手将裙子稍拢一下，以保持平整。

坐姿是可以变化的，只要坚持端正稳重，头、上身与四肢协调配合的原则，那么各种坐姿都是优美自然的。

（二）常见的几种变化坐姿

（1）正襟危坐式。这是传统意义上的坐姿，适用于大部分的场合，尤其是适用于正式场合。要领：上身与大腿、大腿与小腿、小腿与地面之间，都应当成直角，双膝、双脚适度并拢。

（2）大腿叠放式。这是常用的一种坐姿，但需要注意的是，女性穿着短裙时不宜采用这种姿势。要领：两腿在大腿部分叠放在一起；位于下方的一条腿垂直于地面，脚掌着地，位于上方的另一条腿的小腿适当向内收，同时脚尖向下。

（3）双脚交叉式。这也是常用的一种坐姿。要领：双脚在踝部交叉。交叉后的双脚可以内收，也可以斜放，但不宜向前方远远直伸出去。

（4）前伸后屈式。这是女性适用的一种坐姿。要领：双腿适度并拢，左腿向前伸出，右腿向后收，两脚脚掌着地。

（5）双腿斜放式。此坐姿适合女性。要领：双腿完全并拢，然后双脚向左或向右斜放，斜放后的腿部与地面约呈 45°夹角。

（6）双腿叠放式。此坐姿也适合于女性。女士穿着裙装时采用这种坐姿较为优雅。要领：双腿一上一下交叠在一起，两腿之间没有间隙，双腿斜放于左侧或右侧，腿部与地面呈 45°夹角，叠放在上的脚尖垂向地面。

（三）金融行业从业者的坐姿要求及应注意的事项

坐姿是金融行业从业者经常采用的姿势之一。允许采用坐姿时，员工才可以坐下；坐下后，要自觉地采用正确的坐姿。这是金融行业从业者在学习与训练坐姿时必须首先明确的两点，同时，金融行业的从业者还应该注意以下几个方面的问题。

1. 金融行业从业者的入座要求

（1）在他人之后入座。出于礼貌，和他人一起入座或同时入座时，如果对方是自己的客户，一定要先请对方入座，切勿抢先入座。

（2）在适当之处就座。在大庭广众之下就座时，一定要坐在椅、凳等常规的位置。要是坐在桌子、窗台或地板上，往往是失礼的。

（3）在合"礼"之处就座。与他人同时就座时，应当注意座位的尊卑，并且主动将上座让给他人。

（4）从座位左侧入座。如果条件允许，在就座时最好从座椅的左侧接近它。这样做既容易就座，也是一种礼貌。

（5）向周围的人致意。在就座时，如果附近坐着熟人，应该主动跟对方打招呼。即使不认识，也应该先点点头。在公共场合，要想坐在别人身旁，还必须征得对方的允许。

（6）无声息地就座。就座时，要减慢速度，放松动作，尽量不要坐得座椅乱响，毕竟噪声扰人。

（7）以背部接近座椅。在他人面前就座，最好背对着自己的座椅，这样就不至于背对着对方。

（8）坐下后调整体位。为使自己坐得舒适，可在坐下之后调整一下体位或整理一下衣服，但要注意这一动作不可与就座同时进行。

2. 金融行业从业者的离座要求

（1）事先说明。离开座椅时，身边如果有人在座，应该用语言或动作向对方先示意，随后方可站起身来。

（2）注意先后。与他人同时离座，要注意起身的先后次序。地位低于对方时，应稍后离座；地位高于对方时，则可首先离座；双方身份相似时，才可以同时起身离座。

（3）起身缓慢。起身离座时，最好动作轻缓，无声无息，尤其要避免"拖泥带水"，弄响座椅，或将椅垫、椅罩弄得掉在地上。

（4）站好再走。离开座椅后，先要采用"基本的站姿"，站定之后，方可离去。要是起身便跑，或是离座与走开同时进行，则会显得自己过于匆忙。

（5）从左离开。有可能时，站起身后，宜从左侧离去。和"左入"一样，"左出"也是一种礼节。

三、走姿

行走的姿势简称走姿，也叫步态，是指一个人在行走过程中的姿势，它以人的站姿为基础，始终处于运动中。金融行业从业者在工作中如何正确地使用标准走姿，是给客户留下美好印象的关键之一。因此，学习规范的走姿是很必要的。

（一）标准走姿

标准的走姿为：上身基本保持站立的标准姿势，挺胸收腹，腰背笔直，两臂以身体为中心，前后自然摆动，前摆约35°，后摆约15°，掌心向内，起步时身子稍向前倾，重心落在前脚掌，膝部伸直，脚尖向正前方伸出，行走时双脚踩在一条线上。

（二）行走时的注意事项

（1）方向明确。在行走时，必须保持明确的行进方向，尽可能地使自己在一条直线上行走。

（2）步幅适度。在行进时，最佳的步幅应为本人的一脚之长（男子每步约40厘米，女子每步约36厘米）。与此同时，步子的大小还应当大体保持一致。

（3）速度均匀。行进速度一般应当保持相对稳定，较为均匀，每分钟走60步至100步都是比较正常的。

（4）重心放稳。正确的做法应当是：起步之时，身体微向前倾，身体的重心要落在前脚掌上，行进的整个过程都应注意使自己身体的重心随着脚步的移动不断向前移。

（5）身体协调。行进时，身体的各个部分之间必须完美地配合，要保持身体的和谐。

（6）造型优美。行进时，要保持身体整体造型的优美。要使自己在行进中保持优美的身体造型，就一定要做到昂首挺胸，步伐轻松而矫健。

四、表情

微笑是一种特殊的语言——"情绪语言"。它可以和有声语言及行动相配合，发挥"互补"作用，沟通人们的心灵，架起友谊的桥梁。

（一）微笑的标准

（1）微笑的主要特征。面含笑意，但笑容不过于显著。一般情况下，人在微笑时，是不闻其笑声、不见其牙齿的。

（2）微笑的基本训练方法。首先，要放松自己的面部肌肉；其次，使自己的嘴角微微向上扬起，让嘴唇略呈弧形；最后，在不牵动鼻子、不发出笑声、不露出牙齿，尤其是不露出牙龈的前提下，轻轻一笑。

（3）微笑的规范。一般要注意以下四个结合：

一是口眼结合。要口到、眼到，笑眼传神，微笑才能扣人心弦。

二是笑与神情、气质相结合。讲究笑得适时、尽兴，笑出自己的神情、神色、神态，做到情绪饱满，神采奕奕；笑出感情，笑得亲切、甜美，反映美好的心灵；笑出谦逊、稳重、大方、得体的良好气质。

三是笑与语言相结合。语言和微笑都是传播信息的重要符号，微笑与美好的语言相结合，声情并茂，相得益彰，更能发挥出它的特殊功能。

四是笑与仪表、举止相结合。以笑助姿、以笑促姿，形成完整、统一、和谐的美。

（二）金融行业从业者微笑的重要性

金融行业从业者在工作岗位上一般都应当满面笑容，为服务对象创造出一种轻松愉快的氛围，使其在享受服务的整个过程之中感到愉快、欢乐和喜悦，同时也表现出本企业对客户的重视与照顾。在工作岗位上满面笑容地面对服务对象，对于金融行业从业者来说具有重要意义。

（1）微笑可以调节情绪。在工作岗位以微笑面对客户，既可以创造出一种和谐融洽的现场气氛，又可以感染客户，使其感受愉快和温暖。

（2）微笑可以消除隔阂。人际交往中难免产生隔阂，金融行业自然也不例外。微笑乃是友谊之桥，在一般情况下，当人与人之间产生纠葛时，一方若能以微笑面对另一方，则往往不会进一步激化矛盾；有时，这样做还可以化解双方的矛盾或误会。

（3）微笑也可以获取回报。微笑是人际交往中的一种润滑剂，服务人员在工作中若能始终面带微笑，以微笑开始，以微笑结束，必然会赢得客户的赏识，获得良好的服务效果。

（4）微笑更重要的是有益身心健康。对于金融行业从业者而言，微笑不仅可以悦人，而且也能益己。微笑对于自己最大的好处，是可在为自己营造良好人际关系的同时，促进个人的身心健康。笑口常开的人，往往会给自己一种心理暗示，并产生积极的反馈，使自己活得开心快乐。

五、手势

手势是语言的延伸，在很多时候可以强化语言表达的含义，但手势的运用也需综合考虑。

（一）金融行业对于手势的使用要求

金融行业对于手势的使用要求是准确、规范、适度。

（1）准确。在现实生活中，为避免手势使用不当引发交际双方沟通障碍甚至误解，必须注意手势使用的准确性。使用不同的手势，表达不同的意思，并且手势与语言表达的意思应一致。

（2）规范。在一定的社会背景下，每一个手势（如"介绍"的手势、"递名片"的手势、"请"的手势、"鼓掌"的手势等）都有其约定俗成的动作和要求，不能乱加使用，以免产生误解，引起不必要的麻烦。

（3）适度。与人交谈时，可随谈话的内容做一定的手势，这样有助于双方的沟通，但手势的幅度不宜过大，以免适得其反，显得粗俗无修养。同时，手势的使用也应有所限制，并非多多益善。

（二）金融行业从业者常用的手势

1. 介绍来宾、引导客人时常用的手势

（1）横摆式，迎客人时，表示"请"的意思。

（2）斜臂式，请客人就座、看商品时使用。

（3）直臂式，给客人指方向时使用。

（4）曲臂式，在横摆式的基础上，用另一只手表示"请"或指方向。

（5）双臂横摆式，在举行重大庆典活动时，向众多来宾表示"请"或"指方向"时用。

这些手势的运用，通常要有一个摆动过程，动作的规律是：欲扬先抑、欲左先右、欲上先下。同时，注意与面部表情和身体其他部位动作相配合。

2. 举手致意与挥手道别

举手致意与挥手道别时，手势的运用有其特殊性。

举手致意的正确做法是：

（1）全身直立，面带微笑，目视对方，略微点头。

（2）手臂轻缓地由下而上，向侧上方伸出，手臂可全部伸直，也可稍有弯曲。

（3）致意时伸开手掌，掌心向外，指尖指向上方。

（4）手臂不要向左右两侧来回摆动。

挥手道别也是人际交往中的常规手势，采用这一手势的正确做法是：

（1）身体站直，不要摇晃和走动。

（2）目视对方，不要东张西望，眼看别处。

（3）可用右手，也可双手并用，不要只用左手挥动。

（4）手臂尽力向上前伸，不要伸得太低或过分弯曲。

（5）掌心向外，指尖朝上，手臂向左右挥动；用双手道别，两手同时由外侧向内侧挥动，不要上下摇动或举而不动。

3. 递接物品

递接物品虽然是日常生活中的小动作，但在金融行业工作中却也会经常使用，如递交文件、图书、名片及一些常用的小物品等。递接物品的原则是尊重他人，当然，递接物品的方法也需讲究。

（1）双手为宜。有可能时，双手递物最佳。不方便双手并用时，也要采用右手。

（2）递入手中。递给他人的物品，以直接交到对方手中为好。不到万不得已，最好不要将所递物品放在别处。

（3）主动上前。若双方相距过远，递物者理当主动走近接物者，假如自己坐着还应尽量在递物时起身站立。

（4）方便接拿。在递物时，应为对方留出便于接取物品的地方，不要让其感到接物时无从下手。将带有文字的物品递交他人时，需使其正面面对对方。

（5）尖、刃向内。将带尖、刃或其他易伤人的物品递与他人时，切勿以尖、刃直指对方，应当使其朝向自己，或是朝向别处。

（6）接取物品时，应当目视对方，而不要只顾注视物品，一定要用双手或右手。必要时，应当起身而立，并主动走近对方。当对方递过物品时，切勿急不可待地直接从对方手中抢取物品。

4. 展示物品

在展示物品时，有以下三点需要注意：

（1）便于观看。展示物品时，一定要方便现场的观众观看，一定要将被展示物品正面面对观众，举至一定高度；当四周皆有观众时，展示物品还需变换不同角度。

（2）操作标准。在展示物品时，如果需要动手操作，应符合有关标准。手法应干净利索，速度适宜，并经常进行必要的重复。

（3）手位正确。在展示物品时，一般有三种手位。将物品举至高于双眼之处，这一手位适用于被人围观时；将物品举至双臂横伸时自肩至肘之处，其上不过眼部，下不过胸部，这一手位易于给人以稳定感；将物品举至双臂横伸时肘部以外，上不过眼部，下不过胸部，这一手位便于他人看清展示物品。

六、界域

美国爱德华·T. 霍尔教授提出了广为人知的四个界域：亲密距离、个人距离、社交距离、公众距离。

（一）亲密距离（0~45 厘米）

它是人际交往的最短距离，适合亲人、夫妻和恋人之间，但不适用于社交场合。

（二）个人距离（46~120 厘米）

这是朋友、熟人等交际时保持的距离，适合握手、相互交谈。

（三）社交距离（121～360厘米）

主要适合于礼节性或社交性的正式交往，多用于商务洽谈、接见来访或同事交谈等。

（四）公众距离（360厘米以上）

这是在较大公共场合与陌生人之间所保持的距离，适合于做报告、演讲等场合。

思政课堂

民生银行的礼仪化服务

只要走进民生银行南京分行的任意一家营业网点，客户就能得到"三部曲"的全流程服务。首先是迎宾，客户走进营业厅大门，保安不仅会主动给客户拉门，而且会向客户敬礼，并将其带到大堂经理面前；其次是引导，大堂经理会主动迎上前，指引客户领取号牌，询问客户业务需求并指导其填单或代其复印证件，将其引导至休息椅入座或相应的服务柜台；最后是柜台操作，由于前一环节解决了咨询、填单或复印凭证等手续，因此柜面操作更有针对性，速度也更快捷，一般均能做到立等可取，1～2分钟就能办完业务。

为让客户感受到被尊重，民生银行在服务礼仪上积极开动脑筋，从细微之处让银行服务变得亲切和生动起来。在保安方面，将保安职能定位于服务客户在前、打击坏人在后，这一调整使保安角色发生了重要转变，从冷峻地审视可疑客户到热情地为每个客户服务，在服务每个客户过程中强化安全保卫。通过将严谨有余的大盖帽换成精神帅气的贝雷帽，使保安形象更亲切；推行保安先敬礼后引导模式，让客户体验到尊敬；从实际出发，在服务过程中积极倡导"八个一点"，即对待客户要微笑一点、对待老年人要主动一点、对待外地人要和蔼一点、对待不知情人要耐心一点、对待性格急躁的人要忍耐一点、对待自高自大的人要顺从一点、对待有困难的人要多帮助一点、对待有意见的人要诚恳一点，真正从客户角度出发，在服务中倡导"人性化"。

以上案例证明了服务礼仪在金融行业工作中举足轻重的地位。银行服务仅有微笑是不够的，客户到银行来办业务，最需要的是快捷地办完，而民生银行南京分行的全流程服务就是以客户为中心，将柜前服务与柜中服务有机衔接起来，节省了客户时间，想得比较周到。民生银行一切以客户为中心的服务理念，促使银行处处实行礼仪化服务。礼仪化服务体现在营业窗口柜员的每个服务细节中，体现在"十字文明用语规范"、站立行坐服务姿态中，体现在递送名片、点头微笑、欠身致意、鞠躬致意、右前方礼让等礼貌举止中，力求一招一式都能标准化、规范化，让客户感到亲切、感到愉悦。

思考：

金融企业的服务礼仪应该怎样体现？如何提高员工的服务理念？

实训活动

按照坐姿、站姿、走姿的要求，分小组进行自我练习和小组同学相互观摩，完成金融行业工作人员仪态展示的实训流程。

模块二　会面交谈礼仪

任务一　会面礼仪

一、握手礼

（一）握手的时机

握手礼多用于见面时的问候与致意。对久别重逢和多日未见的老朋友，以握手方式表示对对方的关心和问候；人们彼此之间经过他人介绍相识，通过握手，向对方表示友好和愿意与对方结识的心情；告别时，以握手方式感谢对方，表示愿意保持联系、再次见面的愿望。除此之外，握手礼还是一种祝贺、感谢、理解、慰问、支持和鼓励的表示。

（二）握手的次序

（1）握手的次序原则。根据礼仪规范，握手时伸手的先后顺序是由握手双方所处的社会地位、年龄、性别等各种条件决定的。握手应遵守"尊者决定"的原则，即握手者首先确定双方彼此身份的尊卑，由位尊者先行伸手，位卑者予以响应。年长者与年轻者相互握手，年长者应先伸出手来，年轻者方可伸手握之；位尊者与位卑者相互握手，位尊者应先伸出手来，位卑者方可伸手握之；女士与男士相互握手，女士应先伸出手来，男士方可伸手握之；已婚者与未婚者相互握手，已婚者应先伸出手来，未婚者方可伸手握之；等等。

（2）金融行业握手顺序。金融行业从业者在金融活动中握手时，伸手的先后顺序主要取决于职位和身份。接待来访客户，当客户抵达时，应由我们先伸手与客户握手表示"欢迎"。当客户告辞时，则应由客户先伸手与我们握手表示"再见"。

（三）握手的方式

（1）握手时要注意姿势。正确的姿势是：在行握手礼时，至距握手对象约1米处，双腿立正，上身略向前倾，自然伸出右手。四指并拢，拇指张开与对方相握。握手时用力应适度，上下稍许晃动三四次，然后松开手，恢复原状。与他人握手，一般应起身站立，除非是长辈或女士。单手相握是最普通的握手方式，有时也可用双手，表示一种特别的热情或尊敬。双手握一般只适用于年轻者对年长者，位卑者对位尊者，男士对女士一般不用这种礼节。

（2）握手时要注意神态。与人握手时，神态应专注、热情、友好、自然。握手前，双方可打招呼或点头示意。握手时，应面带微笑，目视对方双眼，并且寒暄致意，表现出关注、热情和友好之意。在握手时切勿显得三心二意、敷衍了事、漫不经心、傲慢冷淡。

（3）握手时要把握好力度。为表示对交往对象的热情友好，握手时可以稍许用力，但切不可用力过大。遇到亲朋故旧，握手时用力可以稍大一些。但与异性和初次相识者握手时，用力千万不可过大。用力的大小，要因人而异，把握好分寸，适度为好。

（4）握手时要掌握好时间。与他人握手的时间不宜过长或过短。握手时间过短，给人以应付、走过场的感觉；握手时间过长，尤其是握住异性和初相识者的手时间过长，是失礼的表现。正常情况下，握手的全部时间应控制在 3 秒钟以内。

二、鞠躬礼

随着社会文明程度的提高，鞠躬礼在社交、商业服务中的使用越来越频繁，常用以表达对他人的敬意、欢迎或感激之情。一般情况下，应由地位、职务、年龄较低的或提供服务的一方，先向地位、职务、年龄较高的或接受服务的一方鞠躬。

（一）鞠躬的基本要求

（1）一般情况下，鞠躬时必须脱帽。

（2）双腿立正，保持身体端正，目光注视受礼者，距受礼者约 1.5 米。

（3）男性双手放在身体两侧，女性双手相握放在腹前。

（4）鞠躬时，以臀部为轴心，将上身挺直地向前倾斜，目光也随着身体倾斜。鞠躬时目光向下，表示一种谦恭的态度。

（5）问候"您好""欢迎光临"等敬语。声音要热情、亲切，并与动作协调。

（6）鞠躬完毕，恢复站姿，目光再回到对方脸上。

（二）鞠躬的种类

一般而言，鞠躬礼分为 90°、30°～45°、15°等鞠躬礼。

（1）90°鞠躬礼。一般用于感谢、谢恩或悔过、谢罪，以及三鞠躬等特殊情况，属最高礼节。

（2）30°～45°鞠躬礼。通常用于下级向上级、学生向老师、晚辈向长辈、服务人员向来宾，表示致意。

（3）15°鞠躬礼。运用于一般的应酬，如问候、介绍、握手、递物、让座、让路等。

三、致意礼

致意是一种常用的礼节，通常用于相识的人之间在各种场合招呼示意，以表问候。

（一）致意礼的基本规范

男士先向女士致意；年轻者先向年长者致意；学生先向教师致意；下级先向上级致意。

（二）致意的方式

（1）起立致意。常用于重要来宾到场或离场时的致敬。学生在老师授课前后，应起立致敬；坐着的下级、晚辈在上级与长辈进出时，应起立致敬，服务工作人员在宾客进门或离开时，应起立致敬。

（2）举手致意。适用于距离较远时的致敬。一般不必出声，右臂抬起、掌心向着对方，指头并拢，轻轻向左右提动一两下。

（3）点头致意。适用于不宜交谈场合的致敬。如在会议、会谈进行之中，与相识者在同一地点多次见面，或与仅有一面之交者在社交场合相逢，都可以点头示意。

（4）微笑致意。适用于不便交谈时的致敬。目视对方，微微一笑，表达尊重、友善与问候。

（5）欠身致意。适用于不便起立时的致敬。上体微微向前一躬，表示对他人的恭敬。

（6）脱帽致意。见面时若戴着有檐的帽子，则应脱帽致意。其方法是：用一只手脱下帽子，放到大约与肩平行的位置或胸前，同时微笑问好。若是迎面而过，可只轻掀一下帽子。若戴的是无檐帽，则不必脱帽。

致意的方式，往往同时使用两种，如点头与微笑并用或起立与微笑并用。遇到对方向自己致意，应以同样的方式向对方致意，毫无反应则是失礼。致意的动作不可以马虎，或满不在乎，必须是认认真真的，以充分显示对对方的尊重。

四、名片礼

当代社会中，不论是私人交往，还是公务交往，名片是最经济实惠、最通用的介绍媒介，常被称作自我的"介绍信"和社交的"联谊卡"，具有证明身份、广交朋友、联络感情、表达情谊的多种功能。在金融行业也是如此，在交往中怎样让他人很快联系到你，或者让你的客户在最需要你的时候能得到你的帮助，一张小小的名片将发挥至关重要的作用。

为了使名片在人际交往中更好地发挥作用，金融行业从业者要规范地使用名片，讲究交换名片的礼仪。

（一）递送名片的礼仪

参加各种正式的活动，应当随身准备好名片并放入专门的名片夹中，装在易于取出的口袋里。

（1）递送名片的动作要领：需要递送名片时，应起身站立，走到对方面前，面带微笑，眼睛友好地注视对方，用双手或者右手将正面面向对方的名片恭敬地递送过去，同时配以口头的介绍和问候。

（2）同时向多人递送本人名片时，可按由尊及卑或由近及远的顺序，依次递送。对以独立身份参加活动的来宾，均应同样递送名片，不可只给领导和女士，给人以厚此薄彼的感觉。

（3）送名片的禁忌：递送名片时，不能一边自我介绍，一边到处翻找自己的名片，或者把一叠名片全掏出来，慢腾腾地翻找自己的名片，显得心不在焉。更不可漫不经心地乱翻一气，尤其忌讳向一个人重复递送名片。

（二）接受名片的礼仪

接受他人名片时应当毕恭毕敬，双手捧接或者用右手接，眼睛友好地注视对方，口称"感谢"，使对方感受到你对他的尊重。接过名片后，应捧在面前，从头到尾认真地看一遍，最好能将对方姓名、职务或职称轻声地读出来，以示敬重。看不明白的地方可以向对方请教。

将对方的名片收藏于自己的名片夹或口袋里后，应随之递上自己的名片。如果接受了对方的名片，而不递上自己的名片，也不说明一下原因，是非常失礼的。

接受名片的禁忌：接受了对方的名片，看也不看一眼就装入口袋，或者随手放在一旁，压上其他的东西，或者把对方的名片拿在手里随意摆弄，都会被对方认为是一种不恭。另外，社交中最忌讳用左手递送和接受名片，交换名片时要特别加以注意。

案例分析

陈晨的招数

为了有机会与总经理见面，当面提出自己想加入新项目团队的意向，新人陈晨做了充足的功课。他详细查看了公司的网站、相关新闻报道、杂志等，收集新项目信息，并寻找机会与公司的老员工聊天，尽量收集有关公司以及总经理的信息……

机会终于来了，总经理要到部门检查工作。当总经理检查到陈晨的工作区域时，陈晨跟随部门经理，微笑着大方地迎上前去，礼貌地鞠躬并进行精彩的自我介绍。当总经理向他伸出手时，陈晨得体地伸手热情相握。随后主动当起了解说员，熟练地介绍自己的工作情况。当检查结束时，陈晨陪同部门经理热情相送，鞠躬致谢并握手告别，目送总经理一行。

不久，陈晨如愿加入了新项目团队。

思考：

阅读案例，思考陈晨如愿以偿的法宝是什么。在人际交往中，如何才能给对方留下美好的深刻印象？

提示：

充分的准备工作，热情、主动的应酬，大方、得体的礼节展示，无疑是陈晨获胜的法宝。

实训活动

学生以班级为单位，分小组，利用课上30~45分钟的时间，练习运用日常人际交往中递送名片、接受名片的见面礼节。

目标：掌握正确递送名片、接受名片、索取名片、婉拒他人索取名片等礼仪，能按照规范递接名片，礼貌、热情地与交际对方达成交往。

任务：

(1) 在公司联谊会上，一青年欲结识一公司老总，主动做自我介绍，并递上名片。

(2) 甲被乙介绍给丙认识，甲递上名片予丙，丙回赠名片。

(3) 公司前台：一来访者做自我介绍后递上名片，请予引见。

要求：

(1) 每位同学都应积极参与，认真对待，有针对性地加以模拟练习。

(2) 各组根据不同的情境要求进行模拟操作练习，正确运用递送名片、接受名片、索取名片、婉拒他人索取名片等礼仪。

(3) 以班级为单位，将全班分为若干个小组，每组根据不同情境进行相应的模拟场景练习，各组选出学生代表相互进行点评，学生点评与教师点评相结合。

任务二　交谈礼仪

一、问候和寒暄

寒暄问候是人们在交际中使用的最简单的一种语言，是说话人肯定自己与被招呼者之间关系的一种标志。无论东西方，人们见面时为了表示友好，都要以各自特定的方式和语言来向对方问候。

寒暄问候语，说得通俗些，也就是招呼语。根据其载体不同，寒暄问候语可分为两类。

（一）交谈型寒暄问候语

这是由包含具体信息的问答组成的。但这里的"交谈"并不是真的要获取某种信息，只是表达说话人的友好和关心。因此，对方可回答，亦可不回答而反问对方。交谈型寒暄问候语多用在相互熟悉的亲友之间，其具体内容多是衣食住行等。

交谈型寒暄问候语的使用方法一般是根据对方当时的具体情况而即景即情地进行问候。如吃饭前后问："吃了吗？"路上相遇问："上哪儿？"对方在看书则问："看书呢？"见到别人出门，就会问："出门啊？"见到人家买的东西，则问："买的什么？什么地方买的？"还有表示对人关心的问话："最近身体好吗？""怎么穿得这么少？"对熟人的不期而来的招呼语则是："什么风把你吹来了？"

（二）问候型寒暄问候语

这是一种格式固定、通用性较强、内容简单的招呼语，它是社会发展中人际关系复杂化、生活节奏加快的必然产物。

"您好""上午好""下午好""晚上好"等是典型的问候型寒暄问候语。

需要注意的是，当双方寒暄问候时，应尽量避免涉及个人隐私的话题。可选择与个人无关的一些内容，如电影娱乐、体育赛事、异地风光、流行歌曲乃至天气冷暖等，使对方没有心理压力，便于回答。交际者用怎样的方式和语言进行寒暄问候，是其修养和人际交往水平的体现。

二、交谈转入正题后

（一）表情自然

表情，通常是指一个人面部情感的表现，即一个人面部神态、气色的变化和状态。人们在交谈时所呈现出的种种表情，往往是个人心态、动机的无声反映。为了体现交谈的诚意和热情，应当对表情予以充分注意。

（1）交谈时目光应专注，或注视对方，或凝神思考，从而和谐地与交谈进程相配合。眼珠一动不动，眼神呆滞，甚至直愣愣地盯视对方都是极不礼貌的表现；目光游离、漫无边际，则是对对方不屑一顾的失礼之举，也是不可取的。如果是多人交谈，应当不时地用目光与众人交流，以表示交谈是大家的，彼此是平等的。

（2）在交谈时适当运用眉毛、嘴、眼睛在形态上的变化，表达自己对对方所说的赞同、理解、惊讶、迷惑，从而表明自己的专注之情，并促使对方强调重点，解释疑惑，使交谈顺利进行。

（3）交谈时的表情应与说话的内容相配合。如与上级领导的谈话，应当恭敬而大方；与群众谈话，应当亲切而温和。

（二）举止得体

伴随着交谈，人们往往会做出一些无意识的动作，这些肢体语言通常是自身谈话内容和谈话对象的真实态度的反映。

（1）适度的动作是必要的。例如，发言者可用适当的手势来补充说明其所阐述的具体事由，倾听者则可通过点头、微笑来反馈"我正在注意听""我很感兴趣"等信息。可见适度的举止既可表达敬人之意，又有利于双方的沟通和交流。

（2）避免过分、多余的动作。与人交谈时可有动作，但动作不可过大，更不要手舞足蹈、拉拉扯扯、拍拍打打。为表达敬人之意，切勿在谈话时左顾右盼，或是双手置于脑后，或是高架二郎腿，甚至剪指甲、挖耳朵等。交谈时应尽量避免打哈欠，如果实在忍不住，也应侧头掩口，并向他人道歉。尤其应当注意的是，不要在交谈时以手指指人，因为这种动作有轻蔑之意。

（三）遵守惯例

除表情和举止之外，在交谈时往往能通过一些细节体现自己的谈话态度。为表达自己的诚意、礼貌与热忱，在这些细节的处理上要遵守一定的惯例。

（1）注意倾听。倾听是与交谈过程相伴而行的一个重要环节，也是交谈顺利进行的必要条件。在交谈时务必认真聆听对方的发言，用表情举止予以配合，从而表达自己的敬意，并为积极融入交谈做好充分的准备。切不可对他人的发言不闻不问，甚至随意打断对方的发言。

（2）谨慎插话。交谈中不应当随便打断别人的话，要尽量让对方把话说完再发表自己的看法。如确实要插话，应向对方打招呼："对不起，我插一句行吗？"但所插之言不可冗长，一句两句即可。

（3）礼貌进退。加入别人谈话之前应先打招呼，征得对方同意后方可加入。相应地，他人想加入己方交谈则应以握手、点头或微笑表示欢迎。如果他人在进行个别谈话，不要凑上去旁听。如若确实有事需要与其中某人说话，也应等到别人说完后再提出要求。谈话中若遇有急事需要处理，应向对方打招呼并表示歉意。

（4）注意交流。交流是一个双向或多向互动的过程，需要各方的积极参与。因此，在交谈时切勿造成"一言堂"的局面。不但自己发言，也要给其他人发表意见的机会，别人发言后自己也要适时地发表个人看法，促进互动式交谈的进行。

三、礼貌用语规范

（一）礼貌用语的含义

金融行业礼貌用语主要是指在服务过程中，金融行业工作人员表示自谦、恭敬之意的一些约定俗成的语言及特定的语言表达。准确恰当地使用礼貌用语，是金融行业对从业人员的基本要求。

（二）礼貌用语的种类

1. 问候语

见面时，根据时间、地点、对象、场合的不同使用不同的问候语。在服务岗位上，使用问候语的主要时机有：一是主动服务于他人时；二是他人有求于自己时；三是他人进入自己服务区时；四是他人与自己相距较近或者有目光接触时；五是自己主动与他人联络时。具体的问候语有"您好""各位好""早上好""下午好""晚上好"等。

2. 迎送语

迎送语一般是指用于在服务岗位上迎来送往服务对象时的语言。通常金融行业工作人员使用的有"欢迎光临""再见""欢迎再来""请慢走"，同时还可以施以注目、点头、微笑、鞠躬等。

3. 请托语

常用在请求他人帮忙或是托付他人代劳时，中心语是一个"请"字，如"请问""请稍候""请输入密码"等。

4. 致谢语

应用范围较广,既可以用于表示感谢,也可以表示感谢的应答。如"谢谢""多谢""不客气""这是我应该做的"等。

5. 征询语

在服务过程中,金融行业工作人员往往需要以礼貌语言向服务对象进行征询,此时采用的用语为征询语。在主动向服务对象提出帮助时,通常使用"您需要帮助吗?""我可以为您做点什么?""您需要什么?"等,有时金融行业工作人员也可以用封闭式或选择式的语言进行征询,如:"这一款理财产品是最新推出的,您需要了解一下吗?"或者"您存半年期还是一年期?"

6. 应答语

金融行业工作人员在岗位上用于回应服务对象的召唤或是答复询问时使用的语言,用语是否规范,直接反映了服务态度、技巧和质量。通常有:肯定式应答,如"好的""是";谦恭式应答,如"请不必客气""这是我们应该做的""过奖了";谅解式应答,如"不要紧""没有关系"。

7. 道歉语

在工作中因为主客观原因导致差错、延误或者考虑不周时,应诚恳致歉。致歉应实事求是,也应适度,让服务对象明白你内疚的心情和愿意把工作继续做好的愿望即可。通常有"对不起""抱歉""对此表示歉意"等。

四、行业用语规范

行业用语,又叫行业语、行话。它一般是指某一行业所使用的专门性用语,主要用以说明某些专业性、技术性的问题。金融行业工作人员在服务过程中使用行业用语是工作需要,但只有恰到好处地使用行业用语才能更好地展现自身的业务能力和职业素养,从而赢得服务对象的理解与信任。

使用金融行业用语的原则有以下几个:

(一)准确原则

随着我国社会经济的发展,金融在支持产业、行业的发展过程中扮演着越来越重要的角色。这就要求金融行业从业人员不断更新自身知识储备,注意选词和用词的恰当性,高效地向客户介绍各类金融产品、金融服务的相关信息,阐明"是什么、为什么、有哪些收益、有什么风险"等方面的问题。

(二)高效原则

在生活节奏日益加快的今天,在最短的时间内为客户提供所需要的信息和服务是金融行业工作人员发展新客户、维系老客户的一项必备行业技能。这就要求金融行业员工能迅速判断客户对金融行业专业用语的接受能力和层次,从而结合自身的专业知识为对方提供服务。

(三)实事求是原则

金融行业服务人员在与客户沟通时,不可不懂装懂,随口乱说,随意编造,以假充真,向客户传达不真实、不准确的信息,以免造成客户理解错误,发生纠纷。

(四)适度原则

金融行业从业人员只有具备扎实的专业知识,才能赢得客户。但对行业用语的使用要掌握分寸、适宜适当，要切实考虑到客户的具体情况、客户的感受、客户的需求等，不可过多使用专业术语，以服务对象听懂为度。

案例分析

职场新人

成路是北方人，今年刚从学校毕业进入南方某银行工作，目前主要跟随大堂经理在大堂工作。成路是一个十分热情的小伙儿，工作也相当主动。一天，一位约30岁的女士来到银行。成路笑脸相迎，说："大姐，您需要办理什么业务？需要我帮您做点什么？"听完这句话，这位女士颇不满意地皱了皱眉头，"我有那么老吗？"说完便转身离开。成路非常纳闷，他轻声嘀咕："我哪儿说错了？"大堂经理碰巧看到了事情的整个经过，他告诉成路："在我们南方，只有对五六十岁的女性才能称为大姐。这位女士那么年轻，你叫她大姐，她自然不高兴。"成路听后，委屈地说："在我们北方，称呼对方大哥、大姐是对他人的尊敬。"

思考：

成路满腔热情的服务，不仅没有赢得客户的好感反而招致不满，成路失败的主要因素是什么？

提示：

金融行业员工在工作过程中需要面对形形色色的客户。职场新人需要了解当地人的语言习惯，得体地使用礼貌用语，才能为客户提供高质量的服务。

实训活动

全班同学以小组为单位，在10分钟内完成以下任务。

目标：通过实训练习，掌握金融行业员工在面对客户抱怨指责时应如何进行正确处理，如何使用亲切、规范的文明礼貌用语，有效解决客户的问题、维护客户关系。

任务：运用金融行业工作人员文明礼貌规范用语，完成以下要求。

要求：

（1）虚心道歉。银行的服务人员遇到客户抱怨时不能总想着如何躲开，应马上采取的行动是虚心道歉，不论责任在谁，都要先向客户道歉，可以说："对不起，很抱歉，本人谨代表银行向您致以深深的歉意。"

（2）找出原因。向客户道歉之后，接下来要设法让客户说出不满的原因。你可以这样询问客户："您为什么生气？什么事情让您这么不开心？您慢慢说出来，或许我可以帮您解决，如果我不能解决，没有关系，我很快会上报我们主管。"

（3）寻求解决之道。了解引发客户抱怨的原因之后，我们就应马上寻求解决方案。如果是自己能够解决的问题，就应该立刻果断处理；如果是以自己的能力所不能解决的问题，或者已经超出你的权限范围，应该选择"搬救兵"的方式。当你的上级主管处理这些问题的时候，你应在旁边认真学习，这样就会提高自己处理问题的能力。

（4）吸取经验。每一次问题处理完毕，都要做个有心人，不断积累经验。因为问题虽多，但是类型却是有限的，你要善于将每天遇到的问题进行归类，然后记下这类问题应该怎样处理，那类问题该如何解决。这样，当以后再出现同类问题时，就可以很轻松地处理了。

模块三　电话营销礼仪

任务一　拨打电话礼仪

一、打电话的礼仪

(一) 选择适当的通话时间

给他人打电话时，白天一般应在早晨 8 点以后，假日最好在 9 点以后，晚间则在 21 点以前；对有午睡习惯的人，要尽量避开午睡时间。总之，以不影响受话人的休息为宜。打国际长途，还必须注意时差和生活习惯，选择对方合适的时间。

(二) 通话要讲礼貌

电话拨通后，先行问候，说声"您好"，然后客气地问一声："请问，这是××公司吗?"(或是"这是××先生的家吗?")得到肯定的答复后，应迅速通报自己的单位或姓名，并告诉接电话者要找哪位，如"请您找一下××先生听电话，好吗?"如对方答应找人，应在"谢谢"后握住听筒静候，不可丢下话筒去做其他事情；若对方告知所要找的人不在，不应鲁莽地将电话挂断，而应当说："谢谢，打扰了!"或"如果方便的话，请您转告"或"麻烦您告诉他，回来以后给我回电话，我的电话是……"之类的话；如果接电话的正好是自己要找的人，应先致以简短的问候，而后即进入正式交谈。

二、打电话的技巧

(一) 让自己处于微笑姿态

营销人员打电话时要微笑地说话，声音会传递愉悦的感觉，客户听起来会比较有亲切感。营销人员的声音取决于语速、音量、语气、措辞。如果打电话时表情没活力，对方从电话里会听到平淡、不愉快的声音；如果你油腔滑调，就会让人感觉你自己不知所云；如果你生气，你的声音就会流露出不悦。所以，打电话时要让声调充满笑意，客户会感受到你的真诚。

(二) 音量与语速要协调

营销人员打电话应把握好语速，语速相对于平时说话要慢些，速度适中，不紧不慢。每个客户的说话特质不同，因此，等候开始说话时，应保持适中的音量和语速，等辨出对方的特质后，再调整自己的语速、音量与客户一致。

通话的时候，营销人员的音量应该是适中的、清晰的、柔和的，一般以客户能听得清楚为原则。话筒和嘴保持 3 厘米左右的距离，保持正常说话音量就行，不要在电话里喊叫或声音很尖，否则会显得无礼。

(三) 心态从容，适可而止

1. 控制通话长度

营销人员打电话的时候要自觉控制通话时间长度，"以短为佳，宁短勿长"，电话交谈持续时间以 3～5 分钟为宜。打电话的时候，要关注客户的反应。如需要较长时间，通话开始前就要先征求对方意见，通话结束时要表示歉意；如果对方此时工作比较忙，最好另约时间再谈。

2. 提示终止通话，礼貌地挂上电话

营销人员与客户通电话快要结束的时候，要给客户明显提示，确认后就可以终止通话。一般电话礼仪要求地位高者先挂电话。营销人员与客户终止通话的时候要向客户道谢、说再见，等客户先放下电话，自己再轻轻放下电话。不可只管自己讲完就挂断电话，更不能用力一摔。

（四）简明扼要

1. 打电话前做好充分准备

营销人员在打电话前必须先理清思路，明确打电话的目的。每次给客户打电话之前，都要做好准备。

准备包括：客户的姓名、电话号码、通话要点等内容，如果要说的内容很多可先列个提纲，这样拨通电话，就可以条理清晰、面面俱到地把事情交代清楚，给人留下一个简洁明了、思路清晰的良好第一印象。

避免接通电话后出现边想边说、缺少条理、丢三落四的情况，给人业务不熟的印象。

2. 表述清晰

通话的时候，讲话要实事求是，不要东拉西扯。一般问候结束就要直奔主题，将自己所要讲的事用最简洁、明了的语言表达出来，少说题外话，也不要没话找话。最忌讳打电话的人吞吞吐吐，含糊不清，或拿起电话"拉家常"。打电话要做到内容简练，这不仅是礼仪上的要求，也是限定通话长度的必要前提。

案例分析

电话营销如何维系客户关系

小张是某保险公司的营销人员，他特别注意与客户建立良好的关系。在公司与某一个客户的合同快到期的前一个月，他给客户打了一个电话，称本公司有一个附加产品可以送给客户，那个客户当时还有些不太相信。小张在电话中承诺 3 天之内可以将附加产品给客户寄过去，并提醒客户注意查收。3 天之后，小张打电话给那个客户，确认附加产品是否已经收到，而那个客户刚好在进办公室的时候看见了小张寄来的附加产品说明。小张表示，如果客户有任何问题，可立即跟保险公司联系，这让那个客户非常感动。两个星期之后，那个客户的合同到期了，小张再一次给他打电话，说："考虑到您的合同快到期了，我能不能给您送些资料过来，这样您参考时也方便一些?"结果，小张顺利地让那个客户继续买了公司的产品。

点评：

这是比较典型的以关系为导向的电话营销案例，侧重与客户在关系层面建立联系。通过这种关系，让客户自然而然地接受你的产品。电话营销时，要掌握电话营销礼仪规范，包括电话预约的基本要领和电话营销的基本礼仪，要注意用声调和语言表达微笑、诚意和修养。电话营销说到底其实是一个人与人交往的过程管理，"电话销售就是持续不断的追踪"。与客户建立信任关系，引起客户的兴趣，适时赞美客户，了解客户信息，尽量坚持维护与潜在客户的不断联系，争取最后真正赢得客户。

实训活动

学生分组进行模拟电话营销，要遵循电话营销礼仪规范，掌握电话营销技巧和方法。

任务二　接听电话礼仪

一、接电话的礼仪

客户服务人员接听客户电话时要有极大的工作热情，必须做到情绪饱满、态度亲切、表现积极、神情愉快，以给客户留下极深的第一印象，与客户建立具有亲和力的良好关系。客户服务人员的服务技巧直接影响企业服务水准和公众形象，对企业竞争发展有重要意义。

（一）接听及时

接电话提倡"铃响不过三"的原则，即客服人员接听客户电话以铃响三声之内接最适当。不要铃响很久才去接，也不要铃声一响就立刻拿起电话，要给打电话的客户一个心理准备时间，最好是当电话响第二声时接起。

如果因为特殊原因在电话铃响三声之后才接电话，在接起电话后首先要对客户表示歉意，如"对不起，让您久等了"。接听电话是不是及时，实质上也反映了一个员工服务客户的真实态度。

（二）主动问候

客服人员拿起电话后，首先应向客户问好，然后自报家门。如："您好，某某银行某某支行"。

一般常见服务部门自报家门方式有两个情况：一个是直拨电话的自报家门，这时候就需要给予一个标准的应答语，即"您好，××银行（全名）"；另一个是分机的自报家门，可以以"您好＋部门名称"，甚至以自己的姓名或工号应答。银行员工接听客户电话后严禁以"喂"问好。银行员工接客户电话的时候一些不在意的小细节，在客户看来却是"不耐烦""敷衍"的代名词，会影响服务质量。

（三）积极反馈

接听客户电话时，客服人员要仔细聆听客户的讲话，并及时作答，给客户以积极的反馈。通话听不清楚或意思不明白时，要马上告诉客户。对打来电话的客户要态度友好，尤其在有客户来电咨询业务的时候，更应表现得不卑不亢、热情亲切，绝不可以一言不发，有意冷场或言语中流露不耐烦的态度。对待客户的问题要耐心地听取和认真地讲解。

为了保持较好的倾听效果，可以做几件事情，这样客户会有一种受重视的感觉：

（1）在桌上准备好笔、纸，以准备随时做记录、备忘录用。

（2）可以适当做些记录，特别是数据。

（3）可以适时回复客户的讲话，或者引述客户刚刚讲话的内容。

（四）礼貌处理误拨电话

客户误拨电话是常有的事情，客服人员接到客户打错的电话，不可以简单说"打错了"就挂断电话，一般应报一遍自己单位的号码，让客户发觉打错了，待客户挂断电话后再挂电话。

同时，客服人员接到这样的电话，需要耐心、简洁地向对方说明。如有可能，还应给客户提供必要的帮助，或者为其代转电话。千万不要为此而生气动怒，甚至出口伤人。

（五）规范终止通话

当与客户通话终止时，客服人员不要忘记向客户说"再见"。如果客户内容已经讲完，还纠缠不清，这时客服人员不能发火，可以说"我已经都记录下来了，请放心吧"或"我们下次再谈好吗？我现在正好手头有急事要处理"，且不可以不耐烦地挂断电话。这样做是极不礼貌的，也会损坏金融行业形象。

如果与客户通话中因故中断，要等候客户再拨进来。

（六）把握通话时间

客服人员接听客户电话，不能催促客户结束通话，如果客户的事情还没说清楚，会很不满意的。对服务人员来说，这就要求对相关咨询解答业务非常熟悉，以缩短服务时间。

知识拓展

数字化转型＋服务新市民，金融科技的精细化运作再升级

2022年"两会"政府工作报告中提出：促进数字经济发展。完善数字经济治理，更好地赋能经济发展，丰富人民生活。2022年3月，银保监会发布了《关于加强新市民金融服务工作的通知》。金融机构服务"新市民"成为2022年的主基调。从脱贫攻坚到乡村振兴，再到服务"新市民"，整个闭环已经形成。2021年金融科技公司在运营方面的精细化运作已经开始显现。普惠金融不再是一个"口号"，而是多维度地展开。

普惠金融的目标人群已经开始了持续的"精细化"。2019年之前的普惠金融，实际行动很少，大部分的机构不知道从哪儿下手，如何做普惠金融、定位人群是什么样的、应该得到哪些服务、产品形式、利率方式，都处在一个相对模糊的概念中。

我国的金融基础相对薄弱，信用市场体系建设起步较晚。随着信用市场的完善，普惠金融多维度的呈现，除了融资业务上的支持外，还有不少机构的公益活动也在普及宣传金融知识，这二者相辅相成，能够看到持续的进步。那么从普惠金融乡村振兴，再到"新市民"的服务，可以看成是客群的进一步分类，也是对更为精准的"精细化运作"提出了要求。

二、转接电话技巧

转接电话，是每个服务人员均可能遇到的情况。不管是谁接的电话，都是客户打来的、有所要求或咨询的电话。即使不是本部门的电话，也不可以冷淡处理。因为在客户看来，你也是该企业的人，如果不礼貌地应答，客户会质疑整个企业形象。所以礼貌、耐心、规范地转接客户打来的电话，也是服务人员的一项基本服务职能，必须掌握基本礼仪技巧。

（一）主动问候

拿起电话后，首先向客户问好，然后自报家门。如："您好，某某银行某某支行"。然后询问客户的要求："请问有什么事需要帮忙吗？"

(二) 礼貌转接

如果客户要找的客户服务人员就在座位附近，可告知对方："请您稍等片刻，我马上去叫"，并快步走过去叫同事接电话。

如果要找的同事与自己的距离较远，则应用手捂住话筒，然后再喊同事接听，但千万不要大喊大叫。

如果客户要找的人不在，应告知客户："对不起，他可能出去了，不知是否需要转告"。如果客户想让你转告的话，就会直接告诉你什么事情；如果客户觉得不方便转告，就会告诉你一些基本情况，都必须做好记录，准确及时地转达客户的意见。转达的内容应该包括：来电时间、姓名、性别、单位名称、电话号码、紧急程度、接听者、内容、日期等。

案例分析

电话银行服务礼仪

一位老人独自生活在城市里，唯一的儿子在国外工作。只要儿子汇钱来了，老人就往银行跑。后来听儿子说，有些事情只要拨打银行客服电话就可以办理。于是，老人开始关注周围的银行，准备选择其中一家的电话银行业务。听周围的邻居说："小区后面的某银行不行，上次我偶尔打一个电话去问一件事情，那个接电话的女同志态度很不耐烦！嫌我们老了，话多了！"一位朋友说："车站附近的那家银行还可以，有的时候很热情，有的时候一般，介绍比较简单，问的多了可能就没有耐心了……"于是，老人收集了几家银行的客户服务电话，一家家尝试打一打，顺便咨询一下外汇的储蓄情况。

有一家银行的电话服务人员给她的印象很深。刚拨通电话没几声，电话那头就传来亲切的问候声："您好，感谢您致电某银行，我是某银行员工某某，请问我能为您做点什么？"老人一愣，停顿了一下。那边又传来："请问您需要我为您提供什么服务？"当老人说想要储蓄外币时，她非常耐心地为老人介绍银行的外币储蓄特点，最后，该银行服务人员说："如果您对我的解释还有疑问的话，欢迎您明天到我们银行大厅柜面咨询，我们会更详细地为您作介绍和指导，我们银行的地址是……"服务人员还感谢老人给他们来电，挂上电话，老人的心里甜滋滋的，最后的选择也定下来了。

思考：

1. 老人为什么没有选择其他银行？
2. 老人选择最后一家银行的理由是什么？

实训活动

学生分组进行打电话、接电话的情景演练，教师进行评点。

📝 项目小结

礼仪是礼节与仪表的有机结合。礼节是指人们在人际交往中能否彬彬有礼地对待他人。仪表是指人们在社交活动中，展现给其他人的服饰、妆容、态度等一系列的外在因素。

对于金融行业从业者，良好的形象、优雅的举止是开展业务活动的桥梁和纽带。着装礼仪、服务仪态礼仪、交谈礼仪、电话营销礼仪对于树立良好的形象，顺利开展业务活动将起到至关重要的作用。

项目训练

一、单选题

1. 衬衫袖子的长度一般应（　　）。

A. 与西装袖子同长 　　　　　　　　　　B. 长出西装袖子二寸

C. 长出西装袖子 2 厘米 　　　　　　　　D. 略短于西装袖子

2. 穿着西装，纽扣的扣法很有讲究，穿（　　）西装，在正式场合一般都要将扣子全部扣上，否则会被认为轻浮不稳重。

A. 两粒扣 　　　　　B. 三粒扣 　　　　　C. 单排扣 　　　　　D. 双排扣

3. 两粒扣的男士单排扣西装，应（　　）。

A. 只扣上边一个 　　　　　　　　　　　B. 只扣下边一个

C. 两个都扣上 　　　　　　　　　　　　D. 两个都不扣

4. 女士穿着西式套裙时，最佳搭配是（　　）。

A. 中高跟皮鞋 　　　　B. 平跟皮鞋 　　　　C. 凉鞋 　　　　　D. 休闲鞋

5. 商界男士所穿皮鞋的款式应是（　　）。

A. 系带皮鞋 　　　　　B. 无带皮鞋 　　　　C. 盖式皮鞋 　　　　D. 拉锁皮鞋

6. 领带的下端应（　　）。

A. 在皮带上缘处 　　　　　　　　　　　B. 在皮带扣处

C. 在皮带下缘处 　　　　　　　　　　　D. 比皮带下缘略长一点

7. 入座时从座位的（　　）侧就座。

A. 左 　　　　　　　B. 右 　　　　　　　C. 后 　　　　　　　D. 前

8. 女士坐在椅子上时，应占椅子的（　　）。

A. 2/3 　　　　　　　B. 1/3 　　　　　　　C. 1/2 　　　　　　　D. 3/4

9. 名片交换顺序正确的是（　　）。

A. 客先主后 　　　　　B. 身份低者先 　　　C. 身份高者先 　　　D. 主先客后

10. 礼貌地接听电话后，应由（　　）先挂电话。

A. 自己 　　　　　　　B. 对方 　　　　　　C. 打电话的人 　　　D. 尊者

二、多选题

1. 使用名片，应重视递送名片的时机，下列哪些情况下应递出名片？（　　）

A. 初次登门拜访时 　　　　　　　　　　B. 被介绍给对方时

C. 对方提议交换名片时 　　　　　　　　D. 想获得对方的名片时

2. 双方通电话，应由谁先挂断电话？（　　）

A. 客户先挂电话

B. 被呼叫者先挂电话

C. 尊者先挂电话

D. 不做要求，谁先讲完谁先挂，最好同时挂

3. 电话通话过程中，以下说法正确的有（　　）。

A. 为了不影响他人，不使用免提方式拨号或打电话

B. 为了维护自己形象，不边吃东西边打电话

C. 为了尊重对方，不边看资料边打电话

D. 以上说法都不正确

4. 握手时应注意（　　）。

A. 神态、姿态　　　　B. 手位、力度　　　　C. 时间　　　　　　D. 地点

5. 致意礼的基本规范（　　）。

A. 男士先向女士致意　　　　　　　B. 年轻者先向年长者致意

C. 学生先向教师致意　　　　　　　D. 下级先向上级致意

三、简答题

1. 金融行业常用的站姿有哪几种？

2. 对于金融行业从业者，装饰物的佩戴应该遵循哪些原则？

3. 打电话的技巧有哪些？

4. 简述金融行业从业者微笑的重要性。

参考文献

[1] 陆剑清. 金融营销学. 3版. 北京：清华大学出版社，2021.

[2] 蒋丽君. 金融产品营销实务. 大连：东北财经大学出版社，2020.

[3] 叶伟春. 金融营销. 3版. 北京：首都经济贸易大学出版社，2019.

[4] 张乖利. 金融产品营销实务. 成都：西南财经大学出版社，2019.

[5] 徐玫，杨佳妮. 金融营销学实务与案例分析. 北京：经济科学出版社，2019.

[6] 章敏. 金融营销学. 北京：高等教育出版社，2019.

[7] 杨米沙. 金融营销. 3版. 北京：中国人民大学出版社，2018.

[8] 王惠凌，张霞. 金融营销实务. 北京：北京理工大学出版社，2018.

[9] 张岩松，徐文飞. 市场营销. 北京：清华大学出版社，2017.

[10] 韩宗英. 金融服务营销. 北京：清华大学出版社，2017.

[11] 杜晓颖. 金融客户经理管理实务. 北京：人民邮电出版社，2017.

[12] 周伟，陈晖. 金融营销实务. 北京：清华大学出版社，2017.

[13] 安贺新，张宏彦. 金融营销. 北京：清华大学出版社，2016.

图书在版编目（CIP）数据

金融营销/许棣，欧捷主编. -- 2 版 . -- 北京：
中国人民大学出版社，2024.1
新编 21 世纪高等职业教育精品教材. 金融类
ISBN 978-7-300-31893-6

Ⅰ.①金…　Ⅱ.①许…　②欧…　Ⅲ.①金融市场-市
场营销学-高等职业教育-教材　Ⅳ.①F830.9

中国国家版本馆 CIP 数据核字（2023）第 124379 号

新编 21 世纪高等职业教育精品教材 · 金融类

金融营销（第二版）

主　编　许　棣　欧　捷
副主编　韦雪凌　莫文超　秦　艳
Jinrong Yingxiao

出版发行	中国人民大学出版社		
社　　址	北京中关村大街 31 号	邮政编码	100080
电　　话	010 - 62511242（总编室）	010 - 62511770（质管部）	
	010 - 82501766（邮购部）	010 - 62514148（门市部）	
	010 - 62515195（发行公司）	010 - 62515275（盗版举报）	
网　　址	http://www.crup.com.cn		
经　　销	新华书店		
印　　刷	唐山玺诚印务有限公司	版　次	2018 年 7 月第 1 版
开　　本	787 mm×1092 mm　1/16		2024 年 1 月第 2 版
印　　张	17.75	印　次	2025 年 6 月第 2 次印刷
字　　数	420 000	定　价	45.00 元